www.ingramcontent.com/pod-product-compliance
Lightning Source LLC
Chambersburg PA
CBHW051902090426
42811CB00003B/427

9 781617 046735

מִדְרָשׁ

אוֹתִיּוֹת

שֶׁל רַבִּי עֲקִיבָה

סוֹד אוֹתִיּוֹת הַתּוֹרָה

מְנֻקָּד

מְצֹרָף גַּם סוֹד הָאוֹתִיּוֹת
מֵהַזֹּהַר הַקָּדוֹשׁ

ידוע כי אין בר בלי תבן, כך אין ספר בלי טעויות, ועוד יודע אני כי דל ועני אני, **ואין עני אלא בדעה**. לכן מבקש אני בכל לשון של בקשה אם יש לכל אחד שאלות, הערות, הארות, תיקונים, נא לשלוח ל - simchatchaim@yahoo.com והשתדל לענות, ולתקן את הצריך תיקון.

להשיג ספר זה או ספרים אחרים לאינפורמציה
simchatchaim@yahoo.com

מהדורה ראשונה תשפ"ד 2024

תוכן הספר

א

אֵיךְ כּוֹתְבִים עֲקִיבָא אוֹ עֲקִיבָה

לָדַעַת רַבֵּנוּ הָאֲרִ"י זלה"ה צָרִיךְ לִכְתֹּב עֲקִיבָה עִם הָאוֹת **ה'** וְלֹא **א'**, לָכֵן בְּסֵפֶר זֶה רַבִּי עֲקִיבָה הוּא עִם הָאוֹת **ה'**.

לִקּוּטֵי תּוֹרָה, כְּתוּבִים, תְּהִלִּים צז - אוֹר' זָרֻעַ' לַצַּדִּיק' וּלְיִשְׁרֵי' **לֵב'** **שִׂמְחָה'**. סוֹפֵי תֵּבוֹת **ר' עֲקִיבָה**.

שַׁעַר הַגִּלְגּוּלִים, הַקְדָּמָה לח - עֶרֶב שַׁבָּת בְּמִנְחָה, רָאָה כָּתוּב בְּמִצְחִי בַּלָּשׁוֹן הַזֶּה, הֲכִינוּ כִּסֵּא לְחִזְקִיָּהוּ מֶלֶךְ יְהוּדָה, לְהוֹרוֹת שֶׁנִּגְלָה בִּי נַפְשׁוֹ, בְּסוֹד תּוֹסֶפֶת שַׁבָּת. וְאַחַר כָּךְ בְּאֵיתָן יוֹם עַצְמוֹ, נִתְכַּעַסְתִּי בְּבֵיתִי, וְנִסְתַּלֵּק מִמֶּנִּי. וְאַחַר כָּךְ עָשִׂיתִי תְּשׁוּבָה בְּאוֹתוֹ הַשָּׁבוּעַ, וּבְעֶרֶב שַׁבָּת הַשֵּׁנִי רָאָה מוֹרִי ז"ל, שֶׁהָיוּ נִדְבָּקִים בִּי בְּסוֹד תּוֹסֶפֶת שַׁבָּת, רוּחוֹ שֶׁל חִזְקִיָּה, וְרוּחוֹ שֶׁל רַבִּי עֲקִיבָא, וְחָזַרְתִּי לְהִתְכַּעֵס בְּאוֹתוֹ יוֹם בְּבֵיתִי, וְאָמַר לִי שֶׁנִּסְתַּלְּקוּ. וְאַחַר כָּךְ בּוֹ בַּיּוֹם עָשִׂיתִי תְּשׁוּבָה לְכָל הַכַּעַס הַהוּא. וְאָמַר לִי כִּי בָּא אֵלַי רוּחוֹ שֶׁל בֶּן עַזַּאי בִּלְבַד, אַף עַל פִּי שֶׁאֵינוֹ מִן הַשֹּׁרֶשׁ שֶׁלִּי, וְזֶה לְפִי שֶׁהָיָה חֲתָנוֹ שֶׁל רַבִּי עֲקִיבָא, וְאָמַר לִי כִּי בַּבֹּקֶר עֶרֶב שַׁבָּת רָאָה כָּתוּב - **עֲקִיבָה** בְּהֵ"א.

שֵׁם הַגְּדוֹלִים, גְּדוֹלִים, מַעֲרֶכֶת י אוֹת ד"ש - הַחִידָ"א מֵבִיא, מַה שֶּׁכָּתַב הַגָּאוֹן רַבִּי יִצְחָק בֶּן מֹשֶׁה בַּעַל **אוֹר זָרוּעַ** בְּהַקְדָּמַת סִפְרוֹ עַל טַעַם קְרִיאַת שֵׁם סִפְרוֹ **אוֹר זָרוּעַ**, כִּי מֵעוֹדוֹ הָיָה מְסֻפָּק בְּשֵׁם עֲקִיבָא אִם לְכוֹתְבוֹ בְּ-**א'** אוֹ בְּ-**ה'** בְּסוֹפוֹ, וְנִתְגַּלָּה לוֹ בַּחֲלוֹם הַפָּסוּק - **אוֹר'** **זָרֻעַ'** לַצַּדִּיק' וּלְיִשְׁרֵי' **לֵב'** שִׂמְחָה'. סוֹפֵי תֵּבוֹת **ר' עֲקִיבָה**, אִם כֵּן שְׁמַע מִינָּא שֶׁכּוֹתְבִין לֵהּ **בְּהֵ"א** וְלֹא **בְּאָלֶ"ף**, וּמֵרֹב שִׂמְחָה שֶׁמָּצָא אוֹתוֹ צַדִּיק רָמוּז בְּאוֹתוֹ פָּסוּק, קָרָא אֶת הַסֵּפֶר שֶׁחִבֵּר בְּשֵׁם - **אוֹר זָרוּעַ**.

וּמוֹסִיף הַחִידָ"א שָׁם - וַאֲנִי הַצָּעִיר עַתָּה בָּא לִידֵי סֵפֶר כָּתוּב עַל קְלָף יָשָׁן נוֹשָׁן, וְהוּא סֵפֶר גִּמַטְרִיאוֹת מֵרַבֵּנוּ יְהוּדָה הֶחָסִיד, וְשָׁם כָּתוּב **עִקְּבֵי הַצֹּאן**, תֵּיבַת **עִקְּבֵי ה'** מִתֵּבַת הַצֹּאן, הוּא **עֲקִיבָה**, רוֹמֵז לְרַבִּי עֲקִיבָא, עַל מִשְׁכְּנוֹת הָרוֹעִים שֶׁסִּדֵּר מִשְׁנָיוֹת וּבָרַיְתוֹת בְּמִשְׁכְּנוֹת יִשְׂרָאֵל, עַד כָּאן דְּבָרָיו. וּקְהִלַּת קֹדֶשׁ דָּהוּה לְיָא לְרַבֵּנוּ יִצְחָק לְהָבִיא מֵרַב רַבֵּנוּ יְהוּדָה הֶחָסִיד שֶׁכָּךְ סוֹבֵר דְּנִכְתָּב בְּהֵ"א, וְאַסְמְכֵהּ אַקְּרָא דְּעִקְּבֵי הַצֹּאן כַּמְּדֻבָּר. וְאֶפְשָׁר דַּאֲלִימָא לֵהּ לְאַתּוּיֵי רְאָיָה מִמִּדְרַשׁ רז"ל. וְרָאִיתִי לְהָרַב מוֹרֵנוּ הָרַב מֹשֶׁה חָאגִיז בַּהֲלָכוֹת קְטַנּוֹת בְּקוּנְטְרֵס גִּטִּין שֶׁכָּתַב וְזָ"ל - **עֲקִיבָה** בְּהֵ"א.

וְכָתַב הַמְּקֻבָּל רַבֵּנוּ יַעֲקֹב צֶמַח - כָּתוּב בְּגִלְגּוּלִים אוֹר זָרֻעַ לַצַּדִּיק וּלְיִשְׁרֵי לֵב שִׂמְחָה, סוֹפֵי תֵּיבוֹת **עֲקִיבָה** מִכָּאן נִרְאֶה לִכְתָּבָהּ בְּהֵ"א עַד כָּאן לְשׁוֹנוֹ. וְנֶעְלַם מֵהֶם שֶׁהֶרְמֵז מרז"ל בַּמִּדְרָשׁ, וְהָרְאָיָה מֵרַבֵּנוּ יִצְחָק מְוִּינָא.

אות א'

אָמַר רַבִּי עֲקִיבָה, **אל"ף**, מַהוּ אֶלֶף? מְלַמֵּד שֶׁאָמְרָה תּוֹרָה **אֱ**'מֶת **לַ**'מֵּד **פִּ**'יךָ - כְּדֵי שֶׁתִּזְכֶּה לְחַיֵּי הָעוֹלָם הַזֶּה. **פִּ**'יךָ **לַ**'מֵּד **אֱ**'מֶת - כְּדֵי שֶׁתִּזְכֶּה לְחַיֵּי הָעוֹלָם הַבָּא. מִפְּנֵי מָה? מִפְּנֵי שֶׁהַקָּדוֹשׁ בָּרוּךְ הוּא נִקְרָא **אֱמֶת** וְכִסְאוֹ מֵאָז יוֹשֵׁב עָלָיו בֶּאֱמֶת, וּפָנָיו יְקַדְּמוּ חֶסֶד וֶאֱמֶת, וְכָל דְּבָרָיו דִּבְרֵי אֱמֶת וְכָל מִשְׁפָּטָיו מִשְׁפְּטֵי אֱמֶת, וְכָל אָרְחוֹתָיו חֶסֶד וֶאֱמֶת. וּמִנַּיִן שֶׁהַקָּדוֹשׁ בָּרוּךְ הוּא נִקְרָא אֱמֶת? שֶׁנֶּאֱמַר - והוי"ה[1] אֱלֹהִים אֱמֶת. וּמִנַּיִן שֶׁכִּסְאוֹ מֵאָז יוֹשֵׁב עָלָיו בֶּאֱמֶת? שֶׁנֶּאֱמַר - וְהוּכַן[2] בַּחֶסֶד כִּסֵּא וְיָשַׁב עָלָיו בֶּאֱמֶת. וּמִנַּיִן שֶׁפָּנָיו יְקַדְּמוּ חֶסֶד וֶאֱמֶת? שֶׁנֶּאֱמַר - צֶדֶק[3] וּמִשְׁפָּט מְכוֹן כִּסְאֶךָ חֶסֶד וֶאֱמֶת יְקַדְּמוּ פָנֶיךָ. וּמִנַּיִן שֶׁדְּבָרָיו אֱמֶת? שֶׁנֶּאֱמַר - רֹאשׁ[4] דְּבָרְךָ אֱמֶת. וּמִנַּיִן שֶׁמִּשְׁפָּטָיו מִשְׁפְּטֵי אֱמֶת? שֶׁנֶּאֱמַר - מִשְׁפְּטֵי[5] הוי"ה אֱמֶת צָדְקוּ יַחְדָּו. וְכָל אָרְחוֹתָיו חֶסֶד וֶאֱמֶת, שֶׁנֶּאֱמַר - כָּל[6] אָרְחוֹת הוי"ה חֶסֶד וֶאֱמֶת:

דָּבָר אַחֵר, אל"ף - **אֶ**'פְתַּח **לָ**'שׁוֹן **פֶּ**'ה, **וּפֶ**'ה **לָ**'שׁוֹן **אֶ**'פְתַּח. אָמַר הַקָּדוֹשׁ בָּרוּךְ הוּא, אֶפְתַּח לָשׁוֹן שֶׁל כָּל בְּנֵי בָשָׂר וָדָם כְּדֵי שֶׁיִּהְיוּ מְקַלְּסִין לְפָנַי בְּכָל יוֹם, וּמַמְלִיכִין אוֹתִי בְּאַרְבַּע רוּחוֹת הָעוֹלָם, שֶׁאִלְמָלֵא שִׁירָה וְזִמְרָה שֶׁהֵם אוֹמְרִים לְפָנַי בְּכָל יוֹם וָיוֹם לֹא בָּרָאתִי אֶת עוֹלָמִי. וּמִנַּיִן שֶׁלֹּא בָּרָא הַקָּדוֹשׁ בָּרוּךְ הוּא אֶת הָעוֹלָם אֶלָּא בִּשְׁבִיל שִׁירָה וְזִמְרָה? שֶׁנֶּאֱמַר - הוֹד[7] וְהָדָר לְפָנָיו עֹז וְתִפְאֶרֶת בְּמִקְדָּשׁוֹ. הוֹד וְהָדָר לְפָנָיו בַּשָּׁמַיִם וְעֹז וְתִפְאֶרֶת בְּמִקְדָּשׁוֹ בָּאָרֶץ. שָׁמַיִם מְכַסִּים הֹדוֹ, וּתְהִלָּתוֹ מָלְאָה הָאָרֶץ. וּמִנַּיִן שֶׁבָּרָא הַקָּדוֹשׁ בָּרוּךְ הוּא אֶת

---

1 ירמיהו י י
2 ישעיהו טז ה
3 תהלים פט טו
4 תהלים קיט קס
5 תהלים יט י
6 תהלים כה י
7 תהלים צו ו

הַשָּׁמַיִם לְעִנְיַן שִׁירָה? שֶׁנֶּאֱמַר - הַשָּׁמַיִם[8] מְסַפְּרִים כְּבוֹד אֵל וּמַעֲשֵׂה יָדָיו מַגִּיד הָרָקִיעַ. וּמִנַּיִן שֶׁמִּיּוֹם שֶׁבָּרָא הַקָּדוֹשׁ בָּרוּךְ הוּא אֶת הָאָרֶץ אוֹמֶרֶת לְפָנָיו שִׁירָה? שֶׁנֶּאֱמַר - מִכְּנַף[9] הָאָרֶץ זְמִרֹת שָׁמַעְנוּ צְבִי לַצַּדִּיק. וְאֵין צַדִּיק אֶלָּא הַקָּדוֹשׁ בָּרוּךְ הוּא, שֶׁנֶּאֱמַר - צַדִּיק[10] הוי"ה בְּכָל דְּרָכָיו. וּמִנַּיִן שֶׁאַף יַמִּים וּנְהָרוֹת אוֹמְרִים שִׁירָה? שֶׁנֶּאֱמַר - מִקֹּלוֹת[11] מַיִם רַבִּים. וּמִנַּיִן שֶׁאַף הָרִים וּגְבָעוֹת אוֹמְרִים שִׁירָה? שֶׁנֶּאֱמַר - הֶהָרִים[12] וְכָל גְּבָעוֹת עֵץ פְּרִי וְכָל אֲרָזִים. הַחַיָּה וְכָל בְּהֵמָה רֶמֶשׂ וְצִפּוֹר כָּנָף. מַלְכֵי אֶרֶץ וְכָל לְאֻמִּים שָׂרִים וְכָל שֹׁפְטֵי אָרֶץ. בַּחוּרִים וְגַם בְּתוּלוֹת זְקֵנִים עִם נְעָרִים. יְהַלְלוּ אֶת שֵׁם יְהוָה כִּי נִשְׂגָּב שְׁמוֹ לְבַדּוֹ. וּמִנַּיִן שֶׁכָּל סִדְרֵי בְרֵאשִׁית אוֹמְרִים שִׁירָה? שֶׁנֶּאֱמַר - מִמִּזְרַח[13] שֶׁמֶשׁ עַד מְבוֹאוֹ מְהֻלָּל שֵׁם הוי"ה. וּמִנַּיִן שֶׁאַף אָדָם הָרִאשׁוֹן פָּתַח פִּיו בְּשִׁירָה? שֶׁנֶּאֱמַר - מִזְמוֹר[14] שִׁיר לְיוֹם הַשַּׁבָּת טוֹב לְהֹדוֹת לַהוי"ה וּלְזַמֵּר לְשִׁמְךָ עֶלְיוֹן. טוֹב לְהוֹדוֹת לַהוי"ה - בָּאָרֶץ מִתּוֹךְ בְּנֵי אָדָם, וּלְזַמֵּר לְשִׁמְךָ עֶלְיוֹן - בִּשְׁמֵי מָרוֹם בְּתוֹךְ מַלְאֲכֵי הַשָּׁרֵת:

דָּבָר אַחֵר, **אֶ**'פְתַּח **לָ**'שׁוֹן **פֶּ**'ה, **וּפֶ**'ה **לָ**'שׁוֹן **אֶ**'פְתַּח, שֶׁאֵין נָאֶה בְּמָאתַיִם וּשְׁמוֹנֶה אֵבָרִים שֶׁבְּאָדָם לוֹמַר לְפָנָיו שִׁירָה אֶלָּא בְּפֶה וְלָשׁוֹן, שֶׁנֶּאֱמַר - פִּי[15] יְסַפֵּר צִדְקָתֶךָ כָּל הַיּוֹם תְּשׁוּעָתֶךָ כִּי לֹא יָדַעְתִּי סְפֹרוֹת. שֶׁלֹּא נִמְשְׁלוּ פֶּה וְלָשׁוֹן אֶלָּא בַיָּם וּבְגַלָּיו. כְּשֵׁם שֶׁהַיָּם מַרְחִיב וּפוֹתֵחַ - כָּךְ הַפֶּה מַרְחִיב וּפוֹתֵחַ. כְּשֵׁם שֶׁהַיָּם מָלֵא מַרְגָּלִיּוֹת - כָּךְ הַפֶּה מָלֵא מַרְגָּלִיּוֹת שֶׁל עֲצָמוֹת. כְּשֵׁם שֶׁהַיָּם מַבִּיעַ מַיִם - כָּךְ הַפֶּה מַבִּיעַ מַיִם. כְּשֵׁם שֶׁגַּל מִתּוֹךְ הַיָּם מִתְגַּבֵּר וְעוֹלֶה - כָּךְ הַלָּשׁוֹן בְּתוֹךְ הַפֶּה מִתְגַּבֵּר וְעוֹלֶה. כְּשֵׁם שֶׁהַיָּם מַטְבִּיעַ סְפִינָה בְּתוֹכוֹ - כָּךְ לָשׁוֹן

8 תהלים יט ב
9 ישעיהו כד טז
10 תהלים קמה יז
11 תהלים צג ד
12 תהלים קמח ט-יג
13 תהלים קיג ג
14 תהלים צב א-ב
15 תהלים עא טו

מַרְשִׁיעַ אֶת הַבְּרִיָּה בַּדָּבָר. וּכְשֵׁם שֶׁהַיָּם מְצַפְצֵף - כָּךְ הַפֶּה מְצַפְצֵף. וּכְשֵׁם שֶׁגַּל הַיָּם מַרְגִּישׁ - כָּךְ לָשׁוֹן מַרְגִּישׁ. כְּשֵׁם שֶׁגַּל הַיָּם מַסְעִיר בְּרוּחַ סְעָרָה - כָּךְ לָשׁוֹן שֶׁל אָדָם מַסְעִיר בְּרוּחַ עֶבְרָה. כְּשֵׁם שֶׁהַיָּם פּוֹלֵט הַמַּיִם - כָּךְ הַפֶּה פּוֹלֵט מַיִם. כְּשֵׁם שֶׁגַּלֵּי הַיָּם הוֹרְגִין אֶת הַבְּרִיּוֹת - כָּךְ הַפֶּה וְלָשׁוֹן הָרַע הוֹרֵג אֶת הַבְּרִיּוֹת. וּכְשֵׁם שֶׁהַיָּם יֵשׁ לוֹ שָׂפָה מִזֶּה וּמִזֶּה - כָּךְ לָשׁוֹן יֵשׁ לוֹ שָׂפָה מִזֶּה וּמִזֶּה. כְּשֵׁם שֶׁהַיָּם מַבְאִישׁ וּמַסְרִיחַ - כָּךְ הַפֶּה מַבְאִישׁ וּמַסְרִיחַ. כְּשֵׁם שֶׁגַּל הַיָּם פְּעָמִים זוֹקֵף פְּעָמִים מֵטָל - כָּךְ לָשׁוֹן פְּעָמִים זוֹקֶפֶת וּפְעָמִים מֵטֶלֶת. כְּשֵׁם שֶׁגַּל הַיָּם הַכֹּל מִתְיָרְאִין מִמֶּנּוּ - כָּךְ לְשׁוֹנוֹ שֶׁל אָדָם הַכֹּל מִתְיָרְאִין מִמֶּנּוּ. מָה הַיָּם לְסוֹף מֵימָיו מִתְגָּרְשִׁים לְרֶפֶשׁ וָטִיט שֶׁנֶּאֱמַר - וַיִּגְרְשׁוּ[16] מֵימָיו רֶפֶשׁ וָטִיט. כָּךְ הַפֶּה סוֹף דְּבָרָיו לְתֹהוּ וְהֶבֶל. שֶׁנֶּאֱמַר[17] - יַכְרֵת הוי"ה כָּל שִׂפְתֵי חֲלָקוֹת לָשׁוֹן מְדַבֶּרֶת גְּדֹלוֹת:

דָּבָר אַחֵר, **אֶ**'פְתַּח **לְ**'שׁוֹן **פֶּ**'ה, וּ**פֶ**'ה **לְ**'שׁוֹן **אֶ**'פְתַּח - אָמַר הַקָּדוֹשׁ בָּרוּךְ הוּא, אֶפְתַּח לָהֶם לְיִשְׂרָאֵל פֶּה וְלָשׁוֹן בְּדִבְרֵי תּוֹרָה כְּדֵי שֶׁיְּשַׁבְּחוּ שְׁמִי בְּכָל יוֹם וָיוֹם, שֶׁאִם אֵין יִשְׂרָאֵל בָּעוֹלָם אֵין לִי שֶׁבַח וּגְדֻלָּה, שֶׁאִלְמָלֵא שִׁירָה וְזִמְרָה שֶׁיִּשְׂרָאֵל אוֹמְרִים לְפָנַי בְּכָל יוֹם לֹא בָּרָאתִי עוֹלָמִי. אֲפִלּוּ יִשְׂרָאֵל שֶׁכָּל הָעוֹלָם כֻּלּוֹ נִבְרָא בִּשְׁבִילָן לֹא בְּרָאתִים אֶלָּא בִּשְׁבִיל שִׁירָה, שֶׁנֶּאֱמַר - עַם[18] זוּ יָצַרְתִּי לִי תְּהִלָּתִי יְסַפֵּרוּ.

דָּבָר אַחֵר, אל"ף, אִם אֵין אל"ף אֵין בי"ת אִם אֵין בי"ת אֵין אל"ף - אִם אֵין תּוֹרָה תְּמִימָה אֵין כָּל הָעוֹלָם כֻּלּוֹ מִתְקַיֵּם, אִם אֵין כָּל הָעוֹלָם כֻּלּוֹ מִתְקַיֵּם אֵין תּוֹרָה תְּמִימָה מִתְקַיֶּמֶת. אִם אֵין גימ"ל אֵין דלי"ת אִם אֵין דלי"ת אֵין גימ"ל - אִם אֵין גְּמִילוּת חֲסָדִים אֵין דַּלִּים, אִם אֵין דַּלִּים בָּעוֹלָם אֵין גְּמִילוּת חֲסָדִים, שֶׁנֶּאֱמַר[19] - חַסְדֵי יְהוָה אַזְכִּיר תְּהִלֹּת יְהוָה

[16] ישעיהו נז כ
[17] תהלים יב ד
[18] ישעיהו מג כא
[19] ישעיהו סג ז

כְּעַל כֹּל אֲשֶׁר גְּמָלָנוּ יְהוָה וְרַב טוּב לְבֵית יִשְׂרָאֵל אֲשֶׁר גְּמָלָם כְּרַחֲמָיו וּכְרֹב חֲסָדָיו. וּמִנַּיִן שֶׁיִּשְׂרָאֵל נִקְרָאוּ דַּלִּים? שֶׁנֶּאֱמַר - כִּי[20] אַתָּה עַם עָנִי תוֹשִׁיעַ. וְעֵינַיִם[21] רָמוֹת תַּשְׁפִּיל - אֵלּוּ אֻמּוֹת הָעוֹלָם.

דָּבָר אַחֵר, אל"ף, אָמַר הַקָּדוֹשׁ בָּרוּךְ הוּא - **אֱ**'מוּנָתִי **לְ**'יִשְׂרָאֵל **פָּ**'קַדְתִּי, וּ**פָ**'קַדְתִּי **לְ**'יִשְׂרָאֵל **אֱ**'מוּנָתִי. אֵין אֱמוּנָתִי אֶלָּא תּוֹרָה שֶׁנֶּאֱמַר[22] - וָאֶהְיֶה אֶצְלוֹ אָמוֹן. וּמִנַּיִן שֶׁהִפְקִיד הַקָּדוֹשׁ בָּרוּךְ הוּא אֱמוּנָתוֹ לְיִשְׂרָאֵל? שֶׁנֶּאֱמַר - זָכַר[23] חַסְדּוֹ וֶאֱמוּנָתוֹ לְבֵית יִשְׂרָאֵל. וְהָיוּ כָּל יִשְׂרָאֵל פּוֹתְחִים אֶת פִּיהֶם וְאוֹמְרִים שִׁירָה לִפְנֵי הַקָּדוֹשׁ בָּרוּךְ הוּא בְּאוֹתָהּ שָׁעָה, שֶׁנֶּאֱמַר - הוי"ה[24] אֱלֹהַי אַתָּה אֲרוֹמִמְךָ אוֹדֶה שִׁמְךָ כִּי עָשִׂיתָ פֶּלֶא עֵצוֹת מֵרָחוֹק אֱמוּנָה אֹמֶן. אִם נֶאֱמַר אֹמֶן לָמָּה נֶאֱמַר אֱמוּנָה, אִם נֶאֱמַר אֱמוּנָה לָמָּה נֶאֱמַר אֹמֶן? אֶלָּא מְלַמֵּד שֶׁשְּׁתֵּי אֱמוּנוֹת הִפְקִיד הַקָּדוֹשׁ בָּרוּךְ הוּא לְיִשְׂרָאֵל עַל הַר סִינַי - אֶחָד לְיִשְׂרָאֵל וְאֶחָד לַמָּשִׁיחַ. אֶחָד לְיִשְׂרָאֵל מִנַּיִן? שֶׁנֶּאֱמַר - זָכַר[25] חַסְדּוֹ וֶאֱמוּנָתוֹ לְבֵית יִשְׂרָאֵל. וְאֶחָד לַמָּשִׁיחַ מִנַּיִן? שֶׁנֶּאֱמַר[26] - וְהָיָה צֶדֶק אֵזוֹר מָתְנָיו וְהָאֱמוּנָה אֵזוֹר חֲלָצָיו.

דָּבָר אַחֵר, אל"ף, אָמַר הַקָּדוֹשׁ בָּרוּךְ הוּא - **אָ**'מַרְתִּי **פֵּ**'אַרְתִּי **לְ**'עַמִּי, וּ**פֵ**'אַרְתִּי **לְ**'עַמִּי **אָ**'מַרְתִּי. וְאֵין אֲמַרְתִּי אֶלָּא תּוֹרָה, שֶׁנֶּאֱמַר - יַעֲרֹף[27] כַּמָּטָר לִקְחִי תִּזַּל כַּטַּל אִמְרָתִי. וְאֵין לִקְחִי אֶלָּא תּוֹרָה, שֶׁנֶּאֱמַר[28] - כִּי לֶקַח טוֹב נָתַתִּי לָכֶם תּוֹרָתִי אַל תַּעֲזֹבוּ. וּמַהוּ אַל תַּעֲזֹבוּ? מְלַמֵּד שֶׁבִּשְׁעַת מַתַּן תּוֹרָה קָרָא

---

20 תהלים יח כח
21 תהלים יח כח
22 משלי ח ל
23 תהלים צח ג
24 ישעיהו כה א
25 תהלים צח ג
26 ישעיהו יא ה
27 דברים לב ב
28 משלי ד ב

הַקָּדוֹשׁ בָּרוּךְ הוּא לְיִשְׂרָאֵל וְאָמַר לָהֶם בְּנַי - מֶקַח טוֹב יֵשׁ לִי בָּעוֹלָם וַאֲנִי נוֹתֵן אוֹתוֹ לָכֶם לָעַד לְעוֹלָם, אִם תְּקַבְּלוּ אֶת תּוֹרָתִי וְתִשְׁמְרוּ אֶת מִצְווֹתַי. מְשִׁיבִים וְאוֹמְרִים לְפָנָיו, רִיבּוֹנוֹ שֶׁל עוֹלָם, אֵיזֶהוּ מֶקַח טוֹב שֶׁאַתָּה נוֹתֵן לָנוּ אִם נִשְׁמֹר אֶת תּוֹרָתְךָ? מֵשִׁיב הַקָּדוֹשׁ בָּרוּךְ הוּא וְאוֹמֵר לָהֶם, זֶה הָעוֹלָם הַבָּא. מְשִׁיבִים יִשְׂרָאֵל וְאוֹמְרִים, רִיבּוֹנוֹ שֶׁל עוֹלָם, הַרְאֵנוּ דֻּגְמָה שֶׁל עוֹלָם הַבָּא. מֵשִׁיב הַקָּדוֹשׁ בָּרוּךְ הוּא וְאוֹמֵר לָהֶם, זֶה **שַׁבָּת** - שֶׁהוּא אֶחָד מִשִּׁשִּׁים שֶׁל עוֹלָם הַבָּא שֶׁכֻּלּוֹ שַׁבָּת, שֶׁנֶּאֱמַר - זָכוֹר[29] אֶת יוֹם הַשַּׁבָּת לְקַדְּשׁוֹ. וּמִנַּיִן שֶׁעוֹלָם הַבָּא כֻּלּוֹ שַׁבָּת? שֶׁנֶּאֱמַר - מִזְמוֹר[30] שִׁיר לְיוֹם הַשַּׁבָּת - לְיוֹם שֶׁכֻּלּוֹ שַׁבָּת. שֶׁכֵּיוָן שֶׁרָאָה אָדָם הָרִאשׁוֹן אֶת הַשַּׁבָּת, פָּתַח אֶת פִּיו בְּשִׁבְחוֹ שֶׁל הַקָּדוֹשׁ בָּרוּךְ הוּא וְאָמַר[31] - מִזְמוֹר שִׁיר לְיוֹם הַשַּׁבָּת, טוֹב לְהֹדוֹת לַהוי"ה וּלְזַמֵּר לְשִׁמְךָ עֶלְיוֹן. בְּאוֹתָהּ שָׁעָה יָרְדוּ מַלְאֲכֵי הַשָּׁרֵת כִּתּוֹת כִּתּוֹת מִן הַשָּׁמַיִם וְאָמְרוּ - **טוֹב לְהוֹדוֹת**, וְכֵן הַשָּׁמַיִם מִקְצָתָן הָיוּ אוֹחֲזִים בִּידֵיהֶם כִּנּוֹרוֹת וְעוּגָבוֹת, וּמִקְצָתָן הָיוּ בִּידֵיהֶם נְבָלִים וּמְצִלְתַּיִם וְכָל כְּלֵי שִׁיר וּמְנַגְּנִים לְפָנָיו בְּשִׁיר, שֶׁנֶּאֱמַר - וּלְזַמֵּר[32] לְשִׁמְךָ עֶלְיוֹן. לְהַגִּיד בַּבֹּקֶר חַסְדֶּךָ - זֶה עוֹלָם הַבָּא שֶׁנִּמְשָׁל לִבְקָרִים, שֶׁנֶּאֱמַר - חֲדָשִׁים[33] לַבְּקָרִים רַבָּה אֱמוּנָתֶךָ. וֶאֱמוּנָתְךָ[34] בַּלֵּילוֹת - זֶה הָעוֹלָם הַזֶּה שֶׁנִּמְשָׁל לַלַּיְלָה, שֶׁנֶּאֱמַר - תָּשֶׁת[35] חֹשֶׁךְ וִיהִי לָיְלָה בּוֹ תִרְמֹשׂ כָּל חַיְתוֹ יָעַר. וְכִי כָּל חַיְתוֹ יַעַר לֹא תִּרְמֹשׂ אֶלָּא בַּלַּיְלָה וּבַיּוֹם אֵינָהּ רוֹמֶשֶׂת כְּלָל? אֶלָּא מְלַמֵּד שֶׁעוֹלָם הַזֶּה נִמְשָׁל כְּלַיְלָה, וּמַלְכֵי אֻמּוֹת הָעוֹלָם מְשׁוּלִים כְּחַיּוֹת שֶׁהֵן רוֹמְשׂוֹת בְּיַעַר בְּתוֹךְ הַלַּיְלָה - הַגָּלוּת, וְכֵיוָן שֶׁעָלָה עַמּוּד הַשַּׁחַר חוֹזְרִין. וּכְשֵׁם שֶׁכָּל הַחַיּוֹת חוֹזְרוֹת לְיַעֲרָם וְלִמְקוֹמָם, כָּךְ כָּל מַלְכֵי הָאָרֶץ

---

[29] שמות כ ז
[30] תהלים צב א
[31] תהלים צב א-ב
[32] תהלים צב ב
[33] איכה ג כג
[34] תהלים צב ג
[35] תהלים קד כ

וְרוֹזְנֵי תֵּבֵל כֵּיוָן שֶׁבָּא עֲלֵיהֶם עוֹלָם הַבָּא, וּמַלְכוּת מָשִׁיחַ חוֹזְרִים לְיַעֲרָם וְלִמְקוֹמָם, וְיוֹרְדִין מִגְּדֻלָּתָם וְשָׁבִים אֶל עֲפָרָם, וְאֵינָם בָּאִים עוֹלָם הַבָּא, שֶׁנֶּאֱמַר[36] - וְהָיָה יְהוָה לְמֶלֶךְ עַל כָּל הָאָרֶץ בַּיּוֹם הַהוּא יִהְיֶה יְהוָה אֶחָד וּשְׁמוֹ אֶחָד.

דָּבָר אַחֵר, אָלֶ"ף, אָמַר הַקָּדוֹשׁ בָּרוּךְ הוּא אֲצַתִּי לִפְעֹל פֶּלֶא, בְּמָרוֹם וְעֹמֶק שֶׁאֵין חֵקֶר וְאֵין מִסְפָּר, שֶׁנֶּאֱמַר - עֹשֶׂה[37] גְדלוֹת עַד אֵין חֵקֶר וְנִפְלָאוֹת עַד אֵין מִסְפָּר. עֹשֶׂה גְדלוֹת עַד אֵין חֵקֶר - בְּמַעֲשֵׂה בְּרֵאשִׁית בְּשָׁעָה שֶׁבְּרָאָם. וְנִפְלָאוֹת עַד אֵין מִסְפָּר - בְּמַעֲשֵׂה אַחֲרִית בְּשָׁעָה שֶׁיִּצְרָם. דָּבָר אַחֵר, עֹשֶׂה גְדלוֹת עַד אֵין חֵקֶר - בְּשָׁעָה שֶׁנּוֹצַר הַוָּלָד בִּמְעֵי אִמּוֹ, וְנִפְלָאוֹת עַד אֵין חֵקֶר - בְּשָׁעָה שֶׁנּוֹלַד. דָּבָר אַחֵר, עֹשֶׂה גְדלוֹת עַד אֵין חֵקֶר - בִּשְׁעַת יְצִיאַת נְשָׁמָה, וְנִפְלָאוֹת עַד אֵין מִסְפָּר - בִּשְׁעַת תְּחִיַּת הַמֵּתִים. דָּבָר אַחֵר, עֹשֶׂה גְדלוֹת עַד אֵין חֵקֶר - בִּשְׁעַת הַמַּבּוּל, וְנִפְלָאוֹת עַד אֵין מִסְפָּר - בִּשְׁעַת הַפְלָגָה. דָּבָר אַחֵר, עֹשֶׂה גְדלוֹת עַד אֵין חֵקֶר - בִּשְׁעַת יְצִיאַת מִצְרַיִם, וְנִפְלָאוֹת עַד אֵין מִסְפָּר - בִּשְׁעַת קְרִיעַת יַם סוּף. דָּבָר אַחֵר, עֹשֶׂה גְדלוֹת עַד אֵין חֵקֶר - בִּשְׁעַת מִלְחֶמֶת עֲמָלֵק, וְנִפְלָאוֹת עַד אֵין מִסְפָּר - בִּשְׁעַת יְרִידַת הַמָּן. דָּבָר אַחֵר, עֹשֶׂה גְדלוֹת עַד אֵין חֵקֶר - בִּשְׁעַת מַתַּן תּוֹרָה, וְנִפְלָאוֹת עַד אֵין מִסְפָּר - בְּשָׁעָה שֶׁנֶּהֶרְגוּ סִיחוֹן וְעוֹג. דָּבָר אַחֵר, עֹשֶׂה גְדלוֹת עַד אֵין חֵקֶר - בִּשְׁעַת מִלְחֶמֶת סִיסְרָא, וְנִפְלָאוֹת עַד אֵין מִסְפָּר - בְּמִלְחֶמֶת סַנְחֵרִיב. דָּבָר אַחֵר, עֹשֶׂה גְדלוֹת עַד אֵין חֵקֶר - בָּעוֹלָם הַזֶּה, וְנִפְלָאוֹת עַד אֵין מִסְפָּר - בָּעוֹלָם הַבָּא.

דָּבָר אַחֵר, אָלֶ"ף - מְלַמֵּד שֶׁחֲמֵשֶׁת אֲלָפִים שַׁעֲרֵי חָכְמָה נִפְתְּחוּ לוֹ לְמֹשֶׁה בְּסִינַי כְּנֶגֶד חֲמִשָּׁה חֻמְשֵׁי תּוֹרָה, וּשְׁמוֹנַת אֲלָפִים שַׁעֲרֵי בִּינָה כְּנֶגֶד שְׁמוֹנָה סִפְרֵי נְבִיאִים, וְאַחַד עָשָׂר אֲלָפִים שַׁעֲרֵי דֵעָה כְּנֶגֶד אַחַד עָשָׂר כְּתוּבִים, שֶׁנֶּאֱמַר[38] - אוֹצָר נֶחְמָד וָשֶׁמֶן בִּנְוֵה חָכָם וּכְסִיל אָדָם יְבַלְּעֶנּוּ. **אוֹצָר** - זוֹ

---

[36] זכריה יד ט
[37] איוב ט י
[38] משלי כא כ

תּוֹרָה, שֶׁנֶּאֱמַר - יִרְאַת[39] הוי"ה הִיא אוֹצָרוֹ. **וְתוֹרָה** - זוֹ יִרְאָה, שֶׁנֶּאֱמַר - וְרָאוּ[40] כָּל עַמֵּי הָאָרֶץ כִּי שֵׁם הוי"ה נִקְרָא עָלֶיךָ וְיָרְאוּ מִמֶּךָּ. וְאוֹמֵר - וּבַעֲבוּר[41] תִּהְיֶה יִרְאָתוֹ עַל פְּנֵיכֶם לְבִלְתִּי תֶחֱטָאוּ. **נֶחְמָד** - אֵלּוּ נְבִיאִים שֶׁמִּתְנַבְּאִים בִּדְבָרִים נֶחְמָדִים, שֶׁנֶּאֱמַר - יִרְאַת[42] הוי"ה טְהוֹרָה עוֹמֶדֶת לָעַד מִשְׁפְּטֵי הוי"ה אֱמֶת צָדְקוּ יַחְדָּו. הַנֶּחֱמָדִים מִזָּהָב וּמִפַּז רָב וּמְתוּקִים מִדְּבַשׁ וְנֹפֶת צוּפִים. **וְשֶׁמֶן** - אֵלּוּ כְּתוּבִים שֶׁהֵם מוֹשְׁחִים גּוּפוֹ שֶׁל אָדָם בְּדִבְרֵי נְחוּמִים כְּשֶׁמֶן, שֶׁנֶּאֱמַר - רִפְאוּת[43] תְּהִי לְשָׁרֶּךָ וְשִׁקּוּי לְעַצְמוֹתֶיךָ. **בִּנְוֵה חָכָם** - זֶה מֹשֶׁה רַבֵּנוּ ע"ה שֶׁנִּקְרָא חָכָם, שֶׁנֶּאֱמַר - עִיר[44] גִּבֹּרִים עָלָה חָכָם וַיֹּרֶד עֹז מִבְטֶחָה. וְאֵין גִּבּוֹרִים אֶלָּא מַלְאֲכֵי הַשָּׁרֵת, שֶׁנֶּאֱמַר - בָּרְכוּ[45] הוי"ה מַלְאָכָיו גִּבֹּרֵי כֹחַ עֹשֵׂי דְבָרוֹ לִשְׁמֹעַ בְּקוֹל דְּבָרוֹ. וּכְסִיל[46] אָדָם יְבַלְּעֶנּוּ - זֶה יְהוֹשֻׁעַ בִּן נוּן שֶׁעָשָׂה עַצְמוֹ כִּכְסִיל אֵצֶל מֹשֶׁה רַבּוֹ.

דָּבָר אַחֵר, אל"ף זֶה הַקָּדוֹשׁ בָּרוּךְ הוּא שֶׁהוּא רִאשׁוֹן וְהוּא אַחֲרוֹן, הוּא אַלּוּף בְּרֹב אַלְפֵי מֶלֶךְ. כְּשֵׁם שֶׁהָ**אל"ף** רֹאשׁ לְכָל הָאוֹתִיּוֹת כָּךְ הַקָּדוֹשׁ בָּרוּךְ הוּא רֹאשׁ לְכָל הַמְּלָכִים כֻּלָּם, גַּם הוּא סוֹף לְכָל הַנְּדִיבִים כֻּלָּם. וּמִנַּיִן שֶׁהוּא רִאשׁוֹן וְהוּא אַחֲרוֹן? שֶׁנֶּאֱמַר - אֲנִי[47] הוי"ה רִאשׁוֹן וְאֶת אַחֲרֹנִים אֲנִי הוּא. רָאוּי לַמִּקְרָא לוֹמַר וְאֶת אַחֲרוֹן אֲנִי הוּא, מָה תַּלְמוּד לוֹמַר אֶת אַחֲרוֹנִים אֲנִי הוּא? אֶלָּא מְלַמֵּד כְּשֶׁמְּחַדֵּשׁ אֶת הָעוֹלָם הַקָּדוֹשׁ בָּרוּךְ הוּא עוֹמֵד בְּעַצְמוֹ וּמְסַדֵּר סַדְרָן שֶׁל אַחֲרוֹנִים שֶׁל עוֹלָם הַבָּא, סַדְרָן שֶׁל צַדִּיקִים, סַדְרָן שֶׁל חֲסִידִים, סַדְרָן שֶׁל עֲנָוִים, סַדְרָן שֶׁל נְבִיאִים, סַדְרָן שֶׁל

---

39 ישעיהו לג ו
40 דברים כח י
41 שמות כ טז
42 תהלים יט י-יא
43 משלי ג ח
44 משלי כא כב
45 תהלים קג כ
46 משלי כא כ
47 ישעיהו מא ד

מְלָכִים וְשֶׁל רוֹזְנִים וְשֶׁל נְדִיבִים, סַדְּרָן שֶׁל פַּרְנָסֵי הַדּוֹר, סַדְּרָן שֶׁל כָּל דּוֹר וְדוֹר, וְכָל בְּרִיָּה וּבְרִיָּה, וְכָל חַיָּה וְחַיָּה, וְכָל עוֹף וְעוֹף, וְכָל נְשָׁמָה וּנְשָׁמָה. וּמוֹרִיד חֲנוֹךְ בֶּן יֶרֶד שֶׁשְּׁמוֹ מטטרו"ן וְאֶת אַרְבַּע הַחַיּוֹת מִתַּחַת גַּלְגַּלֵּי מֶרְכְּבוֹת כִּסְאוֹ, וּמַעֲמִיד אֶת כִּסְאוֹ לְצַד אֶחָד וּמַעֲלֶה אֶת קֹרַח וְאֶת עֲדָתוֹ מִשְּׁאוֹל וּמִתְּהוֹם רַבָּה. וּמְבִיאִין לְפָנָיו כָּל בָּאֵי הָעוֹלָם וְהוּא מַעֲמִידָן עַל רַגְלֵיהֶם, וְהוּא מְסַדֵּר דִּינוֹ שֶׁל עַצְמוֹ לִפְנֵי הַבְּרִיּוֹת, וְאוֹמֵר לָהֶם כְּלוּם רְאִיתֶם אלו"ה אַחֵר מִבַּלְעָדַי בַּשָּׁמַיִם מִמַּעַל אוֹ בָּאָרֶץ מִתַּחַת אוֹ בְּאַרְבַּע רוּחוֹת הָעוֹלָם? הָעִידוּ בִּי וְתֹאמְרוּ אֱמֶת, שֶׁנֶּאֱמַר[48] - וְאַתֶּם עֵדַי נְאֻם הוי"ה וַאֲנִי אֵל. מְשִׁיבִין מטטרו"ן וְחַיּוֹת הַקֹּדֶשׁ וְקֹרַח וַעֲדָתוֹ כֻּלָּם כְּבַת אַחַת בְּקוֹל אֶחָד בְּפֶה אֶחָד וּבְדִבּוּר אֶחָד, וְאוֹמְרִים לְפָנָיו כָּל בָּאֵי עוֹלָם, לֹא רָאִינוּ מֵעוֹלָם כָּמוֹךָ אלו"ה בַּשָּׁמַיִם מִמַּעַל, וְלֹא שַׂרְנוּ מֵעוֹלָם כָּמוֹךָ רְשׁוּת אַחֵר בָּאָרֶץ מִתַּחַת. אֵין מֶלֶךְ כָּמוֹךָ - אֵין[49] בִּלְתֶּךָ וְאֵין צוּר כֵּאלֹהֵינוּ. אַתָּה רִאשׁוֹן וְאַתָּה אַחֲרוֹן וְאֵין אלו"ה מִבַּלְעָדֶיךָ, וְאֵין עוֹד אֱלֹהִים שֶׁנֶּאֱמַר - אֵין[50] כָּמוֹךָ בָאֱלֹהִים אֲדֹנָ"י וְאֵין כְּמַעֲשֶׂיךָ. בְּאוֹתָהּ שָׁעָה מֵשִׁיב הַקָּדוֹשׁ בָּרוּךְ הוּא לְכָל בָּאֵי עוֹלָם, שֶׁנֶּאֱמַר - רְאוּ[51] עַתָּה כִּי אֲנִי אֲנִי הוּא וְאֵין אֱלֹהִים עִמָּדִי אֲנִי אָמִית וַאֲחַיֶּה מָחַצְתִּי וַאֲנִי אֶרְפָּא וְאֵין מִיָּדִי מַצִּיל. מַה הוּא **אֲנִי אֲנִי** שְׁתֵּי פְּעָמִים? אֶלָּא מְלַמֵּד שֶׁאָמַר לָהֶם הַקָּדוֹשׁ בָּרוּךְ הוּא, אֲנִי הוּא עַד שֶׁל נִבְרָא הָעוֹלָם וַאֲנִי הוּא מִשֶּׁנִּבְרָא הָעוֹלָם. **וְאֵין אֱלֹהִים עִמָּדִי** - עוֹלָם הַבָּא. **אֲנִי אָמִית וַאֲחַיֶּה** - אֲנִי הוּא שֶׁאָמִית כָּל בְּנֵי אָדָם וְכָל הַבְּרִיּוֹת בָּעוֹלָם הַזֶּה, **וַאֲנִי הוּא** - שֶׁאַחֲזִיר לָהֶם רוּחַ וּנְשָׁמָה וּמְחַיֶּה אוֹתָם לָעוֹלָם הַבָּא, וַאֲנִי הוּא שֶׁמָּחַצְתִּי אוֹתָם בָּעוֹלָם הַזֶּה בְּעִוְרוֹת עֵינַיִם בְּחֵרִישׁוּת אָזְנַיִם, בַּחֲגִירַת רַגְלַיִם, בִּבְלִילוֹת אֶצְבְּעוֹתַיִם, בִּפְלִיגוּת אֵבָרִים, בַּעֲרֵלוּת שְׂפָתַיִם, בְּאִלְּמוּת פֶּה וְלָשׁוֹן, וַאֲנִי הוּא שֶׁמְּרַפֵּא אוֹתָם לָעוֹלָם הַבָּא, **וְאֵין מִיָּדִי מַצִּיל** - לְיוֹם

[48] ישעיהו מג יב
[49] שמואל-א ב ב
[50] תהלים פו ח
[51] דברים לב לט

הַדִּין. דָּבָר אַחֵר, **מָחַצְתִּי וַאֲנִי אֶרְפָּא** - כְּשֵׁם שֶׁהָאָדָם נִפְטָר בְּמוּמוֹ כָּךְ חוֹזֵר בְּמוּמוֹ עוֹלָם הַבָּא בְּעֵת תְּחִיַּת הַמֵּתִים, מִי שֶׁנִּפְטַר חִגֵּר - חוֹזֵר חִגֵּר, מִי שֶׁנִּפְטַר סוּמָא - חוֹזֵר סוּמָא, מִי שֶׁנִּפְטַר חֵרֵשׁ - חוֹזֵר חֵרֵשׁ, מִי שֶׁנִּפְטַר אִלֵּם - חוֹזֵר אִלֵּם, מִי שֶׁנִּפְטַר גִּבֵּן - חוֹזֵר גִּבֵּן, מִי שֶׁנִּפְטַר דַּק - חוֹזֵר דַּק, או[52] תְּבַלֻּל בְּעֵינוֹ אוֹ גָרָב אוֹ יַלֶּפֶת אוֹ מְרוֹחַ אָשֶׁךְ - חוֹזֵר כָּךְ. וְאַחַר כָּךְ יוֹשֵׁב הַקָּדוֹשׁ בָּרוּךְ הוּא כְּרוֹפֵא, וּמְרַפֵּא אוֹתָם בִּפְנֵי כָּל בָּאֵי עוֹלָם, שֶׁנֶּאֱמַר[53] - בּוֹרֵא נִיב שְׂפָתָיִם שָׁלוֹם שָׁלוֹם לָרָחוֹק וְלַקָּרוֹב אָמַר הוי"ה וּרְפָאתִיו.

דָּבָר אַחֵר, אָלֶ"ף, מִפְּנֵי מָה כּוֹתְבִין אוֹתוֹ בְּאוֹת אַחַת וְקוֹרִין אוֹתוֹ בְּשָׁלֹשׁ אוֹתִיּוֹת? מִפְּנֵי שֶׁהוּא נֶחֱשָׁב אֶחָד כְּנֶגֶד הַקָּדוֹשׁ בָּרוּךְ הוּא שֶׁנִּקְרָא אֶחָד, שֶׁנֶּאֱמַר - שְׁמַע יִשְׂרָאֵל הוי"ה אֱלֹהֵינוּ הוי"ה אֶחָד. הַקָּדוֹשׁ בָּרוּךְ הוּא נִקְרָא אֶחָד, וּקְרִיאַת שְׁמוֹ אוֹתִיּוֹת שְׁמוֹת מְשֻׁלָּשׁוֹת. וּמִנַּיִן שֶׁהַקָּדוֹשׁ בָּרוּךְ הוּא אֶחָד, וְכָל שֵׁם שֶׁלּוֹ אֵין קוֹרִין לְפָנָיו אֶלָּא בִּמְשֻׁלָּשׁ? שֶׁנֶּאֱמַר - הוי"ה[54] אֱלֹהֵינוּ הוי"ה אֶחָד, הֲרֵי שְׁמוֹ מְשֻׁלָּשׁ. הוי"ה[55] הוי"ה אֵל רַחוּם וְחַנּוּן - הֲרֵי שְׁמוֹ מְשֻׁלָּשׁ. וּמִנַּיִן שֶׁכָּל שֶׁבַח אֵין אוֹמְרִים לְפָנָיו אֶלָּא מְשֻׁלָּשׁ? שֶׁנֶּאֱמַר - קָדוֹשׁ[56] קָדוֹשׁ קָדוֹשׁ יְהוָה צְבָאוֹת - הֲרֵי מְשֻׁלָּשׁ. גָּדוֹל[57] הוי"ה וּמְהֻלָּל מְאֹד וְלִגְדֻלָּתוֹ אֵין חֵקֶר - הֲרֵי מְשֻׁלָּשׁ. אָז יָשִׁיר, אֶת הַשִּׁירָה, אָשִׁירָה לַהוי"ה. וְכֵן שִׁיר הַשִּׁירִים - שִׁיר אֶחָד הַשִּׁירִים שְׁנַיִם - הֲרֵי שִׁיר מְשֻׁלָּשׁ. בְּמִדַּת הָאֱמוּנָה בָּרָאתִי אֶת הָעוֹלָם, וּבְמִדַּת הָאֱמוּנָה אֲנִי נוֹהֵג עִמּוֹ, וּבְמִדַּת אֱמוּנָה אֲנִי עָתִיד לְחַדְּשׁוֹ.

---

[52] ויקרא כא כ
[53] ישעיהו נז יט
[54] דברים ו ד
[55] שמות לד ו
[56] ישעיהו ו ג
[57] תהלים קמה ג

אות ב'

בֵּית יִשְׂרָאֵל, אַל תִּקְרֵי **בֵּית יִשְׂרָאֵל**, אֶלָּא **בי"ת**, וּמָה הוּא בי"ת? אָמַר הַקָּדוֹשׁ בָּרוּךְ הוּא - בָּנִיתִי יָצַרְתִּי תָּכַנְתִּי, תָּכַנְתִּי יָצַרְתִּי בָּנִיתִי - בָּנִיתִי שְׁנֵי פַּלְטֵרִין שֶׁלִּי, אֶחָד לְמַעְלָה וְאֶחָד לְמַטָּה, יָצַרְתִּי כָּל סִדְרֵי בְּרֵאשִׁית, תָּכַנְתִּי חַיֵּי עוֹלָם הַבָּא, שֶׁנֶּאֱמַר - מִי[1] תִכֵּן אֶת רוּחַ הוי"ה וְאִישׁ עֲצָתוֹ יוֹדִיעֶנּוּ.

דָּבָר אַחֵר, בֵּית יִשְׂרָאֵל, בּוֹ בִּינָה בְּכָל בַּיִת, בְּכָל בַּיִת בִּינָה בּוֹ, בֵּית בּוֹנֵי בְּכָל בַּיִת בְּמַלְכוּת בּוֹנֵי בַּיִת. אָמַר הַקָּדוֹשׁ בָּרוּךְ הוּא בבי"ת בָּרָאתִי אֶת הָעוֹלָם, בבי"ת דַּנְתִּי אֶת הָעוֹלָם. בבי"ת שִׁיחַתִּי אֶת הָעוֹלָם, בבי"ת בִּלְבַּלְתִּי אֶת הַלָּשׁוֹן בָּעוֹלָם, בבי"ת בֵּרַכְתִּי אֶת אֶזְרָחִי[2], בבי"ת בֵּרַכְתִּי אֶת יִצְחָק, בבי"ת בֵּרַכְתִּי אֶת יַעֲקֹב, בבי"ת בֵּרַכְתִּי אֶת הַשְּׁבָטִים, בבי"ת בֵּרַכְתִּי אֶת יוֹסֵף, בבי"ת בֵּרַכְתִּי אֶת יִשְׂרָאֵל, בבי"ת בֵּרַכְתִּי אֶת יְרוּשָׁלַיִם, בבי"ת בֵּרַכְתִּי אֶת צִיּוֹן, בבי"ת בֵּרַכְתִּי אֶת בֵּית הַמִּקְדָּשׁ, בבי"ת בֵּרַכְתִּי אֶת עוֹלָם הַבָּא. וּמִנַּיִן כִּי בבי"ת בָּרָא אֶת הָעוֹלָם? שֶׁנֶּאֱמַר - בְּרֵאשִׁית[3] בָּרָא אֱלֹהִים. בבי"ת דָּן אֶת הָעוֹלָם, שֶׁנֶּאֱמַר - קֵץ[4] כָּל בָּשָׂר בָּא לְפָנַי, **גַּשׁ** לְפָנַי **קָרוֹב** לְפָנַי לֹא נֶאֱמַר, אֶלָּא **בָּ'א** לְפָנַי. שִׁיחַתִּי בבי"ת שֶׁנֶּאֱמַר - בַּיּוֹם[5] הַזֶּה נִבְקְעוּ כָּל מַעְיְנֹת תְּהוֹם רַבָּה. בִּלְבֵּל הַלָּשׁוֹן בבי"ת מִנַּיִן? שֶׁנֶּאֱמַר - כִּי[6] שָׁם בָּלַל הוי"ה שְׂפַת כָּל הָאָרֶץ - **הָפֵךְ חֲלֹף עָרֵב** לֹא נֶאֱמַר, אֶלָּא **בָּ'לַל**. בֵּרֵךְ הָאֶזְרָחִי בבי"ת מִנַּיִן? שֶׁנֶּאֱמַר - וַהוי"ה[7] בֵּרַךְ אֶת אַבְרָהָם בַּכֹּל. בֵּרֵךְ יִצְחָק בבי"ת מִנַּיִן? שֶׁנֶּאֱמַר[8] - וְיִצְחָק בָּא מִבּוֹא בְּאֵר לַחַי

---

[1] ישעיהו מ יג
[2] אברהם אבינו נקרא אזרחי, עיין במרש"א בבא בתרא טו א
[3] בראשית א א
[4] בראשית ו יג
[5] בראשית ז יא
[6] בראשית יא ט
[7] בראשית כד א
[8] בראשית כד סב

ראִי. בֵּרֵךְ יַעֲקֹב בבי"ת מִנַּיִן? שֶׁנֶּאֱמַר - בֵּית[9] יַעֲקֹב לְכוּ וְנֵלְכָה בְּאוֹר הוי"ה - בְּכָל מָקוֹם, אֲבָל **אֹהֶל** יַעֲקֹב, **מִשְׁכְּנוֹת** יַעֲקֹב, **שֹׁרֶשׁ** יַעֲקֹב לֹא נֶאֱמַר אֶלָּא **בֵּ'ית** יַעֲקֹב. בֵּרֵךְ הַשְּׁבָטִים בְּבֵית מִנַּיִן? שֶׁנֶּאֱמַר - וְיִשְׂרָאֵל[10] בָּחַרְתִּי בוֹ - **חָשַׁקְתִּי חָפַצְתִּי רָצִיתִי** בּוֹ לֹא נֶאֱמַר, אֶלָּא **בָּ'חַרְתִּי** בּוֹ. בֵּרֵךְ יוֹסֵף בבי"ת מִנַּיִן? שֶׁנֶּאֱמַר - וּבֵית[11] יוֹסֵף לֶהָבָה, **מַחֲנוֹת** יוֹסֵף **מִשְׁכְּנוֹת** יוֹסֵף **מְעוֹנוֹת** יוֹסֵף לֹא נֶאֱמַר, אֶלָּא **וּבֵ'ית** יוֹסֵף לֶהָבָה. בֵּרֵךְ יִשְׂרָאֵל מִנַּיִן? שֶׁנֶּאֱמַר - בֵּית[12] יִשְׂרָאֵל בָּרְכוּ אֶת הוי"ה - **זֶרַע** יִשְׂרָאֵל לֹא נֶאֱמַר, אֶלָּא **בֵּ'ית** יִשְׂרָאֵל. בֵּרֵךְ ירוּשָׁלַיִם מִנַּיִן? שֶׁנֶּאֱמַר - וּבָחַר[13] עוֹד בִּירוּשָׁלָיִם - **חֵשֶׁק חָפֵץ רָצָה** לֹא נֶאֱמַר, אֶלָּא **בָּ'חַר**. צִיּוֹן מִנַּיִן? שֶׁנֶּאֱמַר - כִּי[14] בָנָה הוי"ה צִיּוֹן נִרְאָה בִּכְבוֹדוֹ - **יִסֵּד כּוֹנֵן** לֹא נֶאֱמַר, **שֶׁכָּלַל** לֹא נֶאֱמַר, אֶלָּא **בָּ'נָה**. בֵּית הַמִּקְדָּשׁ מִנַּיִן? שֶׁנֶּאֱמַר - כִּי בֵיתִי[15] בֵּית תְּפִלָּה יִקָּרֵא לְכָל הָעַמִּים - **אָהֳלִי מִשְׁכְּנִי דִּירָתִי** לֹא נֶאֱמַר, אֶלָּא **בֵּ'יתִי**. עוֹלָם הַבָּא מִנַּיִן? שֶׁנֶּאֱמַר - כִּי[16] הִנְנִי בוֹרֵא שָׁמַיִם חֲדָשִׁים וָאָרֶץ חֲדָשָׁה - **יוֹצֵר כּוֹנֵן שֶׁכָּלַל** לֹא נֶאֱמַר, אֶלָּא **בּ'וֹרֵא**.

דָּבָר אַחֵר, בי"ת - מָה נִשְׁתַּנָּה בַּיִת מִכָּל הָאוֹתִיּוֹת שֶׁבָּרָא בּוֹ הַקָּדוֹשׁ בָּרוּךְ הוּא כָּל סִדְרֵי בְּרֵאשִׁית? מִפְּנֵי שֶׁגָּלוּי וְיָדוּעַ הָיָה לִפְנֵי הַקָּדוֹשׁ בָּרוּךְ הוּא כִּי שְׁתֵּי פְעָמִים עָתִיד הָעוֹלָם לְהֵחָרֵב - אֶחָד בִּימֵי דוֹר הַמַּבּוּל, וְאֶחָד בְּסוֹף שֵׁשֶׁת אֲלָפִים וְתִשְׁעִים וְשָׁלֹשׁ וְשָׁנִים.

דָּבָר אַחֵר, מִפְּנֵי שֶׁשְּׁתֵּי פְּעָמִים הָיָה עָתִיד בֵּית הַמִּקְדָּשׁ לְהֵחָרֵב.

---

[9] ישעיהו ב ה
[10] ישעיהו מד א
[11] עובדיה א יח
[12] תהלים קלה יט
[13] זכריה ב טז
[14] תהלים קב יז
[15] ישעיהו נו ז
[16] ישעיהו סה יז

דָּבָר אַחֵר, מִפְּנֵי שֶׁאָמַר הַקָּדוֹשׁ בָּרוּךְ הוּא שְׁנֵי עוֹלָמִים אֲנִי עָתִיד לִבְרֹא, עוֹלָם הַזֶּה וְעוֹלָם הַבָּא.

דָּבָר אַחֵר, מִפְּנֵי שֶׁאָמַר הַקָּדוֹשׁ בָּרוּךְ הוּא עָתִיד אֲנִי לִבְרֹא שָׁמַיִם וָאָרֶץ שְׁנֵי פַּלְטֵרִין - שָׁמַיִם לִי וְאֶרֶץ לִבְנֵי אָדָם, שֶׁנֶּאֱמַר - הַשָּׁמַיִם[17] שָׁמַיִם לַהוי"ה וְהָאָרֶץ נָתַן לִבְנֵי אָדָם.

דָּבָר אַחֵר, מִפְּנֵי שֶׁאָמַר הַקָּדוֹשׁ בָּרוּךְ הוּא עֲתִידִין בָּשָׂר וָדָם לַעֲבֹד שְׁתֵּי רָשׁוּיוֹת - יִשְׂרָאֵל עוֹבְדִים לִשְׁמִי, וְאֻמּוֹת הָעוֹלָם לְשֵׁם עֲבוֹדָה זָרָה.

דָּבָר אַחֵר, מִפְּנֵי שֶׁעֲתִידִין בְּרִיּוֹת הָעוֹלָם לִנְהֹג בָּהֶם שְׁתֵּי יְצָרִים, יֵצֶר טוֹב וְיֵצֶר הָרַע.

דָּבָר אַחֵר, שֶׁכָּל מָה שֶׁאֲנִי עָתִיד לִבְרֹא אֵינוֹ אֶלָּא - אֶחָד זָכָר וְאֶחָד נְקֵבָה.

דָּבָר אַחֵר, מָה תַּלְמוּד לוֹמַר - בְּרֵאשִׁית? בִּשְׁבִיל שְׁלֹשָׁה שֶׁנִּקְרְאוּ רֵאשִׁית, וְאֵלּוּ הֵן - תּוֹרָה, וְיִשְׂרָאֵל, וְיִרְאָה. **תּוֹרָה** מִנַּיִן? שֶׁנֶּאֱמַר - הוי"ה[18] קָנָנִי רֵאשִׁית דַּרְכּוֹ. **יִשְׂרָאֵל** מִנַּיִן? שֶׁנֶּאֱמַר - קֹדֶשׁ[19] יִשְׂרָאֵל לַהוי"ה רֵאשִׁית תְּבוּאָתֹה. **יִרְאָה** מִנַּיִן? שֶׁנֶּאֱמַר[20] - רֵאשִׁית חָכְמָה יִרְאַת הוי"ה. **תּוֹרָה** - בִּשְׁבִיל יִשְׂרָאֵל, שֶׁנֶּאֱמַר[21] - עַם זוּ יָצַרְתִּי לִי תְּהִלָּתִי יְסַפֵּרוּ. וּמִנַּיִן שֶׁעַם זוֹ **יִשְׂרָאֵל**? שֶׁנֶּאֱמַר[22] - עַם זוּ קָנִיתָ. יִשְׂרָאֵל - בִּשְׁבִיל יִרְאָה, שֶׁנֶּאֱמַר[23] - וְעַתָּה יִשְׂרָאֵל מָה יְהוָה אֱלֹהֶיךָ שֹׁאֵל מֵעִמָּךְ כִּי אִם לְיִרְאָה אֶת הוי"ה אֱלֹהֶיךָ.

---

17 תהלים קטו טז
18 משלי ח כב
19 ירמיהו ב ג
20 תהלים קיא י
21 ישעיהו מג כא
22 שמות טו טז
23 דברים י יב

אותיות דרבי עקיבה אות ב'

דָּבָר אַחֵר, בְּנֵי יִשְׂרָאֵל, בּוֹ בִּינָה לְכָל נִבְרָא, בּוֹ בִּינָה לְכָל יְצוּר, בּוֹ בִּינָה לְכָל נֶפֶשׁ, בּוֹ בִּינָה לְכָל נְשָׁמָה, בּוֹ בִּינָה לְכָל רוּחַ, שֶׁאִלְמָלֵא בִּינָה אֵין הָעוֹלָם מִתְקַיֵּם אֲפִלּוּ שָׁעָה אַחַת, שֶׁנֶּאֱמַר - הָבוּ[24] לָכֶם אֲנָשִׁים חֲכָמִים וּנְבֹנִים. בְּאוֹתָהּ שָׁעָה אָמַר לָהֶם הַקָּדוֹשׁ בָּרוּךְ הוּא לְיִשְׂרָאֵל - בְּנֵי הָבוּ לָכֶם בַּעֲלֵי בִּינָה לִהְיוֹת רָאשִׁים עֲלֵיכֶם. מִיָּד הָלַךְ מֹשֶׁה וְהָיָה מְחַזֵּר בְּכָל מִשְׁכְּנוֹתֵיהֶם שֶׁל יִשְׂרָאֵל לְבַקֵּשׁ מֵהֶם בַּעֲלֵי בִּינָה וְלֹא מָצָא, שֶׁנֶּאֱמַר - וָאֶקַּח[25] אֶת רָאשֵׁי שִׁבְטֵיכֶם אֲנָשִׁים חֲכָמִים וִידֻעִים. - וְלֹא מָצָא נְבוֹנִים. מִכָּאן אַתָּה לָמֵד שֶׁגְּדוֹלָה בִּינָה לִפְנֵי הַקָּדוֹשׁ בָּרוּךְ הוּא יוֹתֵר מִן הַתּוֹרָה, שֶׁאֲפִלּוּ אָדָם קוֹרֵא תּוֹרָה נְבִיאִים וּכְתוּבִים, וְשׁוֹנֶה מִשְׁנֶה, וּמִדְרָשִׁים, הֲלָכוֹת, וַאֲגָּדוֹת, שְׁמוּעוֹת וְתוֹסָפוֹת, מוֹשְׁלוֹת, וּמַעֲמָדוֹת, וְהַגָּדוֹת, וְכָל סִדְרֵי בְּרֵאשִׁית, וְאֵין בּוֹ בִּינָה - אֵין תּוֹרָתוֹ שָׁוֶה כְּלוּם, שֶׁנֶּאֱמַר - וּבִינַת[26] נְבֹנָיו תִּסְתַּתָּר.

דָּבָר אַחֵר, מִפְּנֵי מָה בָּרָא הַקָּדוֹשׁ בָּרוּךְ הוּא אֶת הָעוֹלָם **ב'** בִּבְרֵאשִׁית וְסִיֵּם הַתּוֹרָה **ב'**? כְּדֵי שֶׁכְּשֶׁתַּדְבִּיקֵם בְּיַחַד אֵינָן אֶלָּא **בַּל**, וְכִי תַּהֲפֹךְ אוֹתָם אֵינָן אֶלָּא **לֵב**, אָמַר לָהֶם הַקָּדוֹשׁ בָּרוּךְ הוּא לְיִשְׂרָאֵל - בְּנֵי אִם אַתֶּם מְקַיְּמִים שְׁנֵי דְּבָרִים הַלָּלוּ - **בַּל** וְ**לֵב**, אֲנִי מַעֲלֶה עֲלֵיכֶם כְּאִלּוּ קִיַּמְתֶּם אֶת הַתּוֹרָה כֻּלָּהּ מִ**ב'** וְעַד **ל'**.

---

[24] דברים א יג
[25] דברים א טו
[26] ישעיהו כט יד

אות ג'

גימ"ל, מַהוּ גִימֶ"ל? מְלַמֵּד שֶׁאָמַר הַקָּדוֹשׁ בָּרוּךְ הוּא - גָּמַלְתִּי יַחַד מְחַסְּדִים לְדַלִּים, לְדַלִּים מְחַסְּדִים יַחַד גָּמַלְתִּי. שֶׁאִלְמָלֵא גְּמִילוּת חֲסָדִים שֶׁלִּי אֵין כָּל הָעוֹלָם מִתְקַיֵּם אֲפִלּוּ שָׁעָה אַחַת. וּמַהוּ גְּמִילוּת חֲסָדִים שֶׁל הַקָּדוֹשׁ בָּרוּךְ הוּא שֶׁהוּא עוֹשֶׂה עִם עוֹלָמוֹ בְּכָל יוֹם וָיוֹם? אֵלּוּ הֵן - רוּחַ וּנְשָׁמָה, דַּעַת וּתְבוּנָה, עֵצָה וּמַחֲשָׁבָה, בִּינָה וְעָרְמָה, תּוּשִׁיָּה וּגְבוּרָה, מְאִירַת עֵינַיִם, וּשְׁמִיעַת אָזְנַיִם, וְהִלּוּךְ רַגְלַיִם, וּמִשּׁוּשׁ יָדַיִם, וּפְתִיחַת הַפֶּה, **וּמַעֲנֵה לָשׁוֹן** שֶׁהוּא נוֹתֵן לְכָל אָדָם וּבְרִיָּה שֶׁבָּהֶן הָעוֹלָם מִתְקַיֵּם, שֶׁנֶּאֱמַר - חֶסֶד[1] הוי"ה מָלְאָה הָאָרֶץ. **רוּחַ וּנְשָׁמָה** מִנַּיִן? שֶׁנֶּאֱמַר - וַיִּפַּח[2] בְּאַפָּיו נִשְׁמַת חַיִּים. וְיָשֹׁב[3] הֶעָפָר עַל הָאָרֶץ כְּשֶׁהָיָה וְהָרוּחַ תָּשׁוּב אֶל הָאֱלֹהִים אֲשֶׁר נְתָנָהּ. **דַּעַת וּתְבוּנָה** מִנַּיִן? שֶׁנֶּאֱמַר - כִּי[4] הוי"ה יִתֵּן חָכְמָה מִפִּיו דַּעַת וּתְבוּנָה. **עֵצָה וּמַחֲשָׁבָה** מִנַּיִן? שֶׁנֶּאֱמַר - רַבּוֹת[5] מַחֲשָׁבוֹת בְּלֶב אִישׁ וַעֲצַת הו"יה הִיא תָקוּם. **בִּינָה וְעָרְמָה** מִנַּיִן? שֶׁנֶּאֱמַר - לָתֵת[6] לִפְתָאיִם עָרְמָה לְנַעַר דַּעַת וּמְזִמָּה. **תּוּשִׁיָּה וּגְבוּרָה** מִנַּיִן? שֶׁנֶּאֱמַר - לִי[7] עֵצָה וְתוּשִׁיָּה אֲנִי בִינָה לִי גְבוּרָה. **מְאִירַת עֵינַיִם** מִנַּיִן? דִּכְתִיב - אָז[8] תִּפָּקַחְנָה עֵינֵי עִוְרִים. **שְׁמִיעַת אָזְנַיִם** מִנַּיִן? שֶׁנֶּאֱמַר - וְאָזְנֵי[9] חֵרְשִׁים תִּפָּתַחְנָה. **הֲלִיכַת רַגְלַיִם** מִנַּיִן? שֶׁנֶּאֱמַר - אָז[10] יְדַלֵּג כָּאַיָּל פִּסֵּחַ, וְנֶאֱמַר - מֵהוי"ה[11] מִצְעֲדֵי גֶבֶר כּוֹנָנוּ וְדַרְכּוֹ

---

[1] תהלים לג ה
[2] בראשית ב ז
[3] קהלת יב ז
[4] משלי ב ו
[5] משלי יט כא
[6] משלי א ד
[7] משלי ח יד
[8] ישעיהו לה ה
[9] ישעיהו לה ה
[10] ישעיהו לה ו
[11] תהלים לז כג

יֶחְפָּץ. **מִשּׁוּשׁ יָדַיִם** מִנַּיִן? שֶׁנֶּאֱמַר - שְׂאוּ[12] יְדֵכֶם קֹדֶשׁ וּבָרְכוּ אֶת הוי"ה. **פְּתִיחַת הַפֶּה** מִנַּיִן? שֶׁנֶּאֱמַר - מִי[13] שָׂם פֶּה לָאָדָם. **מַעֲנֵה לָשׁוֹן** מִנַּיִן? שֶׁנֶּאֱמַר[14] - וּמֵהוי"ה מַעֲנֵה לָשׁוֹן.

דָּבָר אַחֵר, אֵלּוּ טַל וּמָטָר וְגִשְׁמֵי רָצוֹן בְּרָכָה וּנְדָבָה שֶׁנָּתַן הַקָּדוֹשׁ בָּרוּךְ הוּא מִשְּׁמֵי מָרוֹם בָּעוֹלָם בְּכָל שָׁנָה וְשָׁנָה, שֶׁנֶּאֱמַר - וְנָתַתִּי[15] מְטַר אַרְצְכֶם בְּעִתּוֹ. שֶׁאִלְמָלֵא גְּשָׁמִים יוֹרְדִים בָּעוֹלָם אֵין כָּל בְּרִיָּה יְכוֹלָה לְהִתְקַיֵּם, שֶׁנֶּאֱמַר - הַרְעִיפוּ[16] שָׁמַיִם מִמַּעַל וּשְׁחָקִים יִזְּלוּ צֶדֶק. שֶׁאִלְמָלֵא צְדָקָה וּגְמִילוּת חֲסָדִים שֶׁנָּתַן הַקָּדוֹשׁ בָּרוּךְ הוּא מִשְּׁחָקִים - אֵין הָעוֹלָם מִתְקַיֵּם, שֶׁנֶּאֱמַר - וּשְׁחָקִים[17] יִזְּלוּ צֶדֶק. וּכְתִיב - וַיְצַו[18] שְׁחָקִים מִמָּעַל וְדַלְתֵי שָׁמַיִם פָּתָח, וַיַּמְטֵר עֲלֵיהֶם מָן לֶאֱכֹל וּדְגַן שָׁמַיִם נָתַן לָמוֹ. וּמָה נִשְׁתַּנָּה שְׁחָקִים מִכָּל רְקִיעֵי מְרוֹמִים? מִפְּנֵי שֶׁכָּל כֹּחוֹ וּגְבוּרָתוֹ שֶׁל הַקָּדוֹשׁ בָּרוּךְ הוּא אֵינוֹ אֶלָּא בַּשְּׁחָקִים - עֻזּוֹ וְגֵאוּתוֹ, שְׁכִינָתוֹ וְתוֹרָתוֹ, יְרוּשָׁלַיִם, וּבֵית הַמִּקְדָּשׁ - כֻּלָּם בַּשְּׁחָקִים. עֻזּוֹ מִנַּיִן? שֶׁנֶּאֱמַר - תְּנוּ[19] עֹז לֵאלֹהִים עַל יִשְׂרָאֵל גַּאֲוָתוֹ וְעֻזּוֹ בַּשְּׁחָקִים. גֵּאוּתוֹ בַּשְּׁחָקִים מִנַּיִן? שֶׁנֶּאֱמַר - רֹכֵב[20] שָׁמַיִם בְּעֶזְרֶךָ וּבְגַאֲוָתוֹ שְׁחָקִים. שְׁכִינָתוֹ בַּשְּׁחָקִים מִנַּיִן? שֶׁנֶּאֱמַר - וַיְצַו[21] שְׁחָקִים מִמָּעַל וְדַלְתֵי שָׁמַיִם פָּתָח. וְאֵין צַוָּאָה אֶלָּא שְׁכִינָה שֶׁנֶּאֱמַר - וַיְצַו[22] הוי"ה אֱלֹהִים עַל הָאָדָם לֵאמֹר. שֶׁהַקָּדוֹשׁ בָּרוּךְ הוּא צִוָּה לַשְּׁחָקִים לְהַתְקִין מִינֵי מַאֲכָל לְמַחֲנוֹת יִשְׂרָאֵל, וּמִנַּיִן שֶׁהַמָּן בַּשְּׁחָקִים יִהְיֶה טָחוּן בְּרֵחַיִם בִּשְׁבִיל צַדִּיקִים וּבִשְׁבִיל

---

[12] תהלים קלד ב
[13] שמות ד יא
[14] משלי טז א
[15] דברים יא יד
[16] ישעיהו מה ח
[17] ישעיהו מה ח
[18] תהלים עח כג-כד
[19] תהלים סח לה
[20] דברים לג כו
[21] תהלים עח כג
[22] בראשית ב טז

יִשְׂרָאֵל? שֶׁנֶּאֱמַר - וַיַּמְטֵר[23] עֲלֵיהֶם מָן לֶאֱכֹל וּדְגַן שָׁמַיִם נָתַן לָמוֹ. תּוֹרָתוֹ בַּשְּׁחָקִים מִנַּיִן? שֶׁנֶּאֱמַר - וְעֻזּוֹ[24] בַּשְּׁחָקִים. וְאֵין עֹז אֶלָּא תּוֹרָה שֶׁנֶּאֱמַר - הוי"ה[25] עֹז לְעַמּוֹ יִתֵּן. יְרוּשָׁלַיִם וּבֵית הַמִּקְדָּשׁ בַּשְּׁחָקִים, בְּנוּיָה בַּאֲבָנִים טוֹבוֹת וּמַרְגָּלִיּוֹת בְּאֶבֶן סַפִּיר וּבְאֶבֶן כַּדְכֹּד וְכָל מִינֵי אֶבֶן יְקָרָה, מִנַּיִן? שֶׁנֶּאֱמַר - וּשְׁחָקִים[26] יִזְּלוּ צֶדֶק. וִירוּשָׁלַםִ נִקְרֵאת צֶדֶק שֶׁנֶּאֱמַר - צֶדֶק[27] יָלִין בָּהּ. וְלָמָּה נִקְרָא שְׁמוֹ שְׁחָקִים? שֶׁהֵם מְשַׁחֲקִים מָן טַל וּמָטָר וְדָגָן לְיִשְׂרָאֵל, בֵּין בָּעוֹלָם הַזֶּה וּבֵין בָּעוֹלָם הַבָּא. דָּבָר אַחֵר, שְׁחָקִים - אֵין שְׁחָקִים אֶלָּא סְחָקִים שֶׁהֵם מְשַׂחֲקִים בְּכָל מִינֵי שִׁיר וְזִמְרָה וּבְכָל מִינֵי שֶׁבַח לִפְנֵי הַשְּׁכִינָה בְּבֵית הַמִּקְדָּשׁ שֶׁבְּמָרוֹם, שֶׁנֶּאֱמַר - הוֹד[28] וְהָדָר לְפָנָיו עֹז וְתִפְאֶרֶת בְּמִקְדָּשׁוֹ. זֶה בֵּית מִקְדָּשׁוֹ שֶׁבְּשַׁחֲקֵי מְרוֹמִים שֶׁזִּיווֹ מְכַסֶּה אֶת כָּל חַדְרֵי הָרָקִיעַ הַמְּרֻמִּים, שֶׁנֶּאֱמַר - כִּסָּה[29] שָׁמַיִם הוֹדוֹ וּתְהִלָּתוֹ מָלְאָה הָאָרֶץ.

דָּבָר אַחֵר, שְׁחָקִים - שֶׁאֶלֶף וּשְׁמוֹנָה עָשָׂר מַחֲנוֹת עוֹמְדִים לִפְנֵי הַשְּׁכִינָה בְּבֵית הַמִּקְדָּשׁ שֶׁבִּשְׁחָקִים לוֹמַר לְפָנָיו קָדוֹשׁ בְּכָל יוֹם וָיוֹם. וְכָל מַחֲנֶה - אֶלֶף וּשְׁמוֹנָה עָשָׂר רִבְבָן מַלְאֲכֵי הַשָּׁרֵת, שֶׁכָּךְ שְׁחָקִים בְּגֶמְטְרִיָּא אֶלֶף וּשְׁמוֹנָה עָשָׂר, מַחֲנוֹת שֶׁהֵן סוֹבְבִין לִפְנֵי הַשְּׁכִינָה בְּבֵית הַמִּקְדָּשׁ שֶׁבִּשְׁחָקִים, וּמְרוֹמְמִים שְׁמוֹ שֶׁל הַקָּדוֹשׁ בָּרוּךְ הוּא בְּכָל מִינֵי שֶׁבַח וְזִמְרָה מִבֹּקֶר וְעַד עֶרֶב, וְאוֹמְרִים לְפָנָיו - קָדוֹשׁ[30] קָדוֹשׁ קָדוֹשׁ. וּמֵעֶרֶב עַד בֹּקֶר אוֹמְרִים - בָּרוּךְ[31] כְּבוֹד הוי"ה מִמְּקוֹמוֹ. מִפְּנֵי מָה? מִפְּנֵי שֶׁשְּׁכִינָה תַּעֲלֶה לַמְּרוֹמִים בַּלַּיְלָה לְבֵית

---

23 תהלים עח כד
24 תהלים סח לה
25 תהלים כט יא
26 ישעיהו מה ח
27 ישעיהו א כא
28 תהלים צו ו
29 חבקוק ג ג
30 ישעיהו ו ג
31 יחזקאל ג יב

מִסְתָרִים שֶׁלָּהּ, שֶׁנֶּאֱמַר - אָכֵן[32] אַתָּה אֵל מִסְתַּתֵּר אֱלֹהֵי יִשְׂרָאֵל מוֹשִׁיעַ.

[32] ישעיהו מה טו

אות ד'

דל"ת - **דל**. אָמַר הַקָּדוֹשׁ בָּרוּךְ הוּא - **ד'**בָרַי **ל'**עוֹלָם, **ל'**עוֹלָם **ד'**בָרַי נִצָּב בַּשָּׁמַיִם, שֶׁנֶּאֱמַר - לְעוֹלָם[1] הוי"ה דְּבָרְךָ נִצָּב בַּשָּׁמָיִם. וְאֵין דָּבָר אֶלָּא מַלְאַךְ הָרוֹפֵא, שֶׁנֶּאֱמַר[2] - יִשְׁלַח דְּבָרוֹ וְיִרְפָּאֵם.

דָּבָר אַחֵר, אֵין דָּבָר אֶלָּא לְשׁוֹן נְבוּאָה, שֶׁנֶּאֱמַר - וַיָּשֶׂם[3] הוי"ה דָּבָר בְּפִי בִלְעָם.

דָּבָר אַחֵר, אֵין דָּבָר אֶלָּא לְשׁוֹן מִצְוָה, שֶׁנֶּאֱמַר - דָּבָר[4] שָׁלַח אֲדֹנָ"י בְּיַעֲקֹב וְנָפַל בְּיִשְׂרָאֵל. וּמִנַּיִן שֶׁאֵין דָּבָר אֶלָּא מִצְוָה? שֶׁנֶּאֱמַר - כִּי[5] דְבַר הוי"ה בָּזָה וְאֶת מִצְוָתוֹ הֵפַר.

דָּבָר אַחֵר, **דל"ד**, אָמַר הַקָּדוֹשׁ בָּרוּךְ הוּא - **ד'**בַּרְתִּי **ל'**הָקִים **ד'**ל, **ד'**ל **ל'**הָקִים **ד'**בַּרְתִּי. מִפְּנֵי שֶׁבְּנֵי אָדָם שׂוֹנְאִים לַדַּל, וְאֵין מִי שֶׁאוֹהֵב לַדַּל אֶלָּא אֲנִי בִּלְבַד. וּבְנֵי אָדָם מְבַזִּים לַדַּל, וְאֵין נִשְׁמָעִים דִּבְרֵי חָכְמַת דַּל, שֶׁנֶּאֱמַר - וְחָכְמַת[6] הַמִּסְכֵּן בְּזוּיָה וּדְבָרָיו אֵינָם נִשְׁמָעִים. וַאֲנִי בְּעַצְמִי מִשְׂגָּב לַדַּל, שֶׁנֶּאֱמַר - וִיהִי[7] הוי"ה מִשְׂגָּב לַדָּךְ מִשְׂגָּב לְעִתּוֹת בַּצָּרָה. וּכְשֶׁבָּא דַּל בִּתְפִלָּה לְפָנַי אֵינִי מְשִׁיבוֹ מִלְּפָנַי רֵיקָם, שֶׁנֶּאֱמַר - אַל[8] יָשֹׁב דַּךְ נִכְלָם עָנִי וְאֶבְיוֹן יְהַלְלוּ שְׁמֶךָ. וַאֲנִי מְקָרֵב שְׁכִינָתִי אֶצְלוֹ בְּכָל יוֹם, שֶׁנֶּאֱמַר - קָרוֹב[9] הוי"ה לְנִשְׁבְּרֵי לֵב וְאֶת דַּכְּאֵי רוּחַ יוֹשִׁיעַ. וְאֵין נִשְׁבְּרֵי לֵב אֶלָּא עֲנִיִּים. וְכָל

---

1 תהלים קיט פט
2 תהלים קז כ
3 במדבר כג ה
4 ישעיהו ט ז
5 במדבר טו לא
6 קהלת ט טז
7 תהלים ט י
8 תהלים עד כא
9 תהלים לד יט

הָאוֹטֵם אָזְנוֹ מִשְּׁמוֹעַ צַעֲקַת הַדַּל, וְאֵינוֹ עוֹנֶה לוֹ בְּשָׁעָה שֶׁצּוֹעֵק לְפָנָיו בְּקוֹל צְעָקָה וּמָרָה, גַּם הוּא יִקְרָא וְלֹא יֵעָנֶה, שֶׁנֶּאֱמַר - אֹטֵם[10] אָזְנוֹ מִזַּעֲקַת דָּל גַּם הוּא יִקְרָא וְלֹא יֵעָנֶה. וְלֹא עוֹד, אֶלָּא שֶׁאֵינוֹ מַבִּיט הַקָּדוֹשׁ בָּרוּךְ הוּא בְּכָל רֶגַע וְרֶגַע אֶלָּא בְּדָל, שֶׁנֶּאֱמַר - וְאֶל[11] זֶה אַבִּיט אֶל עָנִי וּנְכֵה רוּחַ. וְעָרֵב לִפְנֵי הַקָּדוֹשׁ בָּרוּךְ הוּא קוֹל דִּבְרֵיהֶם יוֹתֵר מִכָּל בְּנֵי אָדָם שֶׁתַּחַת הַשָּׁמַיִם, שֶׁנֶּאֱמַר - כִּי[12] שֹׁמֵעַ אֶל אֶבְיוֹנִים הוי"ה וְאֶת אֲסִירָיו לֹא בָזָה. מַהוּ וְאֶת אֲסִירָיו? אֵלּוּ בַּעֲלֵי חוֹלֶה וּבַעֲלֵי מַכָּה שֶׁהֵן דּוֹמִין בָּעוֹלָם הַזֶּה בְּחֳלָיָם כְּאִלּוּ הֵם חֲבוּשִׁים בְּבֵית הָאֲסוּרִים, עַד שֶׁהַקָּדוֹשׁ בָּרוּךְ הוּא שׁוֹלֵחַ לָהֶם רְפוּאָה וְיִרְפָּאֵם מֵחָלְיָם, שֶׁנֶּאֱמַר - וַיִּצְעֲקוּ[13] אֶל הוי"ה בַּצַּר לָהֶם מִמְּצוּקוֹתֵיהֶם יַצִּילֵם. וַאֲסוּרִים אֵלּוּ חוֹלִים שֶׁנֶּאֱמַר - לֵאמֹר[14] לַאֲסוּרִים צֵאוּ לַאֲשֶׁר בַּחֹשֶׁךְ הִגָּלוּ עַל דְּרָכִים יִרְעוּ וּבְכָל שְׁפָיִים מַרְעִיתָם. וְלֹא עוֹד אֶלָּא שֶׁהַקָּדוֹשׁ בָּרוּךְ הוּא מְגַלְגֵּל רַחֲמָיו אֲלֵיהֶם וּמְקִימָם מֵעָפָר לְהוֹשִׁיבָם עִם נְדִיבִים וּלְהַנְחִילָם כִּסֵּא כָבוֹד, שֶׁנֶּאֱמַר - מֵקִים[15] מֵעָפָר דָּל מֵאַשְׁפֹּת יָרִים אֶבְיוֹן לְהוֹשִׁיב עִם נְדִיבִים וְכִסֵּא כָבוֹד יַנְחִלֵם. וְאֵין נְדִיבִים אֶלָּא מְלָכִים, שֶׁנֶּאֱמַר - נְדִיבֵי[16] עַמִּים נֶאֱסָפוּ עַם אֱלֹהֵי אַבְרָהָם כִּי לֵאלֹהִים מָגִנֵּי אֶרֶץ מְאֹד נַעֲלָה. וְאֵין עַמִּים אֶלָּא יִשְׂרָאֵל, שֶׁנֶּאֱמַר[17] - עַמִּים הַר יִקְרָאוּ. וְאֵין הַר אֶלָּא בֵּית הַמִּקְדָּשׁ, שֶׁנֶּאֱמַר[18] - וְהָלְכוּ עַמִּים רַבִּים וְאָמְרוּ לְכוּ וְנַעֲלֶה אֶל הַר הוי"ה. וְכִסֵּא כָבוֹד יַנְחִילֵם, וְאֵין כִּסֵּא אֶלָּא יְרוּשָׁלַיִם, שֶׁנֶּאֱמַר - בָּעֵת[19] הַהִיא יִקְרְאוּ לִירוּשָׁלַם כִּסֵּא הוי"ה. וְאֵין כָּבוֹד אֶלָּא הָעוֹלָם הַבָּא, שֶׁנֶּאֱמַר - כָּבוֹד[20]

---

[10] משלי כא יג

[11] ישעיהו סו ב

[12] תהלים סט לד

[13] תהלים קז ו

[14] ישעיהו מט ט

[15] שמואל-א ב ח

[16] תהלים מז י

[17] דברים לג יט

[18] ישעיהו ב ג

[19] ירמיהו ג יז

[20] משלי ג לה

חֲכָמִים יִנְחָלוּ. וְאוֹמֵר - יַעְלְזוּ[21] חֲסִידִים בְּכָבוֹד יְרַנְּנוּ עַל מִשְׁכְּבוֹתָם. וְאֵין מִשְׁכְּבוֹתָם אֶלָּא הָעוֹלָם הַבָּא, שֶׁנֶּאֱמַר - יָבוֹא[22] שָׁלוֹם יָנוּחוּ עַל מִשְׁכְּבוֹתָם.

דָּבָר אַחֵר, מִפְּנֵי מָה **דל"ת** נוֹתֵן פָּנָיו כְּלַפֵּי **ה"א**? מִפְּנֵי שֶׁכָּל מִי שֶׁהוּא דַּל בָּעוֹלָם הַזֶּה עָשִׁיר הוּא עוֹלָם הַבָּא, כְּגוֹן יִשְׂרָאֵל מִפְּנֵי שֶׁהֵם עוֹסְקִים בְּמִצְוֹת. עָשִׁיר בָּעוֹלָם הַזֶּה דַּל הוּא בָּעוֹלָם הַבָּא - כְּגוֹן אֻמּוֹת הָעוֹלָם, וּרְשָׁעִים שֶׁאֵינָם עוֹסְקִים בְּמִצְוֹת, וַעֲשִׁירִים בָּעוֹלָם הַזֶּה, לְפִי שֶׁהַקָּדוֹשׁ בָּרוּךְ הוּא נוֹתֵן לָהֶם שְׂכָרָם בָּעוֹלָם הַזֶּה, שֶׁנֶּאֱמַר - וּמְשַׁלֵּם[23] לְשֹׂנְאָיו אֶל פָּנָיו לְהַאֲבִידוֹ. מִן הָעוֹלָם הַבָּא, שֶׁשְּׂכַר מִצְוָה אַחַת מִן הָעוֹלָם הַבָּא - עַיִן[24] לֹא רָאָתָה אֱלֹהִים זוּלָתְךָ. וְאֻמּוֹת הָעוֹלָם שֶׁאֵינָן עוֹסְקִים בְּמִצְוֹת מְקַבְּלִים שֶׁלְּחָנָם בָּעוֹלָם הַזֶּה. וְלָמָּה? לְפִי שֶׁהַקָּדוֹשׁ בָּרוּךְ הוּא אֵינוֹ מְקַפֵּחַ שְׂכַר שׁוּם בְּרִיָּה. כֵּיצַד, בְּאֵין אֻמּוֹת הָעוֹלָם וּרְשָׁעִים וְעוֹשִׂין מִצְוָה אַחַת לְפָנָיו, כְּדֵי שֶׁיְּשַׁבְּחוּ אוֹתָם, וְיִשְׁמְעוּ בְּנֵי אָדָם וִיכַבְּדוּ אוֹתָם. וְכָל מָה שֶׁעוֹשִׂין רְשָׁעִים אֵין עוֹשִׂין אֶלָּא לִכְבוֹדָם, עַל כֵּן הֵם עֲשִׁירִים בָּעוֹלָם הַזֶּה וַעֲנִיִּים עוֹלָם הַבָּא, לְפִי שֶׁאֵין כָּל אָדָם זוֹכֶה לִשְׁתֵּי שֻׁלְחָנוֹת. וְאִם יֵשׁ אָדָם בְּיִשְׂרָאֵל שֶׁנּוֹלַד בְּמַזָּל טוֹב לִחְיוֹת בָּעוֹלָם הַזֶּה, וְיַכִּיר בּוֹרְאוֹ בְּכָל לְבָבוֹ, וְהוֹלֵךְ בְּתֻמּוֹ וּבַעֲנָוָה וְלֹא מֵגִיס דַּעְתּוֹ עַל חֲבֵרוֹ וְלֹא אָמַר בְּלִבּוֹ אֲנִי גָּדוֹל מִפְּלוֹנִי וּפְלוֹנִי, וְלֹא יַעֲנֶה לַעֲנִיִּים בְּגַבְהוּת הַלֵּב, וְלֹא יְקַלֵּל אָדָם שֶׁהוּא קָטָן מִמֶּנּוּ, וְיִתֵּן מֵעָשְׂרוֹ לַעֲנִיִּים צְדָקָה וְלַעֲשִׁירִים, גְּמִילוּת חֲסָדִים בְּהַלְוָאָה, וְנוֹתֵן דַּעְתּוֹ בְּכָל שָׁעָה עַל בּוֹרְאוֹ, וְאוֹמֵר בְּשִׁפְלוּת וּבְרוּחַ נְמוּכָה מָה אֲנִי מָה חַסְדֵי מָה צִדְקָתִי לִפְנֵי בּוֹרְאִי - זֶה[25] אֹכֵל הַפֵּרוֹת בָּעוֹלָם הַזֶּה וְהַקֶּרֶן קַיֶּמֶת עוֹלָם הַבָּא. וְכָל מִצְוֹת שֶׁיַּעֲשֶׂה הָאָדָם בָּעוֹלָם הַזֶּה וְלֹא יַעֲשֶׂה אוֹתָן בְּאַהֲבָה וּבְיִרְאָה אֵינוֹ מְקַבֵּל שָׂכָר

---

21 תהלים קמט ה

22 ישעיהו נז ב

23 דברים ז י

24 ישעיהו סד ג

25 על פי משנה פאה א א

מֵאוֹתָן מַצּוֹת בָּעוֹלָם הַבָּא. וְאִם תְּמֵה אַתָּה בַּדְּבָרִים הַלָּלוּ, בָּא וְהִסְתַּכֵּל בְּעֵשָׂו הָרָשָׁע וְאֻמּוֹת הָעוֹלָם, שֶׁהֵם אוֹכְלִים מַלְכוּת וּגְדוּלָּה בָּעוֹלָם הַזֶּה וְסוֹפָן שֶׁנִּטְרָדִין מִן הָעוֹלָם הַבָּא, שֶׁנֶּאֱמַר - וְהָיָה[26] בֵית יַעֲקֹב אֵשׁ וּבֵית יוֹסֵף לֶהָבָה וּבֵית עֵשָׂו לְקַשׁ. וְאוֹמֵר - אָבְדוּ[27] גוֹיִם מֵאַרְצוֹ. וְאוֹמֵר - וְהָאֱלִילִים[28] כָּלִיל יַחֲלֹף. יָשׁוּבוּ[29] רְשָׁעִים לִשְׁאוֹלָה. אֲבָל יִשְׂרָאֵל נוֹחֲלִים חַיֵּי עוֹלָם הַזֶּה וְחַיֵּי עוֹלָם הַבָּא, בִּשְׁבִיל צְדָקוֹת שֶׁעוֹשִׂין, שֶׁנֶּאֱמַר - וְעַמֵּךְ[30] כֻּלָּם צַדִּיקִים לְעוֹלָם יִירְשׁוּ אָרֶץ. וְאוֹמֵר - וִיקַבְּלוּן[31] מַלְכוּתָא קַדִּישֵׁי עֶלְיוֹנִין וְיַחְסְנוּן מַלְכוּתָא עַד עָלְמָא וְעַד עָלַם עָלְמַיָּא. וּמִנַּיִן שֶׁיִּשְׂרָאֵל נִקְרָאִים עֶלְיוֹנִים? שֶׁנֶּאֱמַר[32] - אֲנִי אָמַרְתִּי אֱלֹהִים אַתֶּם וּבְנֵי עֶלְיוֹן כֻּלְּכֶם.

---

[26] עובדיה א יח
[27] תהלים י טז
[28] ישעיהו ב יח
[29] תהלים ט יח
[30] ישעיהו ס כא
[31] דניאל ז יח
[32] תהלים פב ו

אות ה'

ה"א - אֵין **ה"א** אֶלָּא שְׁמוֹ שֶׁל הַקָּדוֹשׁ בָּרוּךְ הוּא, הַמְּפֹרָשׁ שֶׁבּוֹ נִבְרָא הָעוֹלָם כֻּלּוֹ, שֶׁנֶּאֱמַר - אֵלֶּה[1] תוֹלְדוֹת הַשָּׁמַיִם וְהָאָרֶץ בְּהִבָּרְאָם. אַל[2] תִּקְרֵי בְּהִבָּרְאָם אֶלָּא **בְּה'** בְּרָאָם. וּמִנַּיִן שֶׁאַף שָׁמַיִם וָאֶרֶץ שֶׁעֲתִידִין לְהִתְחַדֵּשׁ אֵין נִבְרָאִים אֶלָּא בְּהֵ"א? שֶׁנֶּאֱמַר[3] - הַשָּׁמַיִם **ה'**חֲדָשִׁים וְהָאָרֶץ **הַ'**חֲדָשָׁה. שָׁמַיִם חֲדָשִׁים וָאָרֶץ חֲדָשָׁה לֹא נֶאֱמַר, אֶלָּא הַשָּׁמַיִם **ה'**חֲדָשִׁים וְהָאָרֶץ **ה'**חֲדָשָׁה. מִכָּאן אַתָּה לָמֵד שֶׁלֹּא הָיְתָה יְגִיעָה מִלִּפְנֵי הַקָּדוֹשׁ בָּרוּךְ הוּא לֹא בְּמַעֲשֵׂה בְּרֵאשִׁית שֶׁל עוֹלָם הַזֶּה, וְלֹא בְּמַעֲשֵׂה אַחֲרִית שֶׁל עוֹלָם הַבָּא, שֶׁלֹּא בְּרָאוֹ אֶלָּא בְּדָבָר שֶׁאֵין בּוֹ מַמָּשׁ בְּהֵ"א. וּמָה נִּשְׁתַּנָּה **ה'** מִכָּל הָאוֹתִיּוֹת, שֶׁבָּה**'** שֶׁאֵין בּוֹ מַמָּשׁ נִתְּנָה תּוֹרָה לְיִשְׂרָאֵל? מִפְּנֵי שֶׁכָּל הָאוֹתִיּוֹת כְּשֶׁהָאָדָם מוֹצִיאָן מִפִּיו הוּא מַרְגִּישׁ בָּהֶן בִּשְׂפָתָיו וּבִלְשׁוֹנוֹ וּמוֹצִיא טִפַּת רוֹק מִפִּיו, אֲבָל **הֵ"א** כְּשֶׁאָדָם מוֹצִיאָהּ מִפִּיו אֵינוֹ מַרְגִּישׁ בָּהּ לֹא בִּשְׂפָתָיו וְלֹא בִּלְשׁוֹנוֹ וְאֵין מוֹצִיא בָּהּ טִפַּת רוֹק מִפִּיו. כָּל הָאוֹתִיּוֹת כֻּלָּן מְקַבְּלוֹת טֻמְאָה אֲבָל **הֵ"א** אֵינָהּ מְקַבֶּלֶת טֻמְאָה, מִפְּנֵי שֶׁכָּל שְׁמוֹת הַמְּפֹרָשׁוֹת אֵינָן נִכְתָּבוֹת אֶלָּא בְּהֵ"א, וּבְהֵ"א נֶחְתְּמוּ שָׁמַיִם וָאָרֶץ, וְעוֹלָם הַזֶּה וְעוֹלָם הַבָּא, וִימוֹת הַמָּשִׁיחַ. וְכַמָּה הֵן אוֹתִיּוֹת שֶׁבָּהֶן נֶחְתְּמוּ שָׁמַיִם וָאֶרֶץ? שְׁתֵּים עֶשְׂרֵה הֵן, כְּנֶגֶד שְׁתֵּים עֶשְׂרֵה שְׁעוֹת הַיּוֹם, וּשְׁתֵּים עֶשְׂרֵה שְׁעוֹת הַלַּיְלָה. וּשְׁנֵים עָשָׂר חָדְשֵׁי הַשָּׁנָה, וי"ב מַזָּלוֹת, וי"ב שְׁבָטִים, וי"ב אֲרָצוֹת, וְכֻלָּן עַל שְׁמוֹתָם שֶׁל שְׁבָטִים, שֶׁנֶּאֱמַר - יַצֵּב[4] גְּבֻלֹת עַמִּים לְמִסְפַּר בְּנֵי יִשְׂרָאֵל. וְאֵלּוּ הֵן י"ב אוֹתִיּוֹת שֶׁנֶּאֱמַר - אֶהְיֶה[5] אֲשֶׁר אֶהְיֶה וַיֹּאמֶר כֹּה תֹאמַר לִבְנֵי יִשְׂרָאֵל אֶהְיֶה שְׁלָחַנִי אֲלֵיכֶם. הֲרֵי י"ב אוֹתִיּוֹת. וְכֵיצַד נֶחְתְּמוּ בָּהֶן

---

[1] בראשית ב ד
[2] מנחות כט ב
[3] ישעיהו סו כב
[4] דברים לב ח
[5] שמות ג יד

אַרְבַּע לְכָל רוּחַ וְרוּחַ, שְׁתֵּי אוֹתִיּוֹת מִלְּמַעְלָה לְכָל רוּחַ וּשְׁתֵּי אוֹתִיּוֹת מִלְּמַטָּה לְכָל רוּחַ, **א"ה** מִלְּמַטָּה **י"ה** מִלְּמַעְלָה, **א"ה** מִלְּמַעְלָה **י"ה** מִלְּמַטָּה, וְרוּחַ רְבִיעִית פְּתוּחָה וְעוֹמֶדֶת וְאֵינָהּ חֲתוּמָה. וּמְפָרֵשׁ שר"ל שֶׁרֶק לִפְעָמִים הִיא פְּתוּחָה, וְיֵשׁ זְמַן מְיֻחָד שֶׁהִיא חֲתוּמָה בְּשֵׁם **הוי"ה**. יֵשׁ זְמַן שֶׁהִיא פְּתוּחָה וְעוֹמֶדֶת וְאֵינָהּ חֲתוּמָה וְיֵשׁ זְמַן שֶׁהִיא חֲתוּמָה, וּבִזְמַן שֶׁהִיא חֲתוּמָה אֵינָהּ חֲתוּמָה אֶלָּא **בי"ה ו"ה**, **י"ה** מִלְּמַעְלָה **ו"ה** מִלְּמַטָּה. וּמִפְּנֵי מָה יֵשׁ זְמַן שֶׁהִיא פְּתוּחָה? מִפְּנֵי שֶׁבָּהּ יָרַד הַקָּדוֹשׁ בָּרוּךְ הוּא לְבַלְבֵּל אֶת הַלָּשׁוֹן, שֶׁנֶּאֱמַר - וַיֵּרֶד[6] הוי"ה לִרְאֹת אֶת הָעִיר וְאֶת הַמִּגְדָּל אֲשֶׁר בָּנוּ בְּנֵי הָאָדָם. וּבָהּ יָרַד עַל הַר סִינַי, שֶׁנֶּאֱמַר - וַיֵּרֶד[7] הוי"ה עַל הַר סִינַי. וּבָהּ עָתִיד לֵרֵד לִירוּשָׁלַיִם לְחַדֵּשׁ אֶת הָעוֹלָם שֶׁנֶּאֱמַר - וְעָמְדוּ[8] רַגְלָיו בַּיּוֹם הַהוּא עַל הַר הַזֵּתִים אֲשֶׁר עַל פְּנֵי יְרוּשָׁלַיִם. וְאוֹמֵר - כֵּן[9] יֵרֵד הוי"ה צְבָאוֹת לִצְבֹּא עַל הַר צִיּוֹן וְעַל גִּבְעָתָהּ. וְכָל אוֹתִיּוֹת הַלָּלוּ שֶׁל אֵשׁ הֵן, וּמַרְאֵיהֶן כְּמַרְאֵה בָּרָק וְלַהֶבֶת אוֹר סָבִיב לָהֶן, וְכָל אַחַת וְאַחַת שִׁעוּר קוֹמָתוֹ עֶשְׂרִים וְאֶחָד אֲלָפִים רִבְבוֹת פַּרְסָאוֹת, וְכֻלָּן קְשׁוּרוֹת כְּתָרִים שֶׁל זִיקֵי זֹהַר מִפְּנֵי שֶׁהֵן חֲקוּקוֹת בְּעֵט בְּאֶצְבַּע יָדוֹ שֶׁל הַקָּדוֹשׁ בָּרוּךְ הוּא. וּמִנַּיִן שֶׁכָּל שֵׁם וָשֵׁם שִׁעוּרוֹ עֶשְׂרִים וְאֶחָד אֲלָפִים רִבְבוֹת פַּרְסָאוֹת, וְכֻלָּן קְשׁוּרוֹת כְּתָרִים שֶׁל זִיקֵי זֹהַר? שֶׁכֵּן **אהי"ה** בְּגִימַטְרִיָּא **כ"א**. וּמָה הוּא שֶׁאָמַר הַכָּתוּב - אֶהְיֶה אֲשֶׁר אֶהְיֶה? מְלַמֵּד שֶׁאָמַר הַקָּדוֹשׁ בָּרוּךְ הוּא אֲנִי הָיִיתִי וְאֶהְיֶה, אֲנִי הָיִיתִי קֹדֶם שֶׁנִּבְרָא הָעוֹלָם, וַאֲנִי הוּא מִשֶּׁנִּבְרָא הָעוֹלָם, וַאֲנִי הוּא שֶׁאֶהְיֶה לָעוֹלָם הַבָּא.

דָּבָר אַחֵר, אֶהְיֶה אֲשֶׁר אֶהְיֶה, אָמַר הַקָּדוֹשׁ בָּרוּךְ הוּא - אֲנִי[10] **אֲ**דוֹן **הַ**כֹּל **יָ**צַרְתִּי **הַ**כֹּל, **הַ**כֹּל **יָ**צַרְתִּי **הַ**כֹּל **אָ**דוֹן אֲנִי.

---

[6] בראשית יא ה
[7] שמות יט כ
[8] זכריה יד ד
[9] ישעיהו לא ד
[10] ראשי תיבות אהי"ה ישר והפוך

דָּבָר אַחֵר, אֶהְיֶה אֲשֶׁר אֶהְיֶה, אָמַר הַקָּדוֹשׁ בָּרוּךְ הוּא בְּמִדַּת רַחֲמִים בָּרָאתִי אֶת הָעוֹלָם וּבְמִדַּת רַחֲמִים אֲנִי מַנְהִיגוֹ, וְעָתִיד אֲנִי לְחַדְּשׁוֹ בְּמִדַּת רַחֲמִים. וּמִנַּיִן שֶׁבְּמִדַּת רַחֲמִים בָּרָא אֶת הָעוֹלָם? שֶׁנֶּאֱמַר[11] - זְכֹר רַחֲמֶיךָ הוי"ה וַחֲסָדֶיךָ כִּי מֵעוֹלָם הֵמָּה. וּמִנַּיִן שֶׁבְּמִדַּת רַחֲמִים הוּא מַנְהִיגוֹ שֶׁנֶּאֱמַר - וַיַּעֲבֹר[12] הוי"ה עַל פָּנָיו וַיִּקְרָא הוי"ה | הוי"ה אֵל רַחוּם וְחַנּוּן אֶרֶךְ אַפַּיִם וְרַב חֶסֶד וֶאֱמֶת. וּמִנַּיִן שֶׁהוּא עָתִיד לְחַדְּשׁוֹ בְּמִדַּת רַחֲמִים? שֶׁנֶּאֱמַר - כֹּה[13] אָמַר הוי"ה שַׁבְתִּי לִירוּשָׁלַםִ בְּרַחֲמִים בֵּיתִי יִבָּנֶה בָּהּ.

דָּבָר אַחֵר, אֶהְיֶה אֲשֶׁר אֶהְיֶה, אָמַר הַקָּדוֹשׁ בָּרוּךְ הוּא בְּמִדַּת הַטּוֹב בָּרָאתִי אֶת הָעוֹלָם, וּבְמִדַּת הַטּוֹב אֲנִי מַנְהִיגוֹ, וַאֲנִי עָתִיד לְחַדְּשׁוֹ בְּמִדַּת הַטּוֹב. וּמִנַּיִן שֶׁבְּמִדַּת הַטּוֹב בָּרָא אֶת הָעוֹלָם? שֶׁנֶּאֱמַר[14] - טוֹב הוי"ה לַכֹּל וְרַחֲמָיו עַל כָּל מַעֲשָׂיו. וּמִנַּיִן שֶׁבְּמִדַּת הַטּוֹב מַנְהִיגוֹ? שֶׁנֶּאֱמַר - טוֹב[15] הוי"ה לְמָעוֹז בְּיוֹם צָרָה. וּמִנַּיִן שֶׁבְּמִדַּת הַטּוֹב עָתִיד לְחַדְּשׁוֹ? שֶׁנֶּאֱמַר - הֵיטִיבָה[16] הוי"ה לַטּוֹבִים וְלִישָׁרִים בְּלִבּוֹתָם.

דָּבָר אַחֵר, אֶהְיֶה אֲשֶׁר אֶהְיֶה, אָמַר הַקָּדוֹשׁ בָּרוּךְ הוּא בְּמִדַּת אֱמוּנָה בָּרָאתִי אֶת הָעוֹלָם, וּבְמִדַּת אֱמוּנָה אֲנִי מַנְהִיגוֹ, וּבְמִדַּת אֱמוּנָה אֲנִי עָתִיד לְחַדְּשׁוֹ. וּמִנַּיִן שֶׁבְּמִדַּת אֱמוּנָה בָּרָא אֶת הָעוֹלָם? שֶׁנֶּאֱמַר[17] - הוי"ה אֱלֹהַי אַתָּה אֲרוֹמִמְךָ אוֹדֶה שִׁמְךָ כִּי עָשִׂיתָ פֶּלֶא עֵצוֹת מֵרָחוֹק אֱמוּנָה אֹמֶן. וּמִנַּיִן שֶׁבְּמִדַּת אֱמוּנָה מַנְהִיגוֹ? שֶׁנֶּאֱמַר[18] - אֵל אֱמוּנָה וְאֵין עָוֶל. וּמִנַּיִן שֶׁעָתִיד לְחַדְּשׁוֹ בְּמִדַּת אֱמוּנָה? שֶׁנֶּאֱמַר - וֶאֱמוּנָתִי[19] וְחַסְדִּי עִמּוֹ.

---

[11] תהלים כה ו
[12] שמות לד ו
[13] זכריה א טז
[14] תהלים קמה ט
[15] נחום א ז
[16] תהלים קכה ד
[17] ישעיהו כה א
[18] דברים לב ד
[19] תהלים פט כה

אות ו'

ו"ו - חוֹתָמוֹת שֶׁל הַקָּדוֹשׁ בָּרוּךְ הוּא שֶׁבָּהֶן נֶחְתְּמוּ כָּל שְׁמוֹת הַמְּפֹרָשִׁים שֶׁעַל כִּסֵּא הַכָּבוֹד, שֶׁנֶּאֱמַר - זֶה[1] שְּׁמִי לְעֹלָם וְזֶה זִכְרִי לְדֹר דֹּר. **זֶה שְׁמִי לְעוֹלָם** - אֵלּוּ שְׁמוֹת הַמְּפֹרָשִׁים, **וְזֶה זִכְרִי לְדוֹר וָדוֹר** - אֵלּוּ חוֹתְמוֹת הַשֵּׁם. שֶׁכָּל שֵׁם וָשֵׁם שֶׁבְּמֶרְכָּבָה יֵשׁ לוֹ חוֹתָם וְיֵשׁ לוֹ כִּנּוּי וְהַקָּדוֹשׁ בָּרוּךְ הוּא יוֹשֵׁב עַל כִּסֵּא אֵשׁ וְסָבִיב סָבִיב לוֹ כְּעַמּוּדֵי אֵשׁ שְׁמוֹת הַמְּפֹרָשִׁים, כָּל אֶחָד בְּטַכְסֵי אֵשׁ, כָּל אֶחָד וְאֶחָד בְּתוֹךְ מַרְאֶה אֵשׁ, וְעִמָּהֶם חַיָּלוֹת רִבּוֹת שֶׁל שָׂרֵי אֵשׁ מַעֲרָכוֹת עֲצוּמוֹת שֶׁל גְּדוּדֵי אֵשׁ. וּבִזְמַן שֶׁאָדָם מִשְׁתַּמֵּשׁ בָּהֶם מִתְמַלֵּא כָּל רָקִיעַ וְרָקִיעַ כֻּלּוֹ אֵשׁ וְיוֹרְדִין לִשְׂרֹף אֶת הָעוֹלָם בָּאֵשׁ, כֵּיוָן שֶׁמַּגִּיעִים לָאָרֶץ רוֹאִים שֶׁכַּנְפֵי הַשָּׁמַיִם קְשׁוּרִים בְּכַנְפוֹת הָאָרֶץ, וְכַנְפוֹת הָאָרֶץ קְשׁוּרִים בְּכַנְפֵי הַשָּׁמַיִם וַחֲתוּמִים בְּטַבַּעַת - אֶהְיֶה[2] אֲשֶׁר אֶהְיֶה, מִיָּד עוֹמְדִים מִכַּעְסָם וְנוֹהֲגִים בְּמִדַּת רַחֲמִים עִם כָּל הָעוֹלָם וְעִם אוֹתוֹ אָדָם הַמִּשְׁתַּמֵּשׁ בָּהֶם. שֶׁאִלְמָלֵא לֹא חָתַם הַקָּדוֹשׁ בָּרוּךְ הוּא בְּחָתְמוֹ אַרְבַּע רוּחוֹת הָעוֹלָם כְּשֶׁאָדָם מִשְׁתַּמֵּשׁ בָּהֶם מִיָּד הָעוֹלָם מִתְמַלֵּא אֵשׁ, אֶלָּא שֶׁחָתַם הַקָּדוֹשׁ בָּרוּךְ הוּא בְּחָתְמוֹ וְאֵינוֹ שׁוֹלֵט הָאֵשׁ בָּעוֹלָם, שֶׁנֶּאֱמַר - הֲלוֹא[3] כֹה דְבָרִי כָּאֵשׁ נְאֻם הוי"ה. וְהַשֵּׁם שֶׁהוּא נִתְגַּלָּה לְמֹשֶׁה בַּסְּנֶה מִתּוֹךְ אַהֲבָה וּמִתּוֹךְ הָרַחֲמִים וּמִתּוֹךְ הָעֲנָוָה וּמִתּוֹךְ הַיְּשָׁרוּת וּמִתּוֹךְ הַשִּׁפְלוּת וּמִתּוֹךְ הַצְּדָקָה וּמִתּוֹךְ הָאֱמוּנָה וּמִתּוֹךְ אַבְרָהָם יִצְחָק וְיַעֲקֹב, שֶׁאֲפִלּוּ אַבְרָהָם יִצְחָק וְיַעֲקֹב שֶׁהֵם גְּדוֹלִים מִמַּלְאֲכֵי הַשָּׁרֵת וְהַקָּדוֹשׁ בָּרוּךְ הוּא אֲהֵבָם אַהֲבָה גְּמוּרָה לֹא גִּלָּה לָהֶם **שֵׁם הַמְּפֹרָשׁ** אֶלָּא לְמֹשֶׁה בִּלְבַד, שֶׁנֶּאֱמַר - וָאֵרָא[4] אֶל אַבְרָהָם אֶל יִצְחָק וְאֶל יַעֲקֹב בְּאֵל שַׁדָּי וּשְׁמִי הוי"ה לֹא נוֹדַעְתִּי לָהֶם. וּמָה הוֹדִיעַ לָהֶם? מִקְצָת שְׁמוֹ שֶׁאֵינוֹ מְפֹרָשׁ, שֶׁנֶּאֱמַר - וָאֵרָא

---

[1] שמות ג טו
[2] שמות ג יד
[3] ירמיהו כג כט
[4] שמות ו ג

אֵל אַבְרָהָם אֵל יִצְחָק וְאֵל יַעֲקֹב בְּאֵל שַׁדָּי. שָׁלֹשׁ אוֹתִיּוֹת הַלָּלוּ הוֹדִיעַ לָהֶם כְּנֶגֶד שְׁלָשְׁתָּן. **ש'** כְּנֶגֶד אַבְרָהָם, **ד'** כְּנֶגֶד יִצְחָק, **י'** כְּנֶגֶד יַעֲקֹב, וּלְכֻלָּם שֵׁם אֶחָד גִּלָּה לָהֶם, אֲבָל לְמֹשֶׁה גִּלָּה לוֹ כָּל הַשֵּׁמוֹת, בֵּין שֵׁמוֹת הַמְּפֹרָשִׁים, בֵּין שְׁמוֹת הַחֲקוּקִים עַל כֶּתֶר מַלְכוּת שֶׁבְּרֹאשׁוֹ, וּבֵין שְׁמוֹת הַחֲקוּקִים עַל כִּסֵּא הַכָּבוֹד, וּבֵין שְׁמוֹת הַחֲקוּקִים בְּטַבַּעַת שֶׁבְּיָדוֹ, בֵּין שֶׁהֵם עוֹמְדִים כְּעַמּוּדֵי אֵשׁ סְבִיבוֹת מֶרְכְּבוֹתָיו, בֵּין שֵׁמוֹת שֶׁהֵם סְבִיבוֹת שְׁכִינָה כְּנִשְׁרֵי מֶרְכָּבָה, וּבֵין שֵׁמוֹת שֶׁנֶּחְתְּמוּ בָּהֶם שָׁמַיִם וָאָרֶץ יָם וְיַבָּשָׁה, הָרִים וּבְקָעוֹת, תַּנִּינִים וּתְהוֹמוֹת, סִדְרֵי עוֹלָם, וְסִדְרֵי בְּרֵאשִׁית, וְסִדְרֵי מְעוֹנוֹת זְבוּל וַעֲרָבוֹת וְכִסֵּא הַכָּבוֹד, אוֹצְרוֹת חַיִּים וְגִנְזֵי בְּרָכוֹת, גִּנְזֵי טַל וּמָטָר, גִּנְזֵי בְּרָקִים גִּנְזֵי עֲנָנִים, גִּנְזֵי רוּחוֹת וְגִנְזֵי נְשָׁמוֹת שֶׁל חַיִּים וְשֶׁל מֵתִים, שֶׁנֶּאֱמַר - יוֹדִיעַ[5] דְּרָכָיו לְמֹשֶׁה. וּמִפְּנֵי מָה לֹא גִּלָּה דְּרָכָיו לְאַבְרָהָם שֶׁפֵּרֵשׁ עַצְמוֹ מֵעֲבוֹדָה זָרָה, וְנִדְבַּק תַּחַת כַּנְפֵי הַשְּׁכִינָה, וְעָמַד בְּעֶשֶׂר נִסְיוֹנוֹת. וּלְיִצְחָק שֶׁנֶּעֱקַד כְּשֶׂה תָּמִים עַל גַּבֵּי הַמִּזְבֵּחַ, וּמָסַר דָּמוֹ לְהַקָּדוֹשׁ בָּרוּךְ הוּא. וּלְיַעֲקֹב שֶׁהִרְחִיק אֶת עַצְמוֹ וְאֶת בָּנָיו וְאֶת בְּנֹתָיו וְאֶת קְרוֹבָיו מֵחֵטְא וּמֵעֲבוֹדָה זָרָה, שֶׁנֶּאֱמַר - וַיֹּאמֶר[6] יַעֲקֹב אֶל בֵּיתוֹ וְאֶל כָּל אֲשֶׁר עִמּוֹ הָסִרוּ אֶת אֱלֹהֵי הַנֵּכָר. אֶלָּא מְלַמֵּד שֶׁלְּאַבְרָהָם לֹא גִּלָּה לוֹ, אֶלָּא מִפְּנֵי שֶׁזַּרְעוֹ שֶׁל יִשְׁמָעֵאל נוֹפֵל בַּגֵּיהִנֹּם. לְיִצְחָק, מִפְּנֵי שֶׁזַּרְעוֹ שֶׁל עֵשָׂו נוֹפֵל בַּגֵּיהִנֹּם. וְלָמָּה לֹא גִּלָּה לְיַעֲקֹב שֶׁבָּחַר בּוֹ הַקָּדוֹשׁ בָּרוּךְ הוּא לִסְגֻלָּתוֹ וְחָקַק דְּמוּתוֹ עַל כִּסֵּא הַכָּבוֹד שֶׁבְּרָקִיעַ, שֶׁנֶּאֱמַר[7] - כִּי יַעֲקֹב בָּחַר לוֹ יָהּ יִשְׂרָאֵל לִסְגֻלָּתוֹ. וּבוֹ מְשַׁבְּחִים לְפָנָיו עֶלְיוֹנִים וְתַחְתּוֹנִים בְּכָל יוֹם שֶׁנֶּאֱמַר[8] - וַיֹּאמֶר לִי עַבְדִּי אָתָּה יִשְׂרָאֵל אֲשֶׁר בְּךָ אֶתְפָּאַר. אֶלָּא מִפְּנֵי שֶׁאָמַר שֶׁנִּסְתְּרוּ דְּרָכָיו לִפְנֵי בּוֹרְאוֹ, שֶׁנֶּאֱמַר[9] - לָמָּה תֹאמַר יַעֲקֹב וּתְדַבֵּר יִשְׂרָאֵל נִסְתְּרָה דַרְכִּי מֵהוי"ה - לְפִיכָךְ לֹא גִּלָּה לוֹ.

---

[5] תהלים קג ז
[6] בראשית לה ב
[7] תהלים קלה ד
[8] ישעיהו מט ג
[9] ישעיהו מ כז

אות ז'

זי"ן - זֶה שְׁמוֹ שֶׁל הַקָּדוֹשׁ בָּרוּךְ הוּא, שֶׁהוּא זָן וּמְפַרְנֵס כָּל יְצוּרֵי כַּפָּיו בְּכָל יוֹם וָיוֹם, מִקַּרְנֵי[1] רְאֵמִים וְעַד בֵּיצֵי כִנִּים, שֶׁנֶּאֱמַר - מִפְּרִי[2] מַעֲשֶׂיךָ תִּשְׂבַּע הָאָרֶץ. וְאוֹמֵר - פּוֹתֵחַ[3] אֶת יָדֶךָ וּמַשְׂבִּיעַ לְכָל חַי רָצוֹן. וְכַמָּה מַפְתְּחוֹת יֵשׁ לוֹ לְהַקָּדוֹשׁ בָּרוּךְ הוּא? יֵשׁ לוֹ מַפְתֵּחַ שֶׁל אִשָּׁה, שֶׁנֶּאֱמַר - וַיִּפְתַּח[4] אֶת רַחְמָהּ. יֵשׁ לוֹ מַפְתֵּחַ שֶׁל גְּשָׁמִים, שֶׁנֶּאֱמַר - יִפְתַּח[5] הוי"ה לְךָ אֶת אוֹצָרוֹ הַטּוֹב. יֵשׁ לוֹ מַפְתֵּחַ שֶׁל תְּחִיַּת הַמֵּתִים, שֶׁנֶּאֱמַר - וִידַעְתֶּם[6] כִּי אֲנִי הוי"ה בְּפִתְחִי אֶת קִבְרוֹתֵיכֶם. יֵשׁ לוֹ מַפְתֵּחַ שֶׁל פַּרְנָסָה, שֶׁנֶּאֱמַר - פּוֹתֵחַ[7] אֶת יָדֶךָ וּמַשְׂבִּיעַ לְכָל חַי רָצוֹן. יֵשׁ לוֹ מַפְתֵּחַ שֶׁל נְקָבִים, שֶׁנֶּאֱמַר - מִהַר[8] צֹעֶה לְהִפָּתֵחַ. יֵשׁ לוֹ מַפְתֵּחַ שֶׁל מָן, וַיָּכֵן לָהֶם מָן, שֶׁנֶּאֱמַר - וְדַלְתֵי[9] שָׁמַיִם פָּתָח, וַיַּמְטֵר עֲלֵיהֶם מָן לֶאֱכֹל וּדְגַן שָׁמַיִם נָתַן לָמוֹ. יֵשׁ לוֹ מַפְתֵּחַ שֶׁל חִדּוּשׁ מַלְכֻיּוֹת, שֶׁנֶּאֱמַר - וּפִתְּחוּ[10] שְׁעָרַיִךְ תָּמִיד. יֵשׁ לוֹ מַפְתֵּחַ שֶׁל עֵינַיִם, שֶׁנֶּאֱמַר - אָז[11] תִּפָּקַחְנָה עֵינֵי עִוְרִים. וּכְתִיב - וַיְגַל[12] הוי"ה אֶת עֵינֵי בִלְעָם. יֵשׁ לוֹ מַפְתֵּחַ שֶׁל חֵרְשִׁים, שֶׁנֶּאֱמַר - וְאָזְנֵי[13] חֵרְשִׁים תִּפָּתַחְנָה. יֵשׁ לוֹ מַפְתֵּחַ שֶׁל שְׂפָתַיִם, שֶׁנֶּאֱמַר - אֲדֹנָ"י[14] שְׂפָתַי תִּפְתָּח. יֵשׁ לוֹ מַפְתֵּחַ שֶׁל פֶּה, שֶׁנֶּאֱמַר - וַיִּפְתַּח[15] הוי"ה אֶת פִּי הָאָתוֹן. יֵשׁ לוֹ מַפְתֵּחַ

1 עבודה זרה ג ע"ב
2 תהלים קד יג
3 תהלים קמה טז
4 בראשית כט לא
5 דברים כח יב
6 יחזקאל לז יג
7 תהלים קמה טז
8 ישעיהו נא יד
9 תהלים עח כה-כו
10 ישעיהו ס יא
11 ישעיהו לה ה
12 במדבר כב לא
13 ישעיהו לה ה
14 תהלים נא יז
15 במדבר כב כח

שֶׁל לָשׁוֹן, שֶׁנֶּאֱמַר - וּמֵהוי"ה[16] מַעֲנֵה לָשׁוֹן. יֵשׁ לוֹ מַפְתֵּחַ שֶׁל אֲסוּרִים, שֶׁנֶּאֱמַר - הוי"ה[17] מַתִּיר אֲסוּרִים. יֵשׁ לוֹ מַפְתֵּחַ שֶׁל אֶרֶץ, שֶׁנֶּאֱמַר - תִּפְתַּח[18] אֶרֶץ וְיִפְרוּ יֶשַׁע. יֵשׁ לוֹ מַפְתֵּחַ שֶׁל גַּן עֵדֶן, שֶׁנֶּאֱמַר - פִּתְחוּ[19] לִי שַׁעֲרֵי צֶדֶק. יֵשׁ לוֹ מַפְתֵּחַ שֶׁל גֵּיהִנֹּם, שֶׁנֶּאֱמַר - פִּתְחוּ[20] שְׁעָרִים וְיָבֹא גוֹי צַדִּיק שֹׁמֵר אֱמֻנִים. - אַל[21] תִּקְרֵי שׁוֹמֵר אֱמוּנִים אֶלָּא שׁוֹמֵר אָמֵנִים, בִּשְׁבִיל אָמֵן שְׁעוֹנִים רְשָׁעִים מִתּוֹךְ גֵּיהִנֹּם נִצּוֹלִים מִגֵּיהִנֹּם. כֵּיצַד, עָתִיד הַקָּדוֹשׁ בָּרוּךְ הוּא לִהְיוֹת יוֹשֵׁב בְּגַן עֵדֶן וְדוֹרֵשׁ וְכָל הַצַּדִּיקִים יוֹשְׁבִים לְפָנָיו, וְכָל פָּמַלְיָא שֶׁל מַעְלָה עוֹמְדִים עַל רַגְלֵיהֶם, מִימִינוֹ שֶׁל הַקָּדוֹשׁ בָּרוּךְ הוּא חַמָּה עִם מַזָּלוֹת, וּלְבָנָה וְכָל הַכּוֹכָבִים מִשְּׂמֹאלוֹ, וְהַקָּדוֹשׁ בָּרוּךְ הוּא דוֹרֵשׁ לָהֶם טַעֲמֵי תּוֹרָה חֲדָשָׁה שֶׁעָתִיד הַקָּדוֹשׁ בָּרוּךְ הוּא לִתֵּן לָהֶם עַל יְדֵי מָשִׁיחַ. וְכֵיוָן שֶׁמַּגִּיעַ לָאַגָּדָה עוֹמֵד זְרֻבָּבֶל בֶּן שְׁאַלְתִּיאֵל, עוֹמֵד זְרֻבָּבֶל עַל רַגְלָיו וְאוֹמֵר יִתְגַּדַּל וְיִתְקַדַּשׁ, וְקוֹלוֹ הוֹלֵךְ מִסּוֹף הָעוֹלָם וְעַד סוֹפוֹ, וְכָל בָּאֵי עוֹלָם עוֹנִין אָמֵן, וְאַף רִשְׁעֵי יִשְׂרָאֵל וְצַדִּיקֵי אֻמּוֹת הָעוֹלָם שֶׁנִּשְׁתַּיְּרוּ בְּגֵיהִנֹּם עוֹנִין וְאוֹמְרִים אָמֵן בְּתוֹךְ גֵּיהִנֹּם, עַד שֶׁמִּתְרַעֵשׁ כָּל הָעוֹלָם כֻּלּוֹ וְקוֹלָם נִשְׁמָע בִּפְנֵי הַקָּדוֹשׁ בָּרוּךְ הוּא, וְהוּא שׁוֹאֵל עֲלֵיהֶם וְאוֹמֵר, מָה קוֹל רַעַשׁ גָּדוֹל שֶׁשָּׁמַעְתִּי? מְשִׁיבִין מַלְאֲכֵי הַשָּׁרֵת וְאוֹמְרִים לְפָנָיו - רִיבּוֹנוֹ שֶׁל עוֹלָם. אֵלּוּ רִשְׁעֵי יִשְׂרָאֵל וְצַדִּיקֵי אֻמּוֹת הָעוֹלָם שֶׁנִּשְׁתַּיְּרוּ בְּגֵיהִנֹּם שֶׁעוֹנִין אָמֵן מִתּוֹךְ גֵּיהִנֹּם. מִיָּד מִתְגַּלְגְּלִין רַחֲמָיו שֶׁל הַקָּדוֹשׁ בָּרוּךְ הוּא עֲלֵיהֶם בְּיוֹתֵר, וְאוֹמֵר מָה אֶעֱשֶׂה לָהֶם יוֹתֵר עַל דִּין זֶה, כְּבָר יֵצֶר הָרַע גָּרַם לָהֶם. בְּאוֹתָהּ שָׁעָה נוֹטֵל הַקָּדוֹשׁ בָּרוּךְ הוּא מַפְתְּחוֹת שֶׁל גֵּיהִנֹּם, וְנוֹתְנָן לְמִיכָאֵל וְגַבְרִיאֵל בִּפְנֵי כָּל הַצַּדִּיקִים וְאוֹמֵר לָהֶם, לְכוּ וּפִתְחוּ שַׁעֲרֵי גֵּיהִנֹּם וְהַעֲלוּ אוֹתָם

---

16 משלי טז א
17 תהלים קמו ז
18 ישעיהו מה ח
19 תהלים קיח יט
20 ישעיהו כו ב
21 שבת קיט ב

מִתּוֹךְ גֵּיהִנֹּם, שֶׁנֶּאֱמַר - פִּתְחוּ[22] שְׁעָרִים וְיָבֹא גוֹי צַדִּיק שֹׁמֵר אֱמֻנִים. מִיָּד הוֹלְכִים מִיכָאֵל וְגַבְרִיאֵל וּפוֹתְחִים אַרְבָּעִים אֲלָפִים שַׁעֲרֵי גֵּיהִנֹּם, וּמַעֲלִים אוֹתָם מִתּוֹךְ גֵּיהִנֹּם. וְכֵיצַד מַעֲלִים אוֹתָם מִתּוֹךְ גֵּיהִנֹּם? מְלַמֵּד שֶׁכָּל גֵּיהִנֹּם וְגֵיהִנֹּם שְׁלֹשׁ מֵאוֹת אֲלָפִים פַּרְסָאוֹת אָרְכּוֹ, וּשְׁלוֹשׁ מֵאוֹת אֲלָפִים רָחְבּוֹ, וְעָבְיוֹ אֶלֶף פַּרְסָה, וְעָמְקוֹ אֶלֶף פַּרְסָה. וְכָל רָשָׁע שֶׁנּוֹפֵל לְתוֹכוֹ שׁוּב אֵינוֹ יָכוֹל לַעֲלוֹת מִתּוֹכָהּ. מָה עוֹשִׂין מִיכָאֵל וְגַבְרִיאֵל בְּאוֹתָהּ שָׁעָה? תּוֹפְשִׂין בְּיַד כָּל אֶחָד וְאֶחָד מֵהֶן וּמַעֲלִין אוֹתוֹ כְּאָדָם שֶׁהוּא מֵקִים אֶת חֲבֵרוֹ וּמַעֲלֵהוּ בְּחֶבֶל מִתּוֹךְ הַבּוֹר, שֶׁנֶּאֱמַר - וַיַּעֲלֵנִי[23] מִבּוֹר שָׁאוֹן מִטִּיט הַיָּוֵן. וְעוֹמְדִים עֲלֵיהֶם גַּבְרִיאֵל וּמִיכָאֵל בְּאוֹתָהּ שָׁעָה וְרוֹחֲצִין אוֹתָם, וְסָכִין אוֹתָם, וּמְרַפְּאִים אוֹתָם מִמַּכּוֹת גֵּיהִנֹּם, וּמַלְבִּישִׁין אוֹתָם בְּגָדִים נָאִים וְטוֹבִים, וְתוֹפְשִׂים בְּיָדָם וּמְבִיאִין אוֹתָם לִפְנֵי הַקָּדוֹשׁ בָּרוּךְ הוּא, וְלִפְנֵי כָּל הַצַּדִּיקִים כְּשֶׁהֵם מְגֹהָצִים וּמְכֻבָּדִים, שֶׁנֶּאֱמַר - כֹּהֲנֶיךָ[24] הוי"ה אֱלֹהִים יִלְבְּשׁוּ תְשׁוּעָה וַחֲסִידֶיךָ יִשְׂמְחוּ בַטּוֹב. **כֹּהֲנֶיךָ** - אֵלּוּ צַדִּיקֵי אֻמּוֹת הָעוֹלָם שֶׁהֵן מְכַהֲנִין לְהַקָּדוֹשׁ בָּרוּךְ הוּא בָּעוֹלָם הַזֶּה, כְּגוֹן אַנְטוֹנִינוּס בֶּן אָסוֵּירוּס וַחֲבֵרָיו, **וַחֲסִידֶיךָ** - אֵלּוּ רִשְׁעֵי יִשְׂרָאֵל שֶׁנִּקְרְאוּ חֲסִידִים, שֶׁנֶּאֱמַר - אִסְפוּ[25] לִי חֲסִידָי. וּכְשֶׁמַּגִּיעִין לְפֶתַח גַּן עֵדֶן, נִכְנָסִין גַּבְרִיאֵל וּמִיכָאֵל תְּחִלָּה, וְנִמְלָכִין בְּהַקָּדוֹשׁ בָּרוּךְ הוּא. מֵשִׁיב הַקָּדוֹשׁ בָּרוּךְ הוּא וְאוֹמֵר לָהֶם, הַנִּיחוּ לָהֶם שֶׁיִּכָּנְסוּ וְיִרְאוּ אֶת כְּבוֹדִי. וְכֵיוָן שֶׁנִּכְנָסִין נוֹפְלִים עַל פְּנֵיהֶם וּמִשְׁתַּחֲוִים לְפָנָיו וּמְבָרְכִים וּמְשַׁבְּחִים שְׁמוֹ שֶׁל הַקָּדוֹשׁ בָּרוּךְ הוּא. מִיָּד, צַדִּיקִים גְּמוּרִים וִישָׁרִים שֶׁיּוֹשְׁבִים לִפְנֵי הַקָּדוֹשׁ בָּרוּךְ הוּא נוֹתְנִים הוֹדָאָה וּמְרוֹמְמִים לְהַקָּדוֹשׁ בָּרוּךְ הוּא, שֶׁנֶּאֱמַר - אַךְ[26] צַדִּיקִים יוֹדוּ לִשְׁמֶךָ יֵשְׁבוּ יְשָׁרִים אֶת פָּנֶיךָ. וְאוֹמֵר - וִירֹמְמוּהוּ[27] בִּקְהַל עָם וּבְמוֹשַׁב זְקֵנִים יְהַלְלוּהוּ.

---

22 ישעיהו כו ב
23 תהלים מ ג
24 דברי הימים-ב ו מא
25 תהלים נ ה
26 תהלים קמ יד
27 תהלים קז לב

אות ח'

חי"ת - אַל תִּקְרֵי חֵי"ת אֶלָּא חֵטְא[1], מִפְּנֵי שֶׁחָטָא נֶחֱשָׁב לָהֶם לְרִשְׁעֵי יִשְׂרָאֵל כִּצְדָקָה, בְּשָׁעָה שֶׁהֵם רוֹאִין פְּנֵי גֵּיהִנֹּם, וּמְקַבְּלִים בְּעַצְמָם דִּינָהּ שֶׁל גֵּיהִנֹּם. וְכֵיוָן שֶׁמַּעֲלִין אוֹתָם וְחוֹזְרִין בִּתְשׁוּבָה לִפְנֵי הַקָּדוֹשׁ בָּרוּךְ הוּא, מִיָּד מִתְקַבְּלִין לִפְנֵי שְׁכִינָה כְּצַדִּיקִים וַחֲסִידִים שֶׁלֹּא חָטְאוּ מֵעוֹלָם, וּמְקַבְּלִים שָׂכָר עַל כָּל חֵטְא שֶׁהָיָה בְּיָדָם כִּצְדָקָה, שֶׁנֶּאֱמַר - וּבְשׁוּב[2] רָשָׁע מֵרִשְׁעָתוֹ אֲשֶׁר עָשָׂה וַיַּעַשׂ מִשְׁפָּט וּצְדָקָה הוּא אֶת נַפְשׁוֹ יְחַיֶּה. **בָּהֶן** יִחְיֶה לֹא נֶאֱמַר, אֶלָּא - **עֲלֵיהֶם**. בַּכָּתוּב נֶאֱמַר - הוּא אֶת נַפְשׁוֹ יְחַיֶּה. וּבְמָקוֹם אַחֵר נֶאֱמַר - וּבְשׁוּב[3] רָשָׁע מֵרִשְׁעָתוֹ וְעָשָׂה מִשְׁפָּט וּצְדָקָה עֲלֵיהֶם הוּא יִחְיֶה. מְלַמֵּד שֶׁעֲלֵיהֶם הוּא יִחְיֶה עִם הַצַּדִּיקִים, וְהַחֲסִידִים, וּתְמִימִים, וִישָׁרִים, וּבַעֲלֵי צְדָקָה, וְגוֹמְלֵי חֲסָדִים, וּבַעֲלֵי תּוֹרָה, וְאַנְשֵׁי אֱמוּנָה לָעוֹלָם הַבָּא. וְלֹא עוֹד, אֶלָּא שֶׁמַּעֲלִין אוֹתָם וּמוֹשִׁיבִין אוֹתָם בִּישִׁיבָה אֵצֶל הַשְּׁכִינָה, מִפְּנֵי שֶׁשָּׁבְרוּ אֶת לִבָּם בִּתְשׁוּבָה לִפְנֵי הַקָּדוֹשׁ בָּרוּךְ הוּא, שֶׁנֶּאֱמַר - קָרוֹב[4] הוי"ה לְנִשְׁבְּרֵי לֵב וְאֶת דַּכְּאֵי רוּחַ יוֹשִׁיעַ.

דָּבָר אַחֵר, קָרוֹב[5] הוי"ה לְנִשְׁבְּרֵי לֵב. מְלַמֵּד שֶׁכָּל מִי שֶׁלִּבּוֹ שָׁבוּר בְּכָל יוֹם, וְרוּחוֹ נְמוּכָה, וְדִבּוּרוֹ מְמוּעָט בְּפִיו בְּכָל יוֹם, עִמּוֹ שְׁכִינָה מְהַלֶּכֶת בְּכָל יוֹם. וְלֹא עוֹד, אֶלָּא שֶׁמַּעֲלֶה עָלָיו הַכָּתוּב כְּאִלּוּ מִזְבֵּחַ בָּנוּי בְּלִבּוֹ וּמַעֲלֶה עוֹלוֹת וּזְבָחִים עָלָיו לִפְנֵי הַקָּדוֹשׁ בָּרוּךְ הוּא, שֶׁנֶּאֱמַר - זִבְחֵי[6] אֱלֹהִים רוּחַ נִשְׁבָּרָה לֵב נִשְׁבָּר וְנִדְכֶּה.

---

1 לְפִי הַהֲבָרָה הַסְּפָרַדִּית אֵין חִלּוּק בְּמִבְטָא בֵּין חֵית לְחֵטְא, וְכֵן לְהַלָּן בְּאוֹת טֵי"ת.
2 יחזקאל יח כז
3 יחזקאל לג יט
4 תהלים לד יט
5 תהלים לד יט
6 תהלים נא יט

דָּבָר אַחֵר, קָרוֹב[7] הוי"ה לְנִשְׁבְּרֵי לֵב. שֶׁכָּל שְׁבוּרֵי לֵב חֲבִיבִין לִפְנֵי הַקָּדוֹשׁ בָּרוּךְ הוּא יוֹתֵר מִמַּלְאֲכֵי הַשָּׁרֵת, שֶׁמַּלְאֲכֵי הַשָּׁרֵת מְרֻחָקִים מִן הַשְּׁכִינָה שְׁלֹשִׁים וְשֵׁשֶׁת אֲלָפִים רִבְבוֹת פַּרְסָאוֹת, שֶׁנֶּאֱמַר[8] - שְׂרָפִים עֹמְדִים מִמַּעַל לוֹ. - **לוֹ** בְּגִימַטְרִיָא שְׁלֹשִׁים וְשִׁשָּׁה אֲלָפִים הֵן. מְלַמֵּד שֶׁגּוּפוֹ שֶׁל שְׁכִינָה, עַל עַצְמוֹ שִׁעוּר קוֹמָה - מָאתַיִם וּשְׁלֹשִׁים וְשִׁשָּׁה רִבְבוֹת פַּרְסָאוֹת, מֵאָה וּשְׁמוֹנָה עָשָׂר מִמָּתְנָיו וּלְמַעְלָה, וּמֵאָה וּשְׁמוֹנָה עָשָׂר מִמָּתְנָיו וּלְמַטָּה. וּפַרְסָאוֹת הַלָּלוּ אֵינָן בְּפַרְסָאוֹת שֶׁלָּנוּ אֶלָּא בְּפַרְסָה שֶׁלּוֹ, שֶׁהַפַּרְסָה שֶׁלּוֹ אֶלֶף אֲלָפִים אַמָּה, וְאַמָּה שֶׁלּוֹ אַרְבַּע זְרָתוֹת וְטֶפַח, וְזֶרֶת שֶׁלּוֹ מִסּוֹף הָעוֹלָם עַד סוֹפוֹ, שֶׁנֶּאֱמַר[9] - מִי מָדַד בְּשָׁעֳלוֹ מַיִם וְשָׁמַיִם בַּזֶּרֶת תִּכֵּן.

דָּבָר אַחֵר, וְשָׁמַיִם[10] בַּזֶּרֶת תִּכֵּן - מְלַמֵּד שֶׁהַשָּׁמַיִם וּשְׁמֵי הַשָּׁמַיִם זֶרֶת אֶחָד אָרְכָּן, וְזֶרֶת אֶחָד רָחְבָּן, וְזֶרֶת אֶחָד קוֹמָתָן, וְאֶרֶץ וְכָל תְּהוֹמוֹת פַּרְסַת רֶגֶל אַחַת אָרְכָּהּ, וּפַרְסַת רֶגֶל אַחַת רָחְבָּהּ, וּפַרְסַת רֶגֶל אַחַת קוֹמָתָהּ, עַד הָרָקִיעַ הָרִאשׁוֹן. אֲבָל שְׁבוּרֵי לֵב הַקָּדוֹשׁ בָּרוּךְ הוּא קָרוֹב אֶצְלָן כָּל הַיּוֹם מֵאַמָּה אֶל אַמָּה, לְכָךְ נֶאֱמַר - קָרוֹב[11] הוי"ה לְנִשְׁבְּרֵי לֵב. לְנִשְׁבְּרֵי לֵב הוּא קָרוֹב וְלֹא לְנִמְהֲרֵי לֵב, שֶׁכְּבָר כָּתוּב אַחֲרָיו אִמְרוּ - לְנִמְהֲרֵי[12] לֵב חִזְקוּ אַל תִּירָאוּ. אֶלָּא מְלַמֵּד שֶׁהַקָּדוֹשׁ בָּרוּךְ הוּא מְרַחֵק שְׁכִינָתוֹ מֵעַל גָּבְהֵי לֵבָב, וְכֻלָּן נֶחְשָׁבִים עָלָיו כְּתוֹעֵבָה, שֶׁנֶּאֱמַר - תּוֹעֲבַת[13] הוי"ה כָּל גְּבַהּ לֵב יָד לְיָד לֹא יִנָּקֶה. וְאֵין תּוֹעֵבָה אֶלָּא עֲבוֹדָה זָרָה, שֶׁנֶּאֱמַר - וְלֹא[14] תָבִיא תוֹעֵבָה אֶל בֵּיתֶךָ. מִכָּאן מָצִינוּ - שֶׁכָּל[15] מִי שֶׁיֵּשׁ לוֹ גַּסּוּת

---

[7] תהלים לד יט
[8] ישעיהו ו ב
[9] ישעיהו מ יב
[10] ישעיהו מ יב
[11] תהלים לד יט
[12] ישעיהו לה ד
[13] משלי טז ה
[14] דברים ז כו
[15] סוטה ד ב

הָרוּחַ כְּאִלּוּ עוֹבֵד עֲבוֹדָה זָרָה. וְלֹא עוֹד - אֶלָּא שֶׁמַּעֲלֶה עָלָיו הַכָּתוּב כְּאִלּוּ בָּנָה בָּמָה בְּלִבּוֹ וּמַקְטִיר עָלֶיהָ קְטֹרֶת לַעֲבוֹדָה זָרָה. שֶׁאֵין תּוֹעֵבָה הָאֲמוּרָה כָּאן אֶלָּא עֲבוֹדָה זָרָה, שֶׁנֶּאֱמַר[16] - כִּי אֶת כָּל הַתּוֹעֵבֹת הָאֵל עָשׂוּ אַנְשֵׁי הָאָרֶץ. לָכֵן נֶאֱמַר - תּוֹעֲבַת[17] הוי"ה כָּל גְּבַהּ לֵב יָד לְיָד לֹא יִנָּקֶה. וּמַהוּ - יָד לְיָד לֹא יִנָּקֶה? מְלַמֵּד שֶׁאֲפִלּוּ יֵשׁ בּוֹ צְדָקָה וּגְמִילוּת חֲסָדִים כְּאַבְרָהָם אָבִינוּ, שֶׁקָּנָה בִּצְדָקָה שָׁמַיִם וָאָרֶץ הָעוֹלָם הַזֶּה וְעוֹלָם הַבָּא, שֶׁנֶּאֱמַר - וַיֹּאמֶר[18] אַבְרָם אֶל מֶלֶךְ סְדֹם הֲרִימֹתִי יָדִי אֶל הוי"ה אֵל עֶלְיוֹן קֹנֵה שָׁמַיִם וָאָרֶץ. וְיֵשׁ בּוֹ גַּסּוּת הָרוּחַ לֹא יִנָּקֶה מִדִּינָהּ שֶׁל גֵּיהִנָּם.

דָּבָר אַחֵר, יָד[19] לְיָד לֹא יִנָּקֶה. מְלַמֵּד שֶׁאֲפִלּוּ יֵשׁ בּוֹ תּוֹרָה וְחָכְמָה כְּמֹשֶׁה רַבֵּנוּ ע"ה שֶׁקִּבֵּל תּוֹרָה מִיָּד לְיָד, וְיֵשׁ בּוֹ גַּסּוּת הָרוּחַ, לֹא יִנָּקֶה מִדִּינָהּ שֶׁל גֵּיהִנָּם. לָכֵן הוּא אוֹמֵר - כִּי[20] רָם הוי"ה וְשָׁפָל יִרְאֶה וְגָבֹהַּ מִמֶּרְחָק יְיֵדָע. וְכִי שֶׁפֶל יִרְאֶה וְגָבוֹהַּ אֵינוֹ רוֹאֶה? אֶלָּא מְלַמֵּד שֶׁאֵין הַקָּדוֹשׁ בָּרוּךְ הוּא מִסְתַּכֵּל בְּמִי שֶׁיֵּשׁ בּוֹ גַּסּוּת הָרוּחַ, כְּמִי שֶׁאֵינוֹ מִסְתַּכֵּל בְּאָדָם שֶׁהוּא שׂוֹנֵא לוֹ מִנְּעוּרָיו, שֶׁאֵין שׂוֹנֵא לוֹ לְהַקָּדוֹשׁ בָּרוּךְ הוּא אֶלָּא מִי שֶׁיֵּשׁ לוֹ גַּסּוּת הָרוּחַ, לָכֵךְ נֶאֱמַר - כִּי רָם הוי"ה וְשָׁפָל יִרְאֶה וְגָבֹהַּ מִמֶּרְחָק יְיֵדָע. וּמַהוּ וְגָבוֹהַּ מִמֶּרְחַק יֵדַע - בִּשְׁתֵּי יודי"ן? מְלַמֵּד שֶׁאָמַר הַקָּדוֹשׁ בָּרוּךְ הוּא כָּל מִי שֶׁיֵּשׁ בְּיָדוֹ גַּסּוּת הָרוּחַ מַעֲלֶה אֲנִי עָלָיו כְּאִלּוּ קִלְלַנִי בִּשְׁנֵי הָעוֹלָמוֹת, שֶׁאֵין שְׁתֵּי יודי"ן, אֶלָּא - אֶחָד בָּעוֹלָם הַזֶּה וְאֶחָד בָּעוֹלָם הַבָּא. וְכָל מִי שֶׁזּוֹבֵחַ אֶת יִצְרוֹ בְּכָל יוֹם וּמִתְוַדֶּה עָלָיו, מַעֲלֶה אֲנִי עָלָיו כְּאִלּוּ כִּבְּדַנִי בִּשְׁנֵי עוֹלָמוֹת, שֶׁנֶּאֱמַר - זֹבֵחַ[21] תּוֹדָה יְכַבְּדָנְנִי. שְׁנֵי נוני"ן - אֶחָד לְעוֹלָם הַזֶּה וְאֶחָד עוֹלָם הַבָּא.

---

16 ויקרא יח כז
17 משלי טז ה
18 בראשית יד כב
19 משלי טז ה
20 תהלים קלח ו
21 תהלים נ כג

אות ט'

טי"ת - אַל תִּקְרֵי טי"ת אֶלָּא **טִיט**, וּמַהוּ טִיט? זֶה טִיט שֶׁבְּיָדוֹ שֶׁל הַקָּדוֹשׁ בָּרוּךְ הוּא, שֶׁנֶּאֱמַר - הִנֵּה[1] כַחֹמֶר בְּיַד הַיּוֹצֵר. שֶׁכָּל הָעוֹלָם כֻּלּוֹ לֹא נִבְרָא אֶלָּא הֵימֶנּוּ, וּלְבַסּוֹף עֲתִידִים כֻּלָּם שֶׁחוֹזְרִים לְטִיט, שֶׁנֶּאֱמַר[2] - הַכֹּל הוֹלֵךְ אֶל מָקוֹם אֶחָד, שֶׁנֶּאֱמַר - הַכֹּל[3] הוֹלֵךְ אֶל מָקוֹם אֶחָד הַכֹּל הָיָה מִן הֶעָפָר וְהַכֹּל שָׁב אֶל הֶעָפָר. וְאֵין טִיט אֶלָּא עָפָר שֶׁנִּבְרָא מִמֶּנּוּ אָדָם הָרִאשׁוֹן, שֶׁנֶּאֱמַר - וַיִּיצֶר[4] הוי"ה אֱלֹהִים אֶת הָאָדָם עָפָר מִן הָאֲדָמָה. וּמִנַּיִן שֶׁאֵין טִיט אֶלָּא עָפָר? שֶׁנֶּאֱמַר[5] - וְיָבֹא סְגָנִים כְּמוֹ חֹמֶר וּכְמוֹ יוֹצֵר יִרְמָס טִיט.

דָּבָר אַחֵר, טִיט זֶהוּ טִיטוֹ שֶׁל עוֹלָם הַבָּא, שֶׁהַצַּדִּיקִים מְצִיצִין הֵימֶנּוּ כִּתּוֹת כִּתּוֹת כְּעִשְׂבֵי הַשָּׂדֶה בְּכַמָּה לְבוּשִׁין שֶׁרֵיחָן הוֹלֵךְ מִסּוֹף הָעוֹלָם וְעַד סוֹפוֹ כְּרֵיחַ גַּן עֵדֶן, שֶׁנֶּאֱמַר - וְיָצִיצוּ[6] מֵעִיר כְּעֵשֶׂב הָאָרֶץ. וְאֵין עִיר אֶלָּא יְרוּשָׁלַיִם, שֶׁנֶּאֱמַר - הָעִיר[7] אֲשֶׁר בָּחַרְתִּי בָהּ. מִכָּאן אַתָּה לָמֵד שֶׁאֵין הַקָּדוֹשׁ בָּרוּךְ הוּא מְחַיֶּה מֵתִים אֶלָּא בְּאֶרֶץ יִשְׂרָאֵל, שֶׁנֶּאֱמַר - כֹּה[8] אָמַר הָאֵל הוי"ה בּוֹרֵא הַשָּׁמַיִם וְנוֹטֵיהֶם רֹקַע הָאָרֶץ וְצֶאֱצָאֶיהָ נֹתֵן נְשָׁמָה לָעָם עָלֶיהָ וְרוּחַ לַהֹלְכִים בָּהּ. וְאוֹמֵר - וְנָתַתִּי[9] צְבִי בְּאֶרֶץ חַיִּים. וּמַהוּ אֶרֶץ חַיִּים, וְכִי יֵשׁ אֶרֶץ חַיִּים וְאֶרֶץ מֵתִים? אֶלָּא זוֹ אֶרֶץ יִשְׂרָאֵל שֶׁנִּקְרֵאת אֶרֶץ הַחַיִּים, שֶׁמֵּתֶיהָ חַיִּים תְּחִלָּה עוֹלָם הַבָּא. אִם כֵּן צַדִּיקִים שֶׁבְּחוּצָה לָאָרֶץ כְּגוֹן מֹשֶׁה וְאַהֲרֹן וּשְׁאָר כָּל הַצַּדִּיקִים שֶׁבְּאַרְבַּע פִּנּוֹת הָעוֹלָם

---

1 ירמיהו יח ו
2 קהלת ג כ
3 קהלת ג כ
4 בראשית ב ז
5 ישעיהו מא כה
6 תהלים עב טז
7 מלכים-א יא לב
8 ישעיהו מב ה
9 יחזקאל כו כ

הֵיאַךְ חַיִּים וּבָאִים לָעוֹלָם הַבָּא? אֶלָּא מְלַמֵּד שֶׁבְּשָׁעַת תְּחִיַּת הַמֵּתִים הַקָּדוֹשׁ בָּרוּךְ הוּא יוֹרֵד מִשְּׁמֵי שָׁמַיִם הָעֶלְיוֹנִים וְיוֹשֵׁב עַל כִּסְאוֹ בִּירוּשָׁלַיִם, שֶׁנֶּאֱמַר - בָּעֵת[10] הַהִיא יִקְרְאוּ לִירוּשָׁלַם כִּסֵּא הוי"ה. וְקוֹרֵא לָהֶם הַקָּדוֹשׁ בָּרוּךְ הוּא לְמַלְאֲכֵי הַשָּׁרֵת וְאוֹמֵר לָהֶם - בָּנַי, לֹא בְּרָאתִי אֶתְכֶם אֶלָּא לְשָׁעָה זוֹ כְּדֵי שֶׁתַּעֲשׂוּ לִי קוֹרַת רוּחַ. מְשִׁיבִים מַלְאֲכֵי הַשָּׁרֵת וְאוֹמְרִים לְפָנָיו - רִיבּוֹנוֹ שֶׁל עוֹלָם, הִנְנוּ נַעֲמֹד לְפָנֶיךָ בְּכָל דָּבָר שֶׁאַתָּה רוֹצֶה. מֵשִׁיב הַקָּדוֹשׁ בָּרוּךְ הוּא וְאוֹמֵר לָהֶם - לְכוּ וְשׁוֹטְטוּ בְּאַרְבַּע רוּחוֹת הָעוֹלָם וְהַגְבִּיהוּ אֶת אַרְבַּע כַּנְפוֹת הָאָרֶץ, וַעֲשׂוּ מְחִלּוֹת מְחִלּוֹת בְּקַרְקַע לְכָל צַדִּיק וְצַדִּיק שֶׁבְּחוּץ לָאָרֶץ עַד אֶרֶץ יִשְׂרָאֵל, וְהָבִיאוּ לִי כָּל צַדִּיק וְצַדִּיק, פְּלוֹנִי בֶּן פְּלוֹנִי חָסִיד, פְּלוֹנִי בֶּן פְּלוֹנִי חָכָם, פְּלוֹנִי בֶּן פְּלוֹנִי שֶׁמָּסְרוּ עַצְמָן עַל קְדֻשַּׁת שְׁמִי בְּכָל יוֹם וָיוֹם, כְּדֵי שֶׁלֹּא יִצְטַעֲרוּ וְיָבוֹאוּ לְאֶרֶץ יִשְׂרָאֵל וַאֲנִי מְחַיֶּה אוֹתָם. מִיָּד הוֹלְכִים כָּל מַלְאָךְ וּמַלְאָךְ, וְכָל שָׂרָף וְשָׂרָף, וְכָל שַׂר וְשַׂר, וְכָל גְּדוּד וּגְדוּד, וּמְשׁוֹטְטִים בְּאַרְבַּע רוּחוֹת הָעוֹלָם, וּמַגְבִּיהִים אַרְבַּע כַּנְפוֹת הָאָרֶץ, וּמְנַעֲרִים רְשָׁעִים מִמֶּנָּה, שֶׁנֶּאֱמַר - לֶאֱחֹז[11] בְּכַנְפוֹת הָאָרֶץ וְיִנָּעֲרוּ רְשָׁעִים מִמֶּנָּה. וְעוֹשִׂין מְחִלּוֹת מְחִלּוֹת בְּקַרְקַע הָאָרֶץ בִּשְׁבִיל כָּל צַדִּיק וְצַדִּיק שֶׁבְּחוּץ לָאָרֶץ, וּמְבִיאִים אוֹתָם בְּתוֹךְ מְחִלּוֹת לְאֶרֶץ יִשְׂרָאֵל אֵצֶל הַקָּדוֹשׁ בָּרוּךְ הוּא לִירוּשָׁלַיִם, וְעוֹמֵד הַקָּדוֹשׁ בָּרוּךְ הוּא בְּעַצְמוֹ וּמְחַיֶּה אוֹתָם וּמַעֲמִידָם עַל רַגְלֵיהֶם. וְכֵיצַד הַקָּדוֹשׁ בָּרוּךְ הוּא מְחַיֶּה אֶת הַמֵּתִים עוֹלָם הַבָּא? מְלַמֵּד שֶׁנּוֹטֵל הַקָּדוֹשׁ בָּרוּךְ הוּא **שׁוֹפָר גָּדוֹל בְּיָדוֹ**, שֶׁהוּא אֶלֶף אַמָּה בְּאַמָּתוֹ שֶׁל הַקָּדוֹשׁ בָּרוּךְ הוּא, וְתוֹקֵעַ בּוֹ, וְקוֹלוֹ הוֹלֵךְ מִסּוֹף הָעוֹלָם וְעַד סוֹפוֹ.

בִּתְקִיעָה רִאשׁוֹנָה - הָעוֹלָם כֻּלּוֹ רוֹעֵשׁ.

בִּתְקִיעָה שְׁנִיָּה - הֶעָפָר מִתְפָּרֵד.

בִּתְקִיעָה שְׁלִישִׁית - עַצְמוֹתֵיהֶם מִתְקַבְּצִים.

בִּתְקִיעָה רְבִיעִית - אֶבְרֵיהֶם מִתְחַמְּמִים.

---

10 ירמיהו ג יז

11 איוב לח יג

אותיות דרבי עקיבה אות ט'

בְּתְקִיעָה חֲמִישִׁית - עוֹרוֹתֵיהֶם מִתְקָרְמִים.
בִּתְקִיעָה שִׁשִּׁית - רוּחוֹת וּנְשָׁמוֹת מִתְכַּנְּסוֹת לְגוּפֵיהֶם.
בִּתְקִיעָה שְׁבִיעִית - חַיִּים וְעוֹמְדִים עַל רַגְלֵיהֶם בְּמַלְבּוּשֵׁיהֶם.
שֶׁנֶּאֱמַר - הוי"ה[12] צְבָאוֹת יָגֵן עֲלֵיהֶם וְאָכְלוּ וְכָבְשׁוּ אַבְנֵי קֶלַע וְשָׁתוּ הָמוּ כְּמוֹ יָיִן וּמָלְאוּ כַּמִּזְרָק כְּזָוִיּוֹת מִזְבֵּחַ. וְהוֹשִׁיעָם[13] הוי"ה אֱלֹהֵיהֶם בַּיּוֹם הַהוּא כְּצֹאן עַמּוֹ כִּי אַבְנֵי נֵזֶר מִתְנוֹסְסוֹת עַל אַדְמָתוֹ.

---

12 זכריה ט טו
13 זכריה ט טז

אות י'

יו"ד - אַל תִּקְרֵי **יו"ד** אֶלָּא יָד, מְלַמֵּד שֶׁזֶּהוּ - יָד וָשֵׁם טוֹב, שֶׁעָתִיד הַקָּדוֹשׁ בָּרוּךְ הוּא לִתֵּן לָהֶם לַצַּדִּיקִים עוֹלָם הַבָּא בִּירוּשָׁלַיִם וּבְבֵית הַמִּקְדָּשׁ, שֶׁנֶּאֱמַר - וְנָתַתִּי[1] לָהֶם בְּבֵיתִי וּבְחוֹמֹתַי יָד וָשֵׁם טוֹב מִבָּנִים וּמִבָּנוֹת שֵׁם עוֹלָם אֶתֶּן לוֹ אֲשֶׁר לֹא יִכָּרֵת. וְאֵין בֵּיתִי אֶלָּא בֵּית הַמִּקְדָּשׁ, שֶׁנֶּאֱמַר - כִּי[2] בֵיתִי בֵּית תְּפִלָּה יִקָּרֵא לְכָל הָעַמִּים. וְאֵין חוֹמוֹת אֶלָּא יְרוּשָׁלַיִם, שֶׁנֶּאֱמַר - עַל[3] חוֹמֹתַיִךְ יְרוּשָׁלַםִ הִפְקַדְתִּי שֹׁמְרִים כָּל הַיּוֹם וְכָל הַלַּיְלָה תָּמִיד לֹא יֶחֱשׁוּ הַמַּזְכִּרִים אֶת הוי"ה אַל דֳּמִי לָכֶם. וְאֵין יָד אֶלָּא מָנוֹת, שֶׁנֶּאֱמַר[4] - חָמֵשׁ יָדוֹת. וּמַהוּ יָד? מְלַמֵּד שֶׁעָתִיד הַקָּדוֹשׁ בָּרוּךְ הוּא לִקְרוֹת לְכָל הַצַּדִּיקִים בִּשְׁמָם, וְנוֹתֵן לָהֶם כּוֹס שֶׁל סַם חַיִּים בְּיָדָם, כְּדֵי שֶׁיִּהְיוּ חַיִּים וְקַיָּמִים לְעוֹלָמִים, וּמַהוּ שֵׁם? מְלַמֵּד שֶׁעָתִיד הַקָּדוֹשׁ בָּרוּךְ הוּא לְגַלּוֹת - **שֵׁם הַמְּפֹרָשׁ** לְכָל הַצַּדִּיקִים עוֹלָם הַבָּא, הַשֵּׁם שֶׁנִּבְרָאִים בּוֹ שָׁמַיִם הַחֲדָשִׁים וְאֶרֶץ הַחֲדָשָׁה, כְּדֵי שֶׁיִּהְיוּ כֻּלָּם יְכוֹלִים לִבְרֹאוֹת עוֹלָם חָדָשׁ, שֶׁנֶּאֱמַר - שֵׁם[5] עוֹלָם אֶתֶּן לוֹ אֲשֶׁר לֹא יִכָּרֵת. וּמִנַּיִן שֶׁזֶּה שֵׁם הַמְּפֹרָשׁ? נֶאֱמַר כָּאן שֵׁם עוֹלָם, וְנֶאֱמַר לְהַלָּן - זֶה[6] שְּׁמִי לְעֹלָם. מָה לְהַלָּן שֵׁם הַמְּפֹרָשׁ אַף כָּאן שֵׁם הַמְּפֹרָשׁ.

דָּבָר אַחֵר, שֵׁם[7] עוֹלָם אֶתֶּן לוֹ - שֶׁלֹּא יִפְסֹק שְׁמוֹ מִן הָעוֹלָם, שֶׁכְּשֵׁם שֶׁשָּׁמַיִם חֲדָשִׁים וָאָרֶץ חֲדָשָׁה קַיָּמִים לְעוֹלְמֵי עוֹלָמִים, כָּךְ עָתִיד שְׁמוֹ שֶׁל הַצַּדִּיקִים שֶׁחַיִּים וְקַיָּמִים לְעוֹלָם, וְשֵׁם זַרְעָם וְזֶרַע זַרְעָם שֶׁיַּעַמְדוּ לְעוֹלָם, שֶׁנֶּאֱמַר -

---

[1] ישעיהו נו ה
[2] ישעיהו נו ז
[3] ישעיהו סב ו
[4] בראשית מג לד
[5] ישעיהו נו ה
[6] שמות ג טו
[7] ישעיהו נו ה

כִּי[8] כַאֲשֶׁר הַשָּׁמַיִם הַחֲדָשִׁים וְהָאָרֶץ הַחֲדָשָׁה אֲשֶׁר אֲנִי עֹשֶׂה עֹמְדִים לְפָנַי נְאֻם הוי"ה כֵּן יַעֲמֹד זַרְעֲכֶם וְשִׁמְכֶם.

דָּבָר אַחֵר, שֵׁם עוֹלָם - מְלַמֵּד שֶׁשְּׁלוֹשׁ מֵאוֹת וְאַרְבָּעִים עוֹלָמוֹת עָתִיד הַקָּדוֹשׁ בָּרוּךְ הוּא לְהַנְחִיל לְכָל צַדִּיק וְצַדִּיק עוֹלָם הַבָּא, שֶׁכֵּן **ש"ם** בְּגִימַטְרִיָּא שְׁלוֹשׁ מֵאוֹת וְאַרְבָּעִים הֱוֵי.

דָּבָר אַחֵר, **שֵׁם עוֹלָם אֶתֶּן לוֹ**, נֶאֱמַר בְּרֹאשׁ הַפָּסוּק הַזֶּה - וְנָתַתִּי[9] לָהֶם בְּבֵיתִי וּבְחוֹמֹתַי יָד וָשֵׁם. וּבְסוֹף נֶאֱמַר - **אֶתֶּן לוֹ**. אִם נֶאֱמַר אֶתֵּן לוֹ לָמָּה נֶאֱמַר וְנָתַתִּי לָהֶם, וְאִם נֶאֱמַר וְנָתַתִּי לָהֶם לָמָּה נֶאֱמַר אֶתֵּן לוֹ? מְלַמֵּד שֶׁכָּל הַצַּדִּיקִים כֻּלָּם נוֹתֵן לָהֶם הַקָּדוֹשׁ בָּרוּךְ הוּא יָד, וְחֵלֶק שָׂכָר טוֹב וְשֵׁם וּתְהִלָּה וְשֶׁבַח וּמַלְכוּת עוֹלָם הַבָּא, וּלְמָשִׁיחַ בֶּן דָּוִד נוֹתֵן יָד, וְחֵלֶק שָׂכָר טוֹב וְשֵׁם עוֹלָם תְּהִלָּה וּגְדֻלָּה וְשֶׁבַח כָּלִיל כֶּתֶר קְדֻשָּׁה בָּרוּךְ וּמַלְכוּת כְּנֶגֶד כָּל הַצַּדִּיקִים כֻּלָּם עוֹלָם הַבָּא. יָד - זֶה כּוֹס שֶׁל חַיִּים שֶׁמַּשְׁקֵהוּ הַקָּדוֹשׁ בָּרוּךְ הוּא לְמָשִׁיחַ וּלְצַדִּיקִים לֶעָתִיד לָבוֹא, חֵלֶק שָׂכָר טוֹב - זֶה שְׁלֹשׁ מֵאוֹת וְאַרְבָּעִים עוֹלָמוֹת שֶׁכָּל צַדִּיק וְצַדִּיק נוֹטֵל בְּחֶלְקוֹ כָּל אֶחָד וְאֶחָד לְפִי שְׂכַר מַעֲשָׂיו עוֹלָם הַבָּא. שֵׁם עוֹלָם - זֶה **שֵׁם הַמְּפֹרָשׁ** שֶׁעוֹלָם הַבָּא נִבְרָא בּוֹ. תְּהִלָּה וּגְדֻלָּה - זֶהוּ אוֹר מְאִירַת עֵינַיִם שֶׁהֵם מִסְתַּכְּלִים בָּהֶם מִסּוֹף הָעוֹלָם וְעַד סוֹפוֹ בִּסְקִירָה אַחַת, וְשֶׁבַח זוֹ קוֹמָה זְקוּפָה כְּאָדָם הָרִאשׁוֹן, כָּלִיל כֶּתֶר - זֶה אַרְגְּוָנִין טוֹב שֶׁהַמְּלָכִים מִשְׁתַּמְּשִׁין בָּהֶן, קְדֻשָּׁה - שֶׁקּוֹרְאִין לִפְנֵיהֶם מַלְאֲכֵי הַשָּׁרֵת - קָדוֹשׁ[10] קָדוֹשׁ קָדוֹשׁ. כְּדֶרֶךְ שֶׁקּוֹרְאִין לִפְנֵי הַקָּדוֹשׁ בָּרוּךְ הוּא בַּשָּׁמַיִם מִמַּעַל בָּעוֹלָם הַבָּא, וּמַלְכוּת - שֶׁכָּל הַנִּכְשָׁל בָּהֶם בְּצַדִּיקִים, מִשְׁתַּמֵּשׁ עוֹלָם הַבָּא בִּמְלוּכָה וּכְבוֹד בְּרָכוֹת וּמֶמְשָׁלָה כְּדָוִד מֶלֶךְ יִשְׂרָאֵל, שֶׁנֶּאֱמַר - וְהָיָה[11] הַנִּכְשָׁל בָּהֶם בַּיּוֹם הַהוּא כְּדָוִיד וּבֵית דָּוִיד

[8] ישעיהו סו כב
[9] ישעיהו נו ה
[10] ישעיהו ו ג
[11] זכריה יב ח

כֵאלֹהִים כְּמַלְאַךְ הוי"ה לִפְנֵיהֶם. וְאוֹר נֹגַהּ סָבִיב סָבִיב לָהֶן לְכָל צַדִּיק וְצַדִּיק עוֹלָם הַבָּא וּשְׁכִינָה עִמָּהֶם בְּכָבוֹד בְּכָל מָקוֹם, כְּאָב שֶׁהוּא יוֹשֵׁב עַל כִּסֵּא הַכָּבוֹד, כְּמֶלֶךְ שָׂשׂ וְשָׂמֵחַ בְּשִׂמְחַת בָּנָיו וּבְנוֹתָיו, שֶׁנֶּאֱמַר - וַאֲנִי[12] אֶהְיֶה לָּהּ נְאֻם יְהוָה חוֹמַת אֵשׁ סָבִיב וּלְכָבוֹד אֶהְיֶה בְתוֹכָהּ. וְאוֹמֵר - רָנִּי[13] וְשִׂמְחִי בַּת צִיּוֹן כִּי הִנְנִי בָא וְשָׁכַנְתִּי בְתוֹכֵךְ נְאֻם הוי"ה.

---

[12] זכריה ב ט

[13] זכריה ב יד

אות כ'

כ"ף - זֶה כַּף שְׁבוּעָה, כ"ף שֶׁהוּא מַכֶּה זוֹ עַל גַּב זוֹ בְּשִׂמְחָה רַבָּה בִּסְעֻדָּתָן שֶׁל צַדִּיקִים עוֹלָם הַבָּא וְעוֹמֵד וּמְרַקֵּד לִפְנֵיהֶם בַּסְּעוּדָה, וְכָל צַדִּיק וְצַדִּיק מְהַלֶּכֶת עִמּוֹ שְׁכִינָה בְּרִבּוֹא רִבְבוֹת מַלְאֲכֵי הַשָּׁרֵת וְעַמּוּדֵי בָּרָק סְבִיב לָהֶן וּנִיצוֹצִין שֶׁל זֹהַר מֻקָּפוֹת לָהֶן וְזִיקוּקֵי זִיו מַבְהִיקִים אֶת פְּנֵיהֶם, וְזִיקֵי אוֹר מַקְרִין אֶת עַפְעַפֵּיהֶם, וְרוּחוֹת מִתְכַּנְּשִׁין לִפְנֵיהֶם, וַעֲנָנִים מַזִּילִים לְנֶגֶד פְּנֵיהֶם, וְהָרִים מְרַקְּדִים לִפְנֵיהֶם, וְעַל אוֹתָהּ שָׁעָה אוֹמֵר יְשַׁעְיָה - הוי"ה[1] רָמָה יָדְךָ. מָה רָמָה יָדְךָ? מְלַמֵּד שֶׁעָתִיד יְשַׁעְיָה לוֹמַר לִפְנֵי הַקָּדוֹשׁ בָּרוּךְ הוּא בִּסְעֻדָּתָן שֶׁל צַדִּיקִים בְּגַן עֵדֶן בְּשָׁעָה שֶׁהוּא מְרַקֵּד לִפְנֵיהֶם - רִבּוֹנוֹ שֶׁל עוֹלָם רָמָה יָדְךָ. לֹא יָבוֹאוּ רְשָׁעִים וְיִרְאוּ בְּטוֹבָתָן שֶׁל צַדִּיקִים. מֵשִׁיב הַקָּדוֹשׁ בָּרוּךְ הוּא וְאוֹמֵר - יְשַׁעְיָה בְּנִי, יָבוֹאוּ וְיִרְאוּ בְּשִׂמְחָתָם וְטוֹבָתָם וְיִלְבְּשׁוּ בּוּשָׁה וּכְלִמָּה, שֶׁנֶּאֱמַר - יֶחֱזוּ[2] וְיֵבֹשׁוּ קִנְאַת עָם. מֵשִׁיב יְשַׁעְיָה וְאוֹמֵר לְפָנָיו - רִבּוֹנוֹ שֶׁל עוֹלָם, לֹא יָבוֹאוּ וְלֹא יִרְאוּ. אוֹמֵר הַקָּדוֹשׁ בָּרוּךְ הוּא, מִי מַכְרִיעַ בֵּינֵינוּ שֶׁנַּעֲשָׂה כִּדְבָרוֹ? מֵשִׁיב יְשַׁעְיָה וְאוֹמֵר לְפָנָיו - רִבּוֹנוֹ שֶׁל עוֹלָם. תָּבוֹא כְּנֶסֶת יִשְׂרָאֵל הַגְּדוֹלָה וְתַכְרִיעַ בֵּינֵינוּ וְנַעֲשָׂה. מִיָּד קוֹרֵא הַקָּדוֹשׁ בָּרוּךְ הוּא לְמטטרו"ן שַׂר הַפָּנִים, וְאוֹמֵר - עַבְדִּי, לֵךְ וְהָבֵא לִי כְּנֶסֶת יִשְׂרָאֵל כְּדֵי שֶׁתַּכְרִיעַ בֵּינֵינוּ. מִיָּד הוֹלֵךְ מטטרו"ן וּמֵבִיא כְּנֶסֶת יִשְׂרָאֵל לִפְנֵי הַקָּדוֹשׁ בָּרוּךְ הוּא וְלִפְנֵי יְשַׁעְיָה. וְכֵיוָן שֶׁרוֹאָה כְּנֶסֶת יִשְׂרָאֵל אֶת הַקָּדוֹשׁ בָּרוּךְ הוּא, אָמְרָה לְפָנָיו - רִיבּוֹנוֹ שֶׁל עוֹלָם, לָמָּה קָרָאתָ אוֹתָנוּ? מֵשִׁיב הַקָּדוֹשׁ בָּרוּךְ הוּא וְאָמַר לָהּ - בִּתִּי מִפְּנֵי שֶׁאֲנִי אוֹמֵר יָבוֹאוּ רְשָׁעִים וְיִרְאוּ בְּטוֹבָתָן שֶׁל צַדִּיקִים. מְשִׁיבָה כְּנֶסֶת יִשְׂרָאֵל, יָבוֹאוּ וְיֵבוֹשׁוּ, שֶׁנֶּאֱמַר - וְתֵרֶא[3] אֹיַבְתִּי וּתְכַסֶּהָ בוּשָׁה. בְּאוֹתָהּ שָׁעָה בָּאִים

[1] ישעיהו כו יא

[2] ישעיהו כו יא

[3] מיכה ז י

רְשָׁעִים לִפְתַח גַּן עֵדֶן וְעוֹמְדִים לְהִסְתַּכֵּל בְּטוֹבָתָן שֶׁל צַדִּיקִים, וְרוֹאִים כָּל הַצַּדִּיקִים כָּל אֶחָד וְאֶחָד לְפִי כְּבוֹדוֹ בִּלְבוּשׁ מַלְכוּת וּבְכֶתֶר מַלְכוּת וּבַעֲדֵי מַרְגָּלִיּוֹת שֶׁל מְלָכִים, וְכָל אֶחָד יוֹשֵׁב כְּמֶלֶךְ עַל כִּסְאוֹ שֶׁל זָהָב, וְלִפְנֵי כָּל אֶחָד וְאֶחָד שֻׁלְחָן שֶׁל מַרְגָּלִיּוֹת, וּבְיַד כָּל אֶחָד וְאֶחָד כּוֹס שֶׁל זָהָב מְרֻקָּם בַּאֲבָנִים טוֹבוֹת וּמַרְגָּלִיּוֹת וְהוּא מָלֵא סַם חַיִּים, וְכָל מַעֲדַנֵּי גַּן עֵדֶן מֻנָּחִים לִפְנֵיהֶם עַל הַשֻּׁלְחָן, וְלִפְנֵי כָּל אֶחָד וְאֶחָד עוֹמְדִים שְׁלֹשָׁה מַלְאֲכֵי הַשָּׁרֵת לְשַׁמְּשָׁן, וְקַרְנֵי הָדָר עַל רָאשֵׁיהֶם וְזִיקִים וּבְרָקִים יוֹצְאִים אָז מִפִּיהֶם, וְזִיו פְּנֵיהֶם הוֹלֵךְ מִסּוֹף הָעוֹלָם וְעַד סוֹפוֹ כְּזִיו הַחַמָּה, שֶׁנֶּאֱמַר - וְאֹהֲבָיו[4] כְּצֵאת הַשֶּׁמֶשׁ בִּגְבֻרָתוֹ. וְשָׁמַיִם וּשְׁמֵי הַשָּׁמַיִם פּוֹתְחִין אֶת דַּלְתוֹתֵיהֶם וּמַמְטִירִים עֲלֵיהֶם טַלְלֵי בֹּשֶׂם שֶׁל אֲפַרְסְמוֹן טָהוֹר שֶׁרֵיחוֹ הוֹלֵךְ מִסּוֹף הָעוֹלָם וְעַד סוֹפוֹ, וְאֶלֶף אֲלָפִים מַלְאֲכֵי הַשָּׁרֵת עוֹמְדִים לִפְנֵיהֶם וְאוֹחֲזִים בִּידֵיהֶם כִּנּוֹרוֹת וּנְבָלִים וּמְצִלְתַּיִם וְכָל כְּלֵי שִׁיר וּמְרַנְּנִים לִפְנֵיהֶם בִּסְעוּדָה, וְהַקָּדוֹשׁ בָּרוּךְ הוּא עוֹמֵד בְּעַצְמוֹ וּמְרַקֵּד בְּעַצְמוֹ בִּסְעוּדָה, וְחַמָּה וּלְבָנָה וְכוֹכָבִים וּמַזָּלוֹת מִימִינוֹ וּמִשְּׂמֹאלוֹ, וּמְרַקְּדִים לִפְנֵיהֶם עִמּוֹ. וְכֵיוָן שֶׁהָרְשָׁעִים רוֹאִים כָּל אוֹתָהּ גְּדוּלָּה וּמַלְכוּת וְכָל אוֹתָהּ תִּפְאֶרֶת וְכָבוֹד, מַגְבִּיהִים אֶת קוֹמָתָם מֵאָה אַמָּה בְּהֵיכָל מִפְּנֵי כְּבוֹדָן שֶׁל צַדִּיקִים לְהִסְתַּכֵּל בָּהֶם, וְהֵם שׁוֹאֲלִים עֲלֵיהֶם לוֹמַר מִי אֵלּוּ שֶׁכָּל אוֹתוֹ הַכָּבוֹד וְכָל אוֹתָהּ גְּדֻלָּה עָשָׂה לָהֶם הַקָּדוֹשׁ בָּרוּךְ הוּא? מְשִׁיבִים מַלְאֲכֵי הַשָּׁרֵת וְאוֹמְרִים לִפְנֵיהֶם - הַלָּלוּ עַמּוֹ שֶׁל הַקָּדוֹשׁ בָּרוּךְ הוּא שֶׁעָסְקוּ בְּתוֹרָתוֹ וּבְמִצְוֹתָיו וֶהֱבִיאוּם לְגַן עֵדֶן לִתֵּן לָהֶם שָׂכָר טוֹב וְחֵלֶק טוֹב, מִיָּד נוֹפְלִים רְשָׁעִים עַל פְּנֵיהֶם וּפוֹתְחִים אֶת פִּיהֶם בְּשִׁבְחוֹ שֶׁל הַקָּדוֹשׁ בָּרוּךְ הוּא וְשֶׁל צַדִּיקִים וְאוֹמְרִים - אַשְׁרֵי[5] הָעָם שֶׁכָּכָה לּוֹ אַשְׁרֵי הָעָם שֶׁהוי"ה אֱלֹהָיו.

---

[4] שופטים ה לא

[5] תהלים קמד טו

אות ל'

למ"ד - אַל תִּקְרֵי למ"ד אֶלָּא - **לֵבִ**[1] מֵבִין דֵּעַת. מְלַמֵּד שֶׁשָּׁקוּל הַלֵּב כְּנֶגֶד כָּל הָאֵבָרִים, לְאָדָם יֵשׁ לוֹ עֵינַיִם - אַף לַלֵּב יֵשׁ לוֹ עֵינַיִם. לְאָדָם יֵשׁ לוֹ אָזְנַיִם - אַף לַלֵּב יֵשׁ לוֹ אָזְנַיִם. לְאָדָם יֵשׁ לוֹ פֶּה - אַף לַלֵּב יֵשׁ לוֹ פֶּה. לְאָדָם יֵשׁ לוֹ דִּבּוּר - אַף לַלֵּב יֵשׁ לוֹ דִּבּוּר. לְאָדָם יֵשׁ לוֹ נְהִימָה - אַף לַלֵּב יֵשׁ לוֹ נְהִימָה. לְאָדָם יֵשׁ לוֹ צְעָקָה - אַף לַלֵּב יֵשׁ לוֹ צְעָקָה. לְאָדָם יֵשׁ לוֹ הֲלִיכָה - אַף לַלֵּב יֵשׁ לוֹ הֲלִיכָה. כֵּן כָּל הַמִּידּוֹת שֶׁיֵּשׁ לָהֶם לְאֵיבָרָיו שֶׁל אָדָם יֵשׁ לַלֵּב.

עַיִן רוֹאָה - אַף הַלֵּב רוֹאֶה, שֶׁנֶּאֱמַר - וְלִבִּי[2] רָאָה הַרְבֵּה חָכְמָה וָדָעַת.

אֹזֶן שׁוֹמַעַת - אַף הַלֵּב שׁוֹמֵעַ, שֶׁנֶּאֱמַר - לֵב[3] שֹׁמֵעַ לִשְׁפֹּט.

דִּבּוּר מִבְּיָן, שֶׁנֶּאֱמַר - דִּבַּרְתִּי[4] אֲנִי עִם לִבִּי.

צִפְצוּף הַלָּשׁוֹן מִנַּיִן, שֶׁנֶּאֱמַר - בָּחַנְתָּ[5] לִבִּי פָּקַדְתָּ לַּיְלָה צְרַפְתַּנִי בַל תִּמְצָא זַמֹּתִי בַּל יַעֲבָר פִּי.

צוֹעֵק מִנַּיִן, שֶׁנֶּאֱמַר[6] - צָעַק לִבָּם אֶל אֲדֹנָ"י.

מָה אָדָם מִתְנַחֵם - אַף הַלֵּב מִתְנַחֵם, שֶׁנֶּאֱמַר - וַיְנַחֵם[7] אוֹתָם וַיְדַבֵּר עַל לִבָּם.

מָה אָדָם מְחוֹקֵק - אַף הַלֵּב מְחוֹקֵק, שֶׁנֶּאֱמַר - לִבִּי[8] לְחוֹקְקֵי יִשְׂרָאֵל.

הֲלִיכָה מִנַּיִן, שֶׁנֶּאֱמַר[9] - עָשׁוּק אֶפְרַיִם רְצוּץ מִשְׁפָּט כִּי הוֹאִיל הָלַךְ אַחֲרֵי צָו.

---

[1] משלי יח טו
[2] קהלת א טז
[3] מלכים-א ג ט
[4] קהלת א טז
[5] תהלים יז ג
[6] איכה ב יח
[7] בראשית נ כא
[8] שופטים ה ט
[9] הושע ה יא

מִנַּיִן שֶׁהַלֵּב כּוֹתֵב, שֶׁנֶּאֱמַר[10] - כָּתְבֵם עַל לוּחַ לִבֶּךָ.
אָדָם מַרְחִישׁ - אַף הַלֵּב כֵּן, שֶׁנֶּאֱמַר - רָחַשׁ[11] לִבִּי דָּבָר טוֹב.
אָדָם עוֹלֵץ - אַף הַלֵּב יַעֲלֹץ שֶׁנֶּאֱמַר - עָלַץ[12] לִבִּי.
אָדָם מְטַהֵר - אַף הַלֵּב מְטַהֵר, שֶׁנֶּאֱמַר - לֵב[13] טָהוֹר בְּרָא לִי אֱלֹהִים.
אָדָם מֵגִיל - אַף הַלֵּב כֵּן, שֶׁנֶּאֱמַר - יָגֵל[14] לִבִּי בִּישׁוּעָתֶךָ.
אָדָם מִתְעַצֵּב - אַף הַלֵּב כֵּן, שֶׁנֶּאֱמַר - וַיִּתְעַצֵּב[15] אֶל לִבּוֹ.
אָדָם נֵעֹר - אַף הַלֵּב נֵעֹר, שֶׁנֶּאֱמַר - אֲנִי[16] יְשֵׁנָה וְלִבִּי עֵר.
מִנַּיִן שֶׁהַלֵּב יָשֵׁן בְּאָדָם, שֶׁנֶּאֱמַר[17] - יָשֵׁן לֵב וְאֵין מֵבִין.
מָה אָדָם חָכָם - אַף הַלֵּב חָכָם, שֶׁנֶּאֱמַר - חֲכַם[18] לֵב יִקַּח מִצְוֹת.
אָדָם מְטַפֵּשׁ - אַף הַלֵּב כֵּן, שֶׁנֶּאֱמַר - כִּי[19] בִּשְׁרִרוּת לִבִּי אֵלֵךְ. וְאֵין שְׁרִירוּת אֶלָּא טִפְּשׁוּת.
אָדָם דּוֹרֵשׁ - אַף הַלֵּב כֵּן, שֶׁנֶּאֱמַר - וְנָתַתִּי[20] אֶת לִבִּי לִדְרוֹשׁ.
אָדָם עוֹסֵק - אַף הַלֵּב עוֹסֵק, שֶׁנֶּאֱמַר[21] - וְהָיוּ הַדְּבָרִים הָאֵלֶּה אֲשֶׁר אָנֹכִי מְצַוְּךָ הַיּוֹם עַל לְבָבֶךָ.
אָדָם מְרַפֵּא - אַף הַלֵּב כֵּן, שֶׁנֶּאֱמַר - חַיֵּי[22] בְשָׂרִים לֵב מַרְפֵּא.
אָדָם נִשְׁבָּר - אַף הַלֵּב כֵּן, שֶׁנֶּאֱמַר[23] - לֵב נִשְׁבָּר וְנִדְכֶּה.
אָדָם רָם רוּחַ - אַף הַלֵּב כֵּן, שֶׁנֶּאֱמַר - וְרָם[24] לְבָבֶךָ.
אָדָם יֵשׁ לוֹ שִׁכְחָה - אַף הַלֵּב כֵּן, שֶׁנֶּאֱמַר[25] - נִשְׁכַּחְתִּי כְּמֵת

---

10 משלי ז ג
11 תהלים מה ב
12 שמואל-א ב א
13 תהלים נא יב
14 תהלים יג ו
15 בראשית ו ו
16 שיר השירים ה ב
17 **לא מצתי פסוק זה, צ"ע.**
18 משלי י ח
19 דברים כט יח
20 קהלת א יג
21 דברים ו ו
22 משלי יד ל
23 תהלים נא יט
24 דברים ח יד
25 תהלים לא יג

מִלֵּב.

אָדָם יְשִׂישׂ - אַף הַלֵּב כֵּן, שֶׁנֶּאֱמַר - וּרְאִיתֶם[26] וְשָׂשׂ לִבְּכֶם.

אָדָם שָׂמֵחַ - אַף הַלֵּב כֵּן, שֶׁנֶּאֱמַר - לֵב[27] שָׂמֵחַ יֵיטִב פָּנִים.

אָדָם טוֹב - אַף הַלֵּב טוֹב, שֶׁנֶּאֱמַר - שָׂמֵחַ[28] וְטוֹב לֵב.

כָּל מָה שֶׁיֵּשׁ בְּאָדָם יֵשׁ בַּלֵּב, מִכָּאן לָמַדְנוּ שֶׁהַלֵּב שָׁקוּל כְּנֶגֶד רמ"ח אֵיבָרִים שֶׁבְּאָדָם. וְלֹא עוֹד אֶלָּא שְׁנֵים עָשָׂר דְּבָרִים יֵשׁ בּוֹ בְּאָדָם וְאֵלּוּ הֵן - **לֵב** מֵבִין דַּעַת וּתְבוּנָה, **כְּלָיוֹת** יוֹעֲצוֹת עֵצוֹת טוֹבוֹת וְרָעוֹת, **פֶּה** מְחַתֵּךְ בְּכָל מִינֵי מַאֲכָלוֹת, **לָשׁוֹן** גּוֹמֵר כָּל מִינֵי שִׂיחוֹת, **חֵךְ** טוֹעֵם כָּל מַטְעַמֵּי מַאֲכָלוֹת, **קָנֶה** מוֹשֵׁךְ וּמוֹצִיא כָּל רוּחוֹת וְקוֹלוֹת, **וֶשֶׁט** בּוֹלֵעַ כָּל מִינֵי מַאֲכָל וּמַשְׁקֶה, **רֵאָה** שׁוֹאֶבֶת כָּל מִינֵי מַשְׁקִין, **כָּבֵד** כּוֹעֵס וּמָרָה זוֹרֶקֶת בּוֹ טִפָּה וּמְנִיחָתוֹ, **טְחוֹל** שׁוֹחֵק כָּל מִינֵי שְׂחִיקוֹת, **קֻרְקְבָן** שׁוֹחֵק כָּל מִינֵי אֲכִילוֹת, **קֵבָה** יְשֵׁנָה שֵׁנָה מְתוּקָה. וְאֵין שִׂנְאָה וְאַהֲבָה אֶלָּא בְּלֵב, שֶׁנֶּאֱמַר - לֹא[29] תִשְׂנָא אֶת אָחִיךָ בִּלְבָבֶךָ. וְנֶאֱמַר - וְאָהַבְתָּ[30] אֵת הוי"ה אֱלֹהֶיךָ בְּכָל לְבָבְךָ. וְאֵין קִנְאָה אֶלָּא בַּלֵּב, שֶׁנֶּאֱמַר - כִּי[31] יוֹם נָקָם בְּלִבִּי. וְאֵין דְּאָגָה אֶלָּא בְּלֵב, שֶׁנֶּאֱמַר - דְּאָגָה[32] בְלֶב אִישׁ יַשְׁחֶנָּה. וְאֵין דִּוּוּי אֶלָּא בְּלֵב, שֶׁנֶּאֱמַר - וְהָסֵר[33] כַּעַס מִלִּבֶּךָ. לְפִיכָךְ אֵין הַקָּדוֹשׁ בָּרוּךְ הוּא צוֹפֶה אֶלָּא לַלֵּב, שֶׁנֶּאֱמַר[34] - כִּי הָאָדָם יִרְאֶה לַעֵינַיִם וַהוי"ה יִרְאֶה לַלֵּבָב.

---

26 ישעיהו סו יד
27 משלי טו יג
28 אסתר ה ט
29 ויקרא יט יז
30 דברים ו ה
31 ישעיהו סג ד
32 משלי יב כה
33 קהלת יא י
34 שמואל-א טז ז

אות מ'

מ"ם - מִפְּנֵי מָה מ"ם קוֹרֵא אוֹתָהּ שְׁנַיִם בְּבַת אַחַת [ר"ל - שֶׁיֵּשׁ בָּהּ שְׁתֵּי אוֹתִיּוֹת שָׁווֹת וְאֶפְשָׁר לִקְרוֹת אוֹתָהּ פָּנִים וְאָחוֹר], מִפְּנֵי שֶׁשְּׁנֵיהֶם עוֹמְדִים בִּרְזֵי כִּסֵּא הַכָּבוֹד, וְכֻלָּם חֲקוּקִים בְּטַכְסֵי שַׁלְהֶבֶת עַל כִּסֵּא הַכָּבוֹד, וְקוֹשְׁרִין בְּרֹאשָׁם כְּתָרִים שֶׁל אוֹרָה, וְכֵיוָן שֶׁמַּגִּיעַ זְמַן קְדֻשָּׁה, וְאֵין הַקָּדוֹשׁ בָּרוּךְ הוּא יוֹרֵד מִמְּרוֹם רוּמוֹ וְדָר בְּמֶרְכָּבָה, שְׁנֵיהֶם מִתְקָרְבִים זֶה אֵצֶל זֶה, וְאוֹמְרִים - אֵימָתַי יָרַד הַקָּדוֹשׁ בָּרוּךְ הוּא מִמְּרוֹם רוֹמֵי רוֹמִים וְיָרַד בְּמֶרְכָּבָה, וְאָנוּ נִרְאֶה מַרְאֶה דְּמוּת פָּנָיו וְנֹאמַר שִׁירָה לְפָנָיו? שֶׁנֶּאֱמַר - מָתַי[1] אָבוֹא וְאֵרָאֶה פְּנֵי אֱלֹהִים. וּמַהוּ מָתַי אָבוֹא? מְלַמֵּד שֶׁלֹּא אָמְרָה רוּחַ הַקֹּדֶשׁ דָּבָר זֶה, אֶלָּא כְּנֶגֶד אוֹתָהּ שָׁעָה שֶׁאוֹמְרִים אוֹתִיּוֹת שֶׁבְּמֶרְכָּבָה קֹדֶם שֶׁתָּבוֹא שְׁכִינָה וְתֵרֵד עַל כִּסֵּא מֶרְכָּבָה, מָתַי יָבֹא הַקָּדוֹשׁ בָּרוּךְ הוּא וְיֵשֵׁב עַל כִּסֵּא הַכָּבוֹד, וּנְקַבֵּל אֶת פָּנָיו בְּשִׂמְחָה וּבְשִׁירוֹת. וְכֵיוָן שֶׁבָּא הַקָּדוֹשׁ בָּרוּךְ הוּא וְיָרַד בַּמֶּרְכָּבָה, כָּל שָׂרֵי הַמֶּרְכָּבָה וְכָל הַחַיּוֹת שֶׁבַּמֶּרְכָּבָה וְכָל אוֹתִיּוֹת שֶׁבַּמֶּרְכָּבָה מַקְדִּימִים בְּשִׁירוֹת לְהַקְבִּילוֹ. אַף **מ' וּם'** שֶׁבְּמֶרְכָּבָה מְקַבְּלִים פְּנֵי שְׁכִינָה, בְּאוֹתָהּ שָׁעָה בְּשִׁירֵי עֹז וּמַלְכוּת, וּפוֹתְחִים אֶת פִּיהֶם וְאוֹמְרִים שִׁירָה. וּמָה שִׁיר שֶׁהֵם אוֹמְרִים? **מ"ם** פְּתוּחָה אוֹמֶרֶת[2] - מַלְכוּתְךָ מַלְכוּת כָּל עֹלָמִים. **וּמ"ם** סְתוּמָה אוֹמֶרֶת[3] - וּמֶמְשַׁלְתְּךָ בְּכָל דּוֹר וָדֹר. מָה עוֹשֶׂה הַקָּדוֹשׁ בָּרוּךְ הוּא בְּאוֹתָהּ שָׁעָה? תּוֹפֵשׂ כָּל הָאוֹתִיּוֹת שֶׁבַּמֶּרְכָּבָה וּמְחַבְּקָן וּמְנַשְּׁקָן וְקוֹשֵׁר לָהֶם שְׁנֵי כְּתָרִים לְכָל אֶחָד וְאֶחָד, כֶּתֶר שֶׁל מַלְכוּת וְכֶתֶר שֶׁל כָּבוֹד, וְאַף **מ"ם** פְּתוּחָה **וּמ"ם** סְתוּמָה תּוֹפְסָן הַקָּדוֹשׁ בָּרוּךְ הוּא בְּיָדוֹ, וּמְחַבְּקָן וּמְנַשְּׁקָן וְקוֹשֵׁר לָהֶם שְׁנֵי כְּתָרִים. **לְמ"ם** פְּתוּחָה - אֶחָד שֶׁל מְלוּכָה וְאֶחָד שֶׁל כָּבוֹד, **לְמ"ם** סְתוּמָה -

---

[1] תהלים מב ג
[2] תהלים קמה יג
[3] תהלים קמה יג

אֶחָד שֶׁל מֶמְשָׁלָה וְאֶחָד שֶׁל תִּפְאֶרֶת. וְאַחַר כָּךְ מוֹשִׁיבָן הַקָּדוֹשׁ בָּרוּךְ הוּא אֶחָד מִימִינוֹ וְאֶחָד מִשְּׂמֹאלוֹ וּמְפַיְּסָן בִּדְבָרִים, וְאוֹמֵר לָהֶם - אוֹתוֹתַי שֶׁחָקַקְתִּי בְּאֶצְבְּעוֹתַי בָּעֵט שַׁלְהֶבֶת אֵשׁ, גָּלוּי וְיָדוּעַ לְפָנַי שֶׁלֹּא נִקְרָא מַלְכוּתִי אֶלָּא בָּכֶם, וְלֹא יִקָּרֵא מֶמְשַׁלְתִּי אֶלָּא בָּכֶם - מֶלֶךְ מְלָכִים וּמוֹשֵׁל מוֹשְׁלִים. לְפִי שֶׁבָּאוֹת **מ"ם** פְּתוּחָה נִקְרָא הַקָּדוֹשׁ בָּרוּךְ הוּא מֶלֶךְ מְלָכִים, **וּבְמ"ם** סְתוּמָה נִקְרָא הַקָּדוֹשׁ בָּרוּךְ הוּא מוֹשֵׁל מוֹשְׁלִים, שֶׁנֶּאֱמַר - וּמַלְכוּתוֹ[4] בַּכֹּל מָשָׁלָה. וְאוֹמֵר - הוי"ה[5] יִמְלֹךְ לְעֹלָם וָעֶד. וְאוֹמֵר - מָלַךְ[6] אֱלֹהִים עַל גּוֹיִם. וְאוֹמֵר - כִּי[7] לַהוי"ה הַמְּלוּכָה וּמֹשֵׁל בַּגּוֹיִם. וְכֵיוָן שֶׁשּׁוֹמְעִים **מ"ם** פְּתוּחָה **וּמ"ם** סְתוּמָה מִפִּי הַקָּדוֹשׁ בָּרוּךְ הוּא דָּבָר זֶה, פּוֹתְחִים אֶת פִּיהֶם וְאוֹמְרִים שִׁירָה לִפְנֵי הַקָּדוֹשׁ בָּרוּךְ הוּא. וּמָה שִׁירָה אוֹמְרִים - לְךָ[8] הוי"ה הַמַּמְלָכָה וְהַמִּתְנַשֵּׂא לְכֹל לְרֹאשׁ. בְּאוֹתָהּ שָׁעָה בָּאִין כָּל שָׂרֵי מַלְכוּיוֹת שֶׁבְּכָל רָקִיעַ וְרָקִיעַ לִפְנֵי הַקָּדוֹשׁ בָּרוּךְ הוּא, וְנוֹטְלִין כֶּתֶר מַלְכוּתָם מֵעַל רָאשָׁם, וּמַנִּיחִים עַל גַּבֵּי קַרְקַע עֲרָבוֹת, רָקִיעַ כְּנֶגֶד כִּסֵּא הַכָּבוֹד, וְכוֹרְעִים וּמִשְׁתַּחֲוִים וְנוֹפְלִים עַל פְּנֵיהֶם לִפְנֵי הַקָּדוֹשׁ בָּרוּךְ הוּא וּמְקַבְּלִים פָּנָיו, וְאַחַר כָּךְ פּוֹתְחִים אֶת פִּיהֶם וְאוֹמְרִים שִׁירָה לְפָנָיו. וּמָה שִׁירָה שֶׁהֵם אוֹמְרִים לְפָנָיו - מַמְלְכוֹת[9] הָאָרֶץ שִׁירוּ לֵאלֹהִים זַמְּרוּ אֲדֹנָי סֶלָה. וְכָל גְּדוּדֵי אֵשׁ וְכָל שַׂרְפֵי לֶהָבָה בָּאִין בְּשִׁירוֹת וְתִשְׁבָּחוֹת לִפְנֵי הַקָּדוֹשׁ בָּרוּךְ הוּא, וּמְקַבְּלִים פָּנָיו וּמִשְׁתַּחֲוִים לְפָנָיו, שֶׁנֶּאֱמַר - וּצְבָא[10] הַשָּׁמַיִם לְךָ מִשְׁתַּחֲוִים. וְאַחַר כָּךְ פּוֹתְחִים אֶת פִּיהֶם וְאוֹמְרִים שִׁירָה, מָה שִׁירָה שֶׁהֵן אוֹמְרִים - מָלַךְ[11] אֱלֹהִים עַל גּוֹיִם אֱלֹהִים יָשַׁב עַל כִּסֵּא קָדְשׁוֹ. הַקָּדוֹשׁ בָּרוּךְ הוּא קָדוֹשׁ וְיוֹשֵׁב עַל כִּסֵּא קָדוֹשׁ, הַקָּדוֹשׁ בָּרוּךְ הוּא רָם וְנִשָּׂא וְיֹשֵׁב עַל

---

[4] תהלים קג יט
[5] שמות טו יח
[6] תהלים מז ט
[7] תהלים כב כט
[8] דברי הימים-א כט יא
[9] תהלים סח לג
[10] נחמיה ט ו
[11] תהלים מז ט

כִּסֵּא רָם וְנִשָּׂא, וְהַקָּדוֹשׁ בָּרוּךְ הוּא אֵשׁ אוֹכְלָה אֵשׁ, וְחוֹנֶה בְּסוֹד מַעַרְכוֹת אֵשׁ. וּמִנַּיִן שֶׁנִּקְרָא קָדוֹשׁ? שֶׁנֶּאֱמַר - קָדוֹשׁ[12] קָדוֹשׁ קָדוֹשׁ הוי"ה צְבָאוֹת וּמִנָּיִן שֶׁאַף כִּסְאוֹ נִקְרָא קָדוֹשׁ? שֶׁנֶּאֱמַר - אֱלֹהִים[13] יָשַׁב עַל כִּסֵּא קָדְשׁוֹ. וּמִנָּיִן שֶׁנִּקְרָא רָם וְנִשָּׂא, שֶׁנֶּאֱמַר - כֹּה[14] אָמַר רָם וְנִשָּׂא. וּמִפְּנֵי מָה נִקְרָא רָם וְנִשָּׂא? מִפְּנֵי שֶׁהוּא רָם עַל כָּל רָמִים שֶׁבָּעוֹלָם, שֶׁנֶּאֱמַר - רָם[15] עַל כָּל גּוֹיִם הוי"ה. אַל תִּקְרֵי גּוֹיִם אֶלָּא גֵּאִים, אֵלּוּ שָׂרֵי מְלָכִים וְרוֹזְנִים שֶׁהֵם מִתְגָּאִים בַּמָּרוֹם מִפְּנֵי גָּבְהָן. וּמִפְּנֵי מָה נִקְרָא נִשָּׂא? מִפְּנֵי שֶׁהוּא נוֹשֵׂא בִּזְרוֹעוֹ אֶת כָּל הָעוֹלָם, שֶׁנֶּאֱמַר - וְעַד[16] זִקְנָה אֲנִי הוּא וְעַד שֵׂיבָה אֲנִי אֶסְבֹּל אֲנִי עָשִׂיתִי וַאֲנִי אֶשָּׂא וַאֲנִי אֶסְבֹּל וַאֲמַלֵּט. וּמִפְּנֵי מָה כִּסְאוֹ רָם? מִפְּנֵי שֶׁהוּא רָם עַל כָּל הַמִּידּוֹת שֶׁבָּעוֹלָם, וּמִפְּנֵי מָה נִקְרָא נִשָּׂא? מִפְּנֵי שֶׁהוּא נוֹשֵׂא כָּל רוּחוֹת וּנְשָׁמוֹת שֶׁבָּעוֹלָם, שֶׁנֶּאֱמַר - כִּי[17] רוּחַ מִלְּפָנַי יַעֲטוֹף וּנְשָׁמוֹת אֲנִי עָשִׂיתִי. וּמִנַּיִן שֶׁנִּקְרָא אֵשׁ אֹכְלָה? שֶׁנֶּאֱמַר - כִּי[18] הוי"ה אֱלֹהֶיךָ אֵשׁ אֹכְלָה הוּא. וּמִנַּיִן שֶׁאַף כָּל מַעַרְכוֹתָיו אֵשׁ? שֶׁנֶּאֱמַר - עֹשֶׂה[19] מַלְאָכָיו רוּחוֹת מְשָׁרְתָיו אֵשׁ לֹהֵט. וּמִנַּיִן שֶׁהַקָּדוֹשׁ בָּרוּךְ הוּא נִקְרָא כָּבוֹד? שֶׁנֶּאֱמַר - הוי"ה[20] צְבָאוֹת הוּא מֶלֶךְ הַכָּבוֹד סֶלָה. וְכִסְאוֹ נִקְרָא כָּבוֹד, שֶׁנֶּאֱמַר - כִּסֵּא[21] כָבוֹד מָרוֹם מֵרִאשׁוֹן.

---

[12] ישעיהו ו ג
[13] תהלים מז ט
[14] ישעיהו נז טו
[15] תהלים קיג ד
[16] ישעיהו מו ד
[17] ישעיהו נז טז
[18] דברים ד כד
[19] תהלים קד ד
[20] תהלים כד י
[21] ירמיהו יז יב

אות נ'

נו"ן - מִפְּנֵי מָה אֶחָד רוֹבֵץ וְאֶחָד זָקוּף וְעוֹמֵד? מִפְּנֵי שֶׁנִּבְרֵאת בּוֹ נְשָׁמָה לַבְּרִיּוֹת, שֶׁכָּל נְשָׁמָה וּנְשָׁמָה פַּעַם שֶׁהִיא רוֹבֶצֶת פַּעַם שֶׁהִיא זְקוּפָה. בִּזְמַן שֶׁאָדָם רוֹבֵץ - נַפְשׁוֹ רוֹבֶצֶת, וּבִזְמַן שֶׁאָדָם זוֹקֵף - נַפְשׁוֹ זוֹקֶפֶת. בִּזְמַן שֶׁהִיא בְּגוּפוֹ שֶׁל אָדָם הִיא רוֹבֶצֶת, וּבִזְמַן שֶׁאֵינָהּ בְּגוּפוֹ שֶׁל אָדָם הִיא זְקוּפָה. שֶׁנֶּאֱמַר - נֵר[1] הוי"ה נִשְׁמַת אָדָם חֹפֵשׂ כָּל חַדְרֵי בָטֶן. מָשָׁל לְמֶלֶךְ שֶׁיֵּשׁ לוֹ פַּלְטֵרִין בְּבֵית הַמְּטֻנָּף, וּכְשֶׁבִּקֵּשׁ לְהִכָּנֵס בְּתוֹכוֹ אוֹמֵר לַעֲבָדָיו הַדְלִיקוּ בַּתְּחִלָּה בְּתוֹכוֹ אֶת הַנֵּר כְּדֵי שֶׁאַרְאֶה מָה שֶׁבְּתוֹכוֹ. אַף הַקָּדוֹשׁ בָּרוּךְ הוּא בָּרָא אֶת הָאָדָם מִן הֶעָפָר, וּמִן הַדָּם, וּמִן הַמָּרָה, **אָדָם** - רָאשֵׁי תֵּבוֹת - **אֵ'פֶר דָּ'ם מָ'רָה**. וַיִּפַּח[2] בְּאַפָּיו נִשְׁמַת חַיִּים. כְּדֵי שֶׁיְּחַפֵּשׂ מָה בְּחַדְרֵי לִבָּבוֹ שֶׁל אָדָם שֶׁנֶּאֱמַר - נֵר[3] הוי"ה נִשְׁמַת אָדָם חֹפֵשׂ כָּל חַדְרֵי בָטֶן. וְאוֹמֵר - חֹקֵר[4] לֵב בֹּחֵן כְּלָיוֹת. וּמִפְּנֵי מָה אֵינוֹ חוֹקֵר אֶלָּא כְּלָיוֹת וְלֵב? מִפְּנֵי שֶׁהַלֵּב מֵבִין בִּינָה וּמְחַשֵּׁב מַחֲשָׁבוֹת, וּכְלָיוֹת יוֹעֲצוֹת עֵצוֹת טוֹבוֹת וְרָעוֹת. אוֹמֵר הַקָּדוֹשׁ בָּרוּךְ הוּא הַלָּלוּ הֵן מַנְהִיגָיו וּפַרְנָסָיו שֶׁל אָדָם, וְאֵין לִי עִסְקִי אֶלָּא בָּהֶם, שֶׁכָּל אֵבָרָיו שֶׁל אָדָם נוֹהֲגִים עַל יְדֵיהֶם.

דָּבָר אַחֵר, לְכָךְ נֶאֱמַר - נֵר[5] הוי"ה נִשְׁמַת אָדָם. וְלֹא נִשְׁמַת בְּהֵמָה, וַהֲלֹא נִשְׁמַת אָדָם וְנִשְׁמַת בְּהֵמָה הַכֹּל הוֹלְכִין אֶל מָקוֹם אֶחָד, וְלֹא עוֹד אֶלָּא שֶׁאֶחָד הָאָדָם וְאֶחָד הַבְּהֵמָה מִקְרֶה אֶחָד לָהֶם לְיוֹם הַמָּוֶת, שֶׁנֶּאֱמַר - כִּי[6] מִקְרֶה בְנֵי הָאָדָם וּמִקְרֶה הַבְּהֵמָה וּמִקְרֶה אֶחָד לָהֶם כְּמוֹת זֶה כֵּן מוֹת זֶה. מָה

[1] משלי כ כז
[2] בראשית ב ז
[3] משלי כ כז
[4] ירמיהו יז י
[5] משלי כ כז
[6] קהלת ג יט

אָדָם מֵת - אַף בְּהֵמָה מֵתָה, מָה אָדָם מְטַמֵּא בִּנְגִיעָה, שֶׁנֶּאֱמַר - הַנֹּגֵעַ[7] בְּמֵת לְכָל נֶפֶשׁ אָדָם וְטָמֵא שִׁבְעַת יָמִים. אַף בְּהֵמָה מְטַמְּאָה בִּנְגִיעָה, שֶׁנֶּאֱמַר - וְכִי[8] יָמוּת מִן הַבְּהֵמָה אֲשֶׁר הִיא לָכֶם לְאָכְלָה הַנֹּגֵעַ בְּנִבְלָתָהּ יִטְמָא עַד הָעָרֶב. וְלֹא עוֹד אֶלָּא שֶׁמְּעֻלָּה בְּהֵמָה מִן הָאָדָם, שֶׁהַנּוֹגֵעַ בְּנִבְלַת אָדָם מְטַמֵּא טֻמְאַת שִׁבְעָה, אֲבָל הַנּוֹגֵעַ בְּנִבְלַת בְּהֵמָה אֵינָהּ מְטַמֵּא אֶלָּא טֻמְאַת עֶרֶב, וְלֹא עוֹד אֶלָּא בִּזְמַן שֶׁהַבְּהֵמָה מֵתָה בַּעֲלָהּ מוֹכֵר אוֹתָהּ לְגוֹיִם, וְגוֹיִם אוֹכְלִים אֶת בְּשָׂרָהּ, וְעוֹרָהּ נוֹתְנִים אוֹתָהּ לָעֲבֹדָה, וְלֹא עוֹד אֶלָּא בִּזְמַן שֶׁהִיא מֵתָה רוּחָהּ יֵשׁ לָהּ מְנוּחָה, אֲבָל אָדָם כְּשֶׁהוּא מֵת רוּחוֹ אֵין לָהּ מְנוּחָה, מִפְּנֵי שֶׁמַּעֲמִידִין אוֹתוֹ בַּדִּין, וּמְסַדְּרִין לְפָנָיו כָּל מַעֲשִׂים שֶׁהָיוּ בְּיָדוֹ בֵּין לְטוֹבָה בֵּין לְרָעָה, וְאוֹמְרִים לוֹ - לֹא כָּךְ עָשִׂיתָ בְּיוֹם פְּלוֹנִי, לֹא כָּךְ פָּעַלְתָּ בְּיוֹם פְּלוֹנִי, לֹא כָּךְ שֶׁחָקְתָּ בְּיוֹם פְּלוֹנִי, וְלֹא כָּךְ דִּבַּרְתָּ - וַאֲפִלּוּ[9] שִׂיחָה קַלָּה שֶׁבֵּין אִישׁ לְאִשְׁתּוֹ בִּשְׁעַת תַּשְׁמִישׁ מַגִּידִין לוֹ בְּיוֹם דִּין הַקֶּבֶר, שֶׁנֶּאֱמַר - כִּי[10] הִנֵּה יוֹצֵר הָרִים וּבֹרֵא רוּחַ וּמַגִּיד לְאָדָם מַה שֵּׂחוֹ. וְאִם מֵתִים בָּנָיו בְּחַיָּיו - אוֹמְרִים לוֹ מִפְּנֵי מָה מֵתוּ בָּנֶיךָ בְּחַיֶּיךָ? אִם נִסְתְּמוּ עֵינָיו בְּחַיָּיו - אוֹמְרִים מִפְּנֵי מָה נִסְתְּמוּ עֵינֶיךָ? אִם נַעֲשָׂה אִלֵּם בְּחַיָּיו - אוֹמְרִים לוֹ מִפְּנֵי מָה נַעֲשִׂית אִלֵּם בְּחַיֶּיךָ? אִם נַעֲשָׂה חֵרֵשׁ, אִם נַעֲשָׂה מְצֹרָע - הַכֹּל אוֹמְרִים לוֹ. שֶׁהֲרֵי הַקָּדוֹשׁ בָּרוּךְ הוּא כָּל מַעֲשָׂיו יְשָׁרִים שֶׁנֶּאֱמַר - כִּי[11] יְשָׁרִים דַּרְכֵי הוי"ה וְצַדִּקִים יֵלְכוּ בָם וּפֹשְׁעִים יִכָּשְׁלוּ בָם. **צַדִּיקִים יֵלְכוּ בָם** - לְגַן עֵדֶן, **וּפוֹשְׁעִים יִכָּשְׁלוּ בָם** - לְגֵיהִנֹּם. מִפְּנֵי מָה כָּשַׁלְתָּ בַּעֲווֹנְךָ וְאִבַּדְתָּ אֶת דְּרָכֶיךָ וּפִלַּגְתָּ עַצְמְךָ וְעוֹרַרְתָּ לַגֵּיהִנֹּם? וְאִם הָיָה בְּיָדוֹ לְהָשִׁיב טַעֲנָה שֶׁהוּא זוֹכֶה בָּהּ בַּדִּין - מְקַבְּלִין הֵימֶנּוּ, וְאִם לָאו - מָכִין אוֹתוֹ שָׁלֹשׁ פּוּלְסָאוֹת שֶׁל אוֹר וְעוֹשִׂין אוֹתוֹ קֶטֶם[12], וּמְפַזְּרִין אוֹתוֹ בְּאַרְבַּע רוּחוֹת

---

7 במדבר יט יא
8 ויקרא יא לט
9 חגיגה ה ב
10 עמוס ד יג
11 הושע יד י
12 קטם הוא אפר

הָעוֹלָם, שֶׁנֶּאֱמַר - הֶחָמָס[13] קָם לְמַטֵּה רֶשַׁע לֹא מֵהֶם וְלֹא מֵהֲמוֹנָם וְלֹא מֶהֱמֵהֶם וְלֹא נֹהַּ בָּהֶם. וְאַחַר כָּךְ מַחֲזִירִין אוֹתוֹ אַרְבַּע מַלְאֲכֵי הַשָּׁרֵת, אֶחָד אֶחָד לְכָל רוּחַ, וּמַכְנִיסִין אֶת קָטְמוֹ מֵאַרְבַּע רוּחוֹת הָעוֹלָם וּמַטְמִינִים אוֹתוֹ בְּתוֹךְ הַקֶּבֶר עַד שֶׁמַּגִּיעַ יוֹם הַדִּין הַגָּדוֹל, שֶׁנֶּאֱמַר - כִּי[14] הִנֵּה הַיּוֹם בָּא בֹּעֵר כַּתַּנּוּר. **כִּי הִנֵּה יוֹם בָּא** - זֶה יוֹם הַדִּין הַגָּדוֹל, **בּוֹעֵר כְּתַנּוּר** - זֶה גֵּיהִנֹּם שֶׁנִּמְשַׁל כְּתַנּוּר, שֶׁנֶּאֱמַר - נְאֻם[15] הוי"ה אֲשֶׁר אוּר לוֹ בְּצִיּוֹן וְתַנּוּר לוֹ בִּירוּשָׁלָם. וְהָיוּ[16] כָּל זֵדִים - אֵין זֵדִים אֶלָּא לֵצִים, שֶׁנֶּאֱמַר - זֵד[17] יָהִיר לֵץ שְׁמוֹ. מִכָּאן אַתָּה לָמֵד שֶׁכָּל אָדָם שֶׁיֵּשׁ בּוֹ לֵיצָנוּת אֵין דָּנִין בַּגֵּיהִנֹּם תְּחִלָּה אֶלָּא הוּא, שֶׁנֶּאֱמַר - עוֹשֶׂה[18] בְּעֶבְרַת זָדוֹן. וְאֵין עֶבְרָה אֶלָּא גֵּיהִנָּם, שֶׁנֶּאֱמַר - יוֹם[19] עֶבְרָה הַיּוֹם הַהוּא. וְכָל עוֹשֵׂי רִשְׁעָה - אֵלּוּ רִשְׁעֵי יִשְׂרָאֵל שֶׁהֵם נִדּוֹנִים בַּגֵּיהִנֹּם.

דָּבָר אַחֵר, קַשׁ - אֵלּוּ רִשְׁעֵי אֻמּוֹת הָעוֹלָם שֶׁנִּמְשְׁלוּ לְקַשׁ, שֶׁנֶּאֱמַר - תְּשַׁלַּח[20] חֲרֹנְךָ יֹאכְלֵמוֹ כַּקַּשׁ. **וְלִהַט אוֹתָם** - זֶה לְשׁוֹן הָאֵשׁ שֶׁל גֵּיהִנֹּם, שֶׁהִיא מְלַהֶטֶת הָרְשָׁעִים. **הַיּוֹם הַבָּא**, שֶׁאוֹתוֹ הַיּוֹם שֶׁבָּא אֹרֶךְ אַרְבָּעִים יוֹם, שֶׁבְּאַרְבָּעִים יוֹם נוֹצָר הַוָּלָד, וּבְאַרְבָּעִים יוֹם נִתְּנָה הַתּוֹרָה, לְכָךְ נִדּוֹנִים בְּאוֹתוֹ הַיּוֹם שֶׁהוּא אַרְבָּעִים יוֹם כְּיוֹמוֹ שֶׁל אָדָם, וְלֹא כְּיוֹמוֹ שֶׁל הַקָּדוֹשׁ בָּרוּךְ הוּא, שֶׁיּוֹמוֹ שֶׁל הַקָּדוֹשׁ בָּרוּךְ הוּא אֶלֶף שָׁנִים, שֶׁנֶּאֱמַר - כִּי[21] אֶלֶף שָׁנִים בְּעֵינֶיךָ כְּיוֹם אֶתְמוֹל. שֶׁהַכֹּל בִּרְשׁוּתוֹ שֶׁל הַקָּדוֹשׁ בָּרוּךְ הוּא וְהַכֹּל בִּדְבָרוֹ. אֲשֶׁר לֹא יַעֲזֹב לָהֶם שֹׁרֶשׁ וְעָנָף שֶׁלֹּא יִטְעֲמוּ טַעַם גֵּיהִנֹּם, **שֹׁרֶשׁ** - זוֹ נְשָׁמָה שֶׁדּוֹמָה לִנְטִיעָה בְּגוּפוֹ שֶׁל אָדָם, **עָנָף** - זוֹ הַגּוּף שֶׁנִּבְלָל בְּעָפָר כְּעָנָף.

---

[13] יחזקאל ז יא
[14] מלאכי ג יט
[15] ישעיהו לא ט
[16] מלאכי ג יט
[17] משלי כא כד
[18] משלי כא כד
[19] צפניה א טו
[20] שמות טו ז
[21] תהלים צ ד

וְאִם כֵּן לָמָּה נֶאֱמַר - נֵר[22] הוי"ה נִשְׁמַת אָדָם. וְלֹא נִשְׁמַת בְּהֵמָה? אֶלָּא מִפְּנֵי שֶׁאָדָם נִבְרָא בִּדְמוּתוֹ שֶׁל הַקָּדוֹשׁ בָּרוּךְ הוּא נֶאֱמַר בּוֹ - נֵר[23] הוי"ה נִשְׁמַת אָדָם. אֲבָל בְּהֵמָה הוֹאִיל וְלֹא נִבְרֵאת בִּדְמוּתוֹ שֶׁל הַקָּדוֹשׁ בָּרוּךְ הוּא, לֹא נֶאֱמַר בָּהּ. כַּיּוֹצֵא בַּדָּבָר נֶאֱמַר - מִי[24] יוֹדֵעַ רוּחַ בְּנֵי הָאָדָם הָעֹלָה הִיא לְמָעְלָה וְרוּחַ הַבְּהֵמָה הַיֹּרֶדֶת הִיא לְמַטָּה לָאָרֶץ. **רוּחַ בְּנֵי אָדָם** - אֵלּוּ הַצַּדִּיקִים שֶׁדּוֹמִים לְאַבְרָהָם בְּצִדְקָתוֹ, שֶׁנִּקְרָא אָדָם, שֶׁנֶּאֱמַר - הָאָדָם[25] הַגָּדוֹל בָּעֲנָקִים הוּא. וּמִנַּיִן שֶׁאֵין גָּדוֹל אֶלָּא אַבְרָהָם? שֶׁנֶּאֱמַר - נְשִׂיא[26] אֱלֹהִים אַתָּה בְּתוֹכֵנוּ. **וְרוּחַ הַבְּהֵמָה**, אֵלּוּ הָרְשָׁעִים שֶׁנִּמְשְׁלוּ כִּבְהֵמָה, שֶׁנֶּאֱמַר- נִמְשַׁל[27] כַּבְּהֵמוֹת נִדְמוּ.

---

[22] משלי כ כז

[23] משלי כ כז

[24] קהלת ג כא

[25] יהושע יד טו

[26] בראשית כג ו

[27] תהלים מט יג

אות ס'

סמ"ך - אַל תִּקְרֵי סמ"ך אֶלָּא **סוֹמֵךְ מָךְ**, זֶה הַקָּדוֹשׁ בָּרוּךְ הוּא שֶׁהוּא סוֹמֵךְ מֻכִּים וְנוֹפְלִים, שֶׁנֶּאֱמַר - סוֹמֵךְ[1] הוי"ה לְכָל הַנֹּפְלִים. סוֹמֵךְ עֶלְיוֹנִים וְסוֹמֵךְ תַּחְתּוֹנִים, סוֹמֵךְ הָעוֹלָם הַזֶּה וְסוֹמֵךְ הָעוֹלָם הַבָּא. וּמִנַּיִן שֶׁסּוֹמֵךְ עֶלְיוֹנִים? שֶׁנֶּאֱמַר - אֲנִי[2] יָדַי נָטוּ שָׁמַיִם וְכָל צְבָאָם צִוֵּיתִי. אַל תִּקְרֵי **נָטוּ** שָׁמַיִם, אֶלָּא **סָמַכְתִּי** שָׁמַיִם. סוֹמֵךְ הַתַּחְתּוֹנִים מִנַּיִן? שֶׁנֶּאֱמַר - סוֹמֵךְ[3] הוי"ה לְכָל הַנֹּפְלִים. וְאֵין **נוֹפְלִים** אֶלָּא תַּחְתּוֹנִים **שֶׁמַּשְׁפִּילִין** עַצְמָם מִפְּנֵי קוֹמָתָם שֶׁנָּמוּךְ. סוֹמֵךְ הָעוֹלָם הַזֶּה מִנַּיִן? שֶׁנֶּאֱמַר - וַתּוֹשַׁע[4] לוֹ זְרֹעוֹ וְצִדְקָתוֹ הִיא סְמָכָתְהוּ.

דָּבָר אַחֵר, סמ"ך - אֵלּוּ יִשְׂרָאֵל שֶׁתָּמִיד סוֹמְכִין לָהֶם זְכוּת אֲבוֹתֵיהֶם אַבְרָהָם יִצְחָק וְיַעֲקֹב, יוֹסֵף מֹשֶׁה וְאַהֲרֹן, דָּוִד וּשְׁלֹמֹה. זְכוּתָן שֶׁל אַבְרָהָם וְיִצְחָק בַּמִּזְרָח סָבִיב לָהֶם, שֶׁנֶּאֱמַר - מִי[5] הֵעִיר מִמִּזְרָח צֶדֶק. זְכוּתָן שֶׁל יַעֲקֹב וְיוֹסֵף בַּמַּעֲרָב, שֶׁנֶּאֱמַר - וּדְמוּת[6] פְּנֵיהֶם פְּנֵי אָדָם. - זֶה דְּמוּת יַעֲקֹב שֶׁחֲקוּקָה עַל כִּסֵּא הַכָּבוֹד. דְּמוּת שׁוֹר - זֶה דְּמוּת יוֹסֵף, שֶׁנֶּאֱמַר - בְּכוֹר[7] שׁוֹרוֹ הָדָר לוֹ. וּמִפְּנֵי מָה נִתְּנָה בְּכוֹרָה לְיוֹסֵף, שֶׁנֶּאֱמַר - וּבְנֵי[8] רְאוּבֵן בְּכוֹר יִשְׂרָאֵל כִּי הוּא הַבְּכוֹר וּבְחַלְּלוֹ יְצוּעֵי אָבִיו נִתְּנָה בְּכֹרָתוֹ לִבְנֵי יוֹסֵף בֶּן יִשְׂרָאֵל וְלֹא לְהִתְיַחֵשׂ לַבְּכֹרָה. זְכוּתָן שֶׁל מֹשֶׁה וְאַהֲרֹן בַּדָּרוֹם, שֶׁהַתּוֹרָה וְהַמִּצְוָה כְּהֻנָּה וּלְוִיָּה לֹא נִתְּנָם אֶלָּא בַּדָּרוֹם, שֶׁנֶּאֱמַר[9] - אֱלוֹהַּ מִתֵּימָן יָבוֹא. זְכוּתָן שֶׁל דָּוִד וּשְׁלֹמֹה בַּצָּפוֹן, לְפִי שֶׁכָּל

---

[1] תהלים קמה יד
[2] ישעיהו מה יב
[3] תהלים קמה יד
[4] ישעיהו נט טז
[5] ישעיהו מא ב
[6] יחזקאל א י
[7] דברים לג יז
[8] דברי הימים-א ה א
[9] חבקוק ג ג

נְבוּאָתָם שֶׁנִּתְנַבְּאוּ עַל יִשְׂרָאֵל לֹא נִתְנַבְּאוּ אֶלָּא עַל מַתַּן שְׂכָרָן שֶׁל צַדִּיקִים בְּגַן עֵדֶן שֶׁהוּא נָתוּן בַּצָּפוֹן, וּמִנַּיִן שֶׁהַגַּן עֵדֶן בַּצָּפוֹן? שֶׁנֶּאֱמַר - מִמְתִים[10] יָדְךָ הוי"ה מִמְתִים מֵחֶלֶד חֶלְקָם בַּחַיִּים וּצְפוּנְךָ תְּמַלֵּא בִטְנָם יִשְׂבְּעוּ בָנִים וְהִנִּיחוּ יִתְרָם לְעוֹלְלֵיהֶם. דָּוִד נִתְנַבֵּא וְאָמַר כְּשֶׁרָאָה טוֹבָה שֶׁל גַּן עֵדֶן - מָה[11] רַב טוּבְךָ אֲשֶׁר צָפַנְתָּ לִּירֵאֶיךָ. שְׁלֹמֹה נִתְנַבֵּא וְאָמַר - יִצְפֹּן[12] לַיְשָׁרִים תּוּשִׁיָּה. **יְשָׁרִים** - אֵלּוּ צַדִּיקִים שֶׁמְּקַבְּלִים פְּנֵי שְׁכִינָה בְּכָל יוֹם, שֶׁנֶּאֱמַר - יֵשְׁבוּ[13] יְשָׁרִים אֶת פָּנֶיךָ. הַקָּדוֹשׁ בָּרוּךְ הוּא נִקְרָא **יָשָׁר**, וְצַדִּיקִים נִקְרָאוּ **יְשָׁרִים**, הַקָּדוֹשׁ בָּרוּךְ הוּא מִנַּיִן? שֶׁנֶּאֱמַר - טוֹב[14] וְיָשָׁר הוי"ה. צַדִּיקִים מִנַּיִן? שֶׁנֶּאֱמַר - אוֹדֶה[15] הוי"ה בְּכָל לֵבָב בְּסוֹד יְשָׁרִים וְעֵדָה. הַקָּדוֹשׁ בָּרוּךְ הוּא נִקְרָא **טוֹב**, שֶׁנֶּאֱמַר - טוֹב[16] הוי"ה לַכֹּל. וְצַדִּיקִים נִקְרָאוּ **טוֹב**, שֶׁנֶּאֱמַר - אִמְרוּ[17] צַדִּיק כִּי טוֹב כִּי פְרִי מַעַלְלֵיהֶם יֹאכֵלוּ. שְׂכַר מַעֲשֵׂיהֶם **בָּעוֹלָם הַבָּא** וּפְרִי מַעַלְלֵיהֶם יֹאכְלוּ **בָּעוֹלָם הַזֶּה**.

דָּבָר אַחֵר, סמ"ך - זוֹ יְרוּשָׁלַיִם, שֶׁהֲרֵי סָמוּךְ לָהּ הָרִים וּמַקִּיפִים לָהּ גְּבָעוֹת, הָרִים כְּנֶגֶד אָבוֹת, וּגְבָעוֹת כְּנֶגֶד אִמָּהוֹת, שֶׁנֶּאֱמַר - יְרוּשָׁלַ‍ִם[18] הָרִים סָבִיב לָהּ וַהוי"ה סָבִיב לְעַמּוֹ מֵעַתָּה וְעַד עוֹלָם.

דָּבָר אַחֵר, סמ"ך - זֶה מִשְׁכָּן שֶׁעָשָׂה מֹשֶׁה וְיִשְׂרָאֵל בַּמִּדְבָּר, שֶׁהָיוּ סוֹמְכִים לוֹ אַרְבָּעָה מַחֲנוֹת שִׁבְטֵי יִשְׂרָאֵל, שֶׁנֶּאֱמַר - דֶּגֶל[19] מַחֲנֵה רְאוּבֵן תֵּימָנָה לְצִבְאֹתָם. דֶּגֶל[20] מַחֲנֵה דָן צָפֹנָה

---

[10] תהלים יז יד
[11] תהלים לא כ
[12] משלי ב ז
[13] תהלים קמ יד
[14] תהלים כה ח
[15] תהלים קיא א
[16] תהלים קמה ט
[17] ישעיהו ג י
[18] תהלים קכה ב
[19] במדבר ב י
[20] במדבר ב יח

לְצִבְאֹתָם. וְהַחֹנִים[21] קֵדְמָה מִזְרָחָה דֶּגֶל מַחֲנֵה יְהוּדָה לְצִבְאֹתָם. דֶּגֶל[22] מַחֲנֵה אֶפְרַיִם לְצִבְאֹתָם יָמָּה.

דָּבָר אַחֵר, סמ"ך - זֶה בֵּית הַמִּקְדָּשׁ שֶׁשְּׁכִינָה בְּתוֹכוֹ, וְסָמוּךְ לוֹ סְבִיב מֶלֶךְ וְכֹהֵן גָּדוֹל, כֹּהֲנִים לְוִיִּים וְיִשְׂרָאֵל, כְּנֶגֶד אַרְבָּעָה רוּחוֹתָיו כְּבַמִּדְבָּר שֶׁהָיוּ סְמוּכִין לוֹ אַרְבָּעָה מַחֲנוֹת שִׁבְטֵי יִשְׂרָאֵל, שֶׁנֶּאֱמַר - דֶּגֶל[23] מַחֲנֵה רְאוּבֵן תֵּימָנָה לְצִבְאֹתָם. דֶּגֶל[24] מַחֲנֵה דָן צָפֹנָה לְצִבְאֹתָם. וְהַחֹנִים[25] קֵדְמָה מִזְרָחָה דֶּגֶל מַחֲנֵה יְהוּדָה לְצִבְאֹתָם. דֶּגֶל[26] מַחֲנֵה אֶפְרַיִם לְצִבְאֹתָם יָמָּה.

דָּבָר אַחֵר, סמ"ךְ - זוֹ הַתּוֹרָה, שֶׁסָּבִיב סָמוּךְ לָהּ נְבִיאִים וּכְתוּבִים, מִשְׁנָה מִדְרָשׁ הֲלָכוֹת וְאַגָּדוֹת, וּשְׁמוּעוֹת וְתוֹסָפוֹת, שֶׁנֶּאֱמַר - בְּאֵר[27] חֲפָרוּהָ שָׂרִים כָּרוּהָ נְדִיבֵי הָעָם בִּמְחֹקֵק בְּמִשְׁעֲנֹתָם וּמִמִּדְבָּר מַתָּנָה. אֵין **בְּאֵר** אֶלָּא תּוֹרָה שֶׁנִּמְשְׁלָה לִבְאֵר, שֶׁנֶּאֱמַר - בְּאֵר[28] מַיִם חַיִּים. וְאֵין **מַיִם** אֶלָּא תּוֹרָה שֶׁנֶּאֱמַר[29] - הוֹי כָּל צָמֵא לְכוּ לַמַּיִם. וְלָמָּה נִמְשְׁלוּ דִּבְרֵי תוֹרָה לַמַּיִם? לוֹמַר לָךְ מָה מַיִם מְנִיחִים מָקוֹם גָּבוֹהַּ וְהוֹלְכִים לְמָקוֹם נָמוּךְ, אַף דִּבְרֵי תוֹרָה אֵין מִתְקַיְּמִים אֶלָּא בְּמִי שֶׁהוּא נָמוּךְ וּמַשְׁפִּיל עַצְמוֹ. **חֲפָרוּהָ שָׂרִים** - אֵין שָׂרִים אֶלָּא מֹשֶׁה וְשִׁבְעִים זְקֵנִים, שֶׁהָיוּ דוֹרְשִׁים אֶת הַתּוֹרָה בְּשִׁבְעִים לְשׁוֹנוֹת, וּמוֹצִיאִין כָּל אֶחָד וְאֶחָד טַעֲמֵי הַחָכְמָה מִן הַתּוֹרָה. **כָּרוּהָ נְדִיבֵי עָם** - אֵלּוּ סוֹפְרִים כְּגוֹן דָּוִד וּשְׁלֹמֹה, דָּנִיאֵל וּמָרְדְּכַי, וְעֶזְרָא הַסּוֹפֵר. **בִּמְחֹקֵק** - שֶׁהַכֹּל אוֹמְרִים - הֲלָכָה[30]

---

[21] במדבר ב ג
[22] במדבר ב כה
[23] במדבר ב י
[24] במדבר ב יח
[25] במדבר ב ג
[26] במדבר ב כה
[27] במדבר כא יח
[28] בראשית כו יט
[29] ישעיהו נה א
[30] משנה עדיות ח ז [ועוד במאות מקומות]

לְמֹשֶׁה מִסִּינַי, שֶׁנִּקְרָא מְחוֹקֵק, שֶׁנֶּאֱמַר - כִּי[31] שָׁם חֶלְקַת מְחֹקֵק. וְלָמָּה נִקְרָא שְׁמוֹ מְחוֹקֵק? שֶׁחָקַק כָּל אוֹת וְאוֹת שֶׁבַּתּוֹרָה בְּאֶצְבְּעוֹת יָדָיו. **בְּמִשְׁעֲנֹתָם** - אֵלּוּ נְבִיאִים שֶׁהָיוּ מְחַיִּים אֶת הַמֵּתִים כְּגוֹן אֵלִיָּהוּ וֶאֱלִישָׁע שֶׁהֶחֱיוּ מֵתִים, שֶׁנֶּאֱמַר - וְשַׂמְתָּ[32] מִשְׁעַנְתִּי עַל פְּנֵי הַנָּעַר. **וּמִמִּדְבָּר מַתָּנָה** - זֶה מִדְבַּר סִינַי שֶׁנָּתְנָה לָהֶם לוּחוֹת בְּמַתָּנָה מִסִּינַי, שֶׁנֶּאֱמַר - וַיִּתְּנֵם[33] הוי"ה אֵלַי. וְאוֹמֵר - זִכְרוּ[34] תּוֹרַת מֹשֶׁה עַבְדִּי אֲשֶׁר צִוִּיתִי אוֹתוֹ בְחֹרֵב עַל כָּל יִשְׂרָאֵל חֻקִּים וּמִשְׁפָּטִים. **תּוֹרַת מֹשֶׁה** - אֵלּוּ תּוֹרָה נְבִיאִים וּכְתוּבִים, **עַל כָּל יִשְׂרָאֵל** - אֵלּוּ הַמִּצְוֹת, **חֻקִּים** - אֵלּוּ הַמִּדְרָשׁוֹת, **וְהַמִּשְׁפָּטִים** - אֵלּוּ שְׁמוּעוֹת וְהַגָּדוֹת, שֶׁנֶּאֱמַר - מַגִּיד[35] דְּבָרָיו לְיַעֲקֹב חֻקָּיו וּמִשְׁפָּטָיו לְיִשְׂרָאֵל.

---

[31] דברים לג כא
[32] מלכים-ב ד כט
[33] דברים י ד
[34] מלאכי ג כב
[35] תהלים קמז יט

אות ע'

עי"ן - לֹא נֶאֱמַר אֶלָּא עַיִן שֶׁל תּוֹרָה שֶׁהִיא עַיִן לְכָל עַיִן, וְהִיא אוֹרָה לְכָל אוֹר, וְהִיא חָכְמָה לְכָל חָכְמָה, וְהִיא בִּינָה לְכָל נְבוֹנִים, וְהִיא מַדָּע לְכֹל יוֹדְעִים, וְהִיא - עֵץ[1] חַיִּים הִיא לַמַּחֲזִיקִים בָּהּ וְתֹמְכֶיהָ מְאֻשָּׁר. מִנַּיִן שֶׁהִיא עַיִן לְכָל עַיִן? שֶׁנֶּאֱמַר[2] - מִצְוַת הוי"ה בָּרָה מְאִירַת עֵינָיִם. וּמִנַּיִן שֶׁהִיא אוֹרָה לְכָל אוֹר? שֶׁנֶּאֱמַר - כִּי[3] נֵר מִצְוָה וְתוֹרָה אוֹר. וּמִנַּיִן שֶׁהִיא חָכְמָה לְכָל חָכְמָה? שֶׁנֶּאֱמַר - אֲנִי[4] חָכְמָה שָׁכַנְתִּי עָרְמָה. וְאֵין חָכְמָה אֶלָּא תּוֹרָה, שֶׁנֶּאֱמַר - וּשְׁמַרְתֶּם[5] וַעֲשִׂיתֶם כִּי הוּא חָכְמַתְכֶם וּבִינַתְכֶם. וּמִנְיָן שֶׁהִיא בִּינָה לְכָל נְבוֹנִים? שֶׁנֶּאֱמַר - וְנָבִא[6] לְבַב חָכְמָה. וְאֵין בִּינָה אֶלָּא תּוֹרָה, שֶׁנֶּאֱמַר - קְנֵה[7] חָכְמָה וּבְכָל קִנְיָנְךָ קְנֵה בִינָה. וְאוֹמֵר - לִי[8] עֵצָה וְתוּשִׁיָּה אֲנִי בִינָה לִי גְבוּרָה. וּמִנַּיִן שֶׁהִיא מַדָּע לַכֹּל יוֹדְעִים? שֶׁנֶּאֱמַר - וְדַעַת[9] מְזִמּוֹת אֶמְצָא. וּמִנַּיִן שֶׁהִיא חַיִּים לַמַּחֲזִיקִים בָּהּ? שֶׁנֶּאֱמַר - עֵץ[10] חַיִּים הִיא לַמַּחֲזִיקִים בָּהּ. וּמִנַּיִן שֶׁהִיא אַהֲבָה לְכָל אוֹהֲבֵי דְּבָרֶיהָ, שֶׁנֶּאֱמַר - הֱבִיאַנִי[11] אֶל בֵּית הַיָּיִן וְדִגְלוֹ עָלַי אַהֲבָה. וְאוֹמֵר - אֲנִי[12] אֹהֲבַי אֵהָב וּמְשַׁחֲרַי יִמְצָאֻנְנִי. וְהִיא לְרֹאשׁ כָּל הַחֲכָמִים לְחֵן, שֶׁנֶּאֱמַר - כִּי[13] לִוְיַת חֵן הֵם לְרֹאשֶׁךָ. וְהִיא כָּבוֹד וִיקָר לַחֲכָמִים

---

1 משלי ג יח
2 תהלים יט ט
3 משלי ו כג
4 משלי ח יב
5 דברים ד ו
6 תהלים צ יב
7 משלי ד ז
8 משלי ח יד
9 משלי ח יב
10 משלי ג יח
11 שיר השירים ב ד
12 משלי ח יז
13 משלי א ט

ולסופרים, שֶׁנֶּאֱמַר - סַלְסְלֶהָ[14] וּתְרוֹמְמֶךָּ תְּכַבֵּדְךָ כִּי תְחַבְּקֶנָּה. וְהִיא נוֹתֶנֶת שָׁלֹשׁ מַתָּנוֹת בִּשְׁתֵּי יָדֶיהָ, שֶׁנֶּאֱמַר - אֹרֶךְ[15] יָמִים בִּימִינָהּ בִּשְׂמֹאולָהּ עֹשֶׁר וְכָבוֹד. וּבָהּ מְלָכִים עֲתִידִין לִמְלֹךְ בִּמְלוּכָה וְכָבוֹד, שֶׁנֶּאֱמַר - בִּי[16] מְלָכִים יִמְלֹכוּ. וּבָהּ מִתְבָּרְכִים שָׂרֵי תּוֹרָה עַל יִשְׂרָאֵל, שֶׁנֶּאֱמַר - בִּי[17] שָׂרִים יָשֹׂרוּ וּנְדִיבִים כָּל שֹׁפְטֵי צֶדֶק. וּבָהּ עֲתִידִין מֵתֵי אֶרֶץ וְשׁוֹכְנֵי עָפָר לִחְיוֹת, שֶׁנֶּאֱמַר - תּוֹרַת[18] הוי"ה תְּמִימָה מְשִׁיבַת נָפֶשׁ. וּבָהּ כָּל הַיּוֹם מִשְׁתּוֹקְקִים סוֹפְרֵי יִשְׂרָאֵל, שֶׁנֶּאֱמַר - לוּלֵי[19] תוֹרָתְךָ שַׁעֲשֻׁעָי. וּבָהּ מְשַׂמְּחִין כָּל לֵב וּכְלָיוֹת, שֶׁנֶּאֱמַר - פִּקּוּדֵי[20] הוי"ה יְשָׁרִים מְשַׂמְּחֵי לֵב. וּבָהּ מְשַׂחֲקִים לִפְנֵי הַקָּדוֹשׁ בָּרוּךְ הוּא בְּכָל עֵת, שֶׁנֶּאֱמַר - מְשַׂחֶקֶת[21] לְפָנָיו בְּכָל עֵת. וּבָהּ עוֹשִׂין שְׁמִירָה לְיִשְׂרָאֵל, שֶׁנֶּאֱמַר - בְּשָׁכְבְּךָ[22] תִּשְׁמֹר עָלֶיךָ וַהֲקִיצוֹתָ הִיא תְשִׂיחֶךָ. וּבָהּ מַצִּילִין אֶת יִשְׂרָאֵל מִדִּינָהּ שֶׁל גֵּיהִנֹּם, שֶׁנֶּאֱמַר - כִּי[23] תֵלֵךְ בְּמוֹ אֵשׁ לֹא תִכָּוֶה. תָּבוֹא תּוֹרָה שֶׁהִיא אֵשׁ, שֶׁנֶּאֱמַר - הֲלוֹא[24] כֹה דְבָרִי כָּאֵשׁ. וְתַצִּיל יִשְׂרָאֵל מִדִּינָהּ שֶׁל גֵּיהִנֹּם שֶׁהִיא מְלֵאָה אֵשׁ, שֶׁנֶּאֱמַר - מְדֻרָתָהּ[25] אֵשׁ וְעֵצִים הַרְבֵּה. וּבָהּ קַיָּמִים עֶלְיוֹנִים וְתַחְתּוֹנִים, שֶׁנֶּאֱמַר - אִם[26] לֹא בְרִיתִי יוֹמָם וָלָיְלָה חֻקּוֹת שָׁמַיִם וָאָרֶץ לֹא שָׂמְתִּי. וּבָהּ מִתְחַדְּשִׁים שָׁמַיִם וְאֶרֶץ עוֹלָם הַבָּא, שֶׁנֶּאֱמַר - כִּי[27] הִנְנִי בוֹרֵא שָׁמַיִם חֲדָשִׁים וָאָרֶץ חֲדָשָׁה וְלֹא תִזָּכַרְנָה הָרִאשֹׁנוֹת וְלֹא תַעֲלֶינָה עַל לֵב. וְנֶאֱמַר[28] - כִּי כַאֲשֶׁר הַשָּׁמַיִם

14 משלי ד ח
15 משלי ג טז
16 משלי ח טו
17 משלי ח טז
18 תהלים יט ח
19 תהלים קיט צב
20 תהלים יט ט
21 משלי ח ל
22 משלי ו כב
23 ישעיהו מג ב
24 ירמיהו כג כט
25 ישעיהו ל לג
26 ירמיהו לג כה
27 ישעיהו סה יז
28 ישעיהו סו כב

הַחֲדָשִׁים וְהָאָרֶץ הַחֲדָשָׁה. בִּזְכוּת מִי? בִּזְכוּת יִשְׂרָאֵל
שֶׁמְּקַיְּמִים אֶת הַתּוֹרָה, שֶׁנֶּאֱמַר - רֵאשִׁית[29] חָכְמָה יִרְאַת
הוי"ה שֵׂכֶל טוֹב לְכָל עֹשֵׂיהֶם תְּהִלָּתוֹ עֹמֶדֶת לָעַד. מַאי -
תְּהִלָּתוֹ[30] עֹמֶדֶת לָעַד? זוֹ מַתַּן שְׂכָרָן שֶׁל צַדִּיקִים, שֶׁהוּא
עוֹמֵד עַד לֶעָתִיד לָבֹא.

[29] תהלים קיא י
[30] תהלים קיא י

אות פ'

פ"א - אַל תִּקְרֵי פ"א אֶלָּא פֶּה, וְאֵין פֶּה אֶלָּא מֹשֶׁה, שֶׁנֶּאֱמַר - כִּי[1] כְבַד פֶּה וּכְבַד לָשׁוֹן אָנֹכִי. מְלַמֵּד שֶׁבְּאוֹתָהּ שָׁעָה אָמַר מֹשֶׁה לִפְנֵי הַקָּדוֹשׁ בָּרוּךְ הוּא - רִיבּוֹנוֹ שֶׁל עוֹלָם, יוֹדֵעַ אֲנִי בְּעַצְמִי שֶׁאַתָּה אֱלֹהַּ לְכָל בָּאֵי עוֹלָם, לֹא בָּרָאתָ אֶת הָעוֹלָם אֶלָּא לִכְבוֹדְךָ, וְלֹא עָשִׂיתָ בְּרִיָּה אֶלָּא לִיקָרְךָ, וְלֹא בָּרָאתָ אָדָם אֶלָּא כְּדֵי לַחֲלֹק לְךָ כָּבוֹד, שֶׁנֶּאֱמַר - כֹּל[2] הַנִּקְרָא בִשְׁמִי וְלִכְבוֹדִי בְּרָאתִיו יְצַרְתִּיו אַף עֲשִׂיתִיו. וְכָל אֵבֶר וְאֵבֶר שֶׁבָּרָאתָ בָּאָדָם לֹא בָּרָאתָ אוֹתוֹ לְבַטָּלָה - לֹא בָּרָאתָ **רֹאשׁ** אֶלָּא לִכְבוֹד שִׁמְךָ לִתְפִלִּין, וְלִיקֹּד לְךָ וּלְהִשְׁתַּחֲווֹת לְךָ. לֹא בָּרָאתָ **עֵינַיִם** אֶלָּא לִרְאוֹת כְּבוֹדְךָ. לֹא בָּרָאתָ **אָזְנַיִם** אֶלָּא לִשְׁמֹעַ כְּבוֹדְךָ. **וְחֹטֶם** לְהָרִיחַ. **לְחָיַיִם** לְהַטְעִים טַעֲמֵי מַאֲכָל. **שִׁנַּיִם** לִשְׁחוֹקוֹת. **וֶשֶׁט** לְהַבְלִיעַ. **קָנֶה** לִמְשֹׁךְ וּלְהוֹצִיא. **לֵב** לְהָבִין בִּינָה. **הַכְּלָיוֹת** לְיַעֵץ עֵצָה. **רֵאָה** לִשְׁאֹב. **כָּבֵד** לִכְעֹס. **מָרָה** לִזְרֹק. **טְחוֹל** לִשְׂחֹק. **כָּרֵס** לִרְעֶה. **קֻרְקְבָן** לִטְחִינָה. **קֵבָה** לְשֵׁנָה. **נְקֵבָה** לְצוֹאָה. **אֵבֶר קָטָן** לְהַשְׁתִּין וּלְהוֹצִיא זֶרַע. **גִּידִין** לְדָמִים. **עוֹר** לְתֹאַר. **יָדַיִם** לִמְלָאכָה וּלְמִלְחָמָה. **רַגְלַיִם** לַהֲלֹךְ. **וְלָשׁוֹן** לְשִׂיחָה וְלַדִּבּוּר. עַכְשָׁו תֵּן לִי דִּבּוּר לְהִשְׁתַּמֵּשׁ בָּהֶן בְּפֶה וּבְלָשׁוֹן. מֵשִׁיב הַקָּדוֹשׁ בָּרוּךְ הוּא וְאָמַר לוֹ - מֹשֶׁה מֹשֶׁה מִי שָׂם פֶּה לָאָדָם הָרִאשׁוֹן, שֶׁנֶּאֱמַר - וַיֹּאמֶר[3] הוי"ה אֵלָיו מִי שָׂם פֶּה לָאָדָם. אֲנִי הוּא שֶׁשַּׂמְתִּי פֶּה וְלָשׁוֹן לְאָדָם הָרִאשׁוֹן, שֶׁהִפְקַדְתִּיו עַל כָּל בָּאֵי עוֹלָם, כְּפָקִיד לְהַפְקִיד כָּל בְּרִיּוֹת שֶׁבָּעוֹלָם, וְלִקְרֹא כָּל אֶחָד וְאֶחָד בִּשְׁמוֹ וּלְשׁוּם שֵׁמוֹת לְכָל בְּרִיָּה וּבְרִיָּה, שֶׁנֶּאֱמַר - וְכֹל[4] אֲשֶׁר יִקְרָא לוֹ הָאָדָם נֶפֶשׁ חַיָּה הוּא שְׁמוֹ.

---

[1] שמות ד י
[2] ישעיהו מג ז
[3] שמות ד יא
[4] בראשית ב יט

אות צ'

צד"י- אַל תִּקְרֵי צד"י אֶלָּא צֶדֶק, זֶה צִדְקוֹ שֶׁל הַקָּדוֹשׁ בָּרוּךְ הוּא שֶׁהוּא עוֹשֶׂה עִם בָּשָׂר וָדָם, זוֹ דַּעַת וַחָכְמָה וּבִינָה, וּפְתִיחַת פֶּה וּמַעֲנֶה לָשׁוֹן שֶׁהוּא נוֹתֵן לִבְנֵי אָדָם, שֶׁכָּל הָעוֹלָם כֻּלּוֹ מִתְקַיֵּם בָּהֶם, שֶׁאִלְמָלֵא מַעֲנֶה לָשׁוֹן וּפִתְחוֹן פֶּה, אֵין הָעוֹלָם יָכוֹל לְהִתְקַיֵּם אֲפִלּוּ שָׁעָה אַחַת. לְפִי שֶׁבְּשָׁעָה שֶׁאָמַר מֹשֶׁה לִפְנֵי הַקָּדוֹשׁ בָּרוּךְ הוּא - הֵן[1] אֲנִי עֲרַל שְׂפָתַיִם. נִזְדַּעְזְעוּ כָּל בְּרִיּוֹת שֶׁבָּעוֹלָם וְאָמְרוּ - וּמָה מֹשֶׁה שֶׁהוּא עָתִיד לְדַבֵּר עִמּוֹ שְׁכִינָה בְּמֵאָה וְשִׁבְעִים וְחָמֵשׁ מְקוֹמוֹת, וְהוּא מְבָאֵר כָּל אוֹת וְאוֹת, וְכָל דָּבָר וְדָבָר, וְכָל פָּסוּק וּפָסוּק שֶׁבַּתּוֹרָה בְּשִׁבְעִים לָשׁוֹן, הוּא אוֹמֵר לִפְנֵי הַקָּדוֹשׁ בָּרוּךְ הוּא - הֵן אֲנִי עֲרַל שְׂפָתַיִם. אָנוּ עַל אַחַת כַּמָּה וְכַמָּה, וְעַל שֶׁאָמַר מֹשֶׁה - אֲנִי עֲרַל שְׂפָתַיִם. זָכָה לִהְיוֹת שָׁלִיחַ בֵּין גְּבוּרָה לְיִשְׂרָאֵל, שֶׁנֶּאֱמַר - אָנֹכִי[2] עֹמֵד בֵּין הוי"ה וּבֵינֵיכֶם. שֶׁאֲפִלּוּ מטטרו"ן אֵינוֹ יָכוֹל לַעֲמֹד בֵּין הַגְּבוּרָה לְבָשָׂר וָדָם. וּבִשְׁבִיל שֶׁאָמַר מֹשֶׁה - כִּי[3] כְבַד פֶּה וּכְבַד לָשׁוֹן אָנֹכִי. וְלֹא[4] - אִישׁ דְּבָרִים אָנֹכִי. זָכָה שֶׁאָמַר לוֹ הַקָּדוֹשׁ בָּרוּךְ הוּא - לֹא[5] כֵן עַבְדִּי מֹשֶׁה בְּכָל בֵּיתִי נֶאֱמָן הוּא, פֶּה אֶל פֶּה אֲדַבֶּר בּוֹ. וְזָכָה שֶׁאָמַר - אֵלֶּה הַדְּבָרִים. וּבִשְׁבִיל שֶׁאָמַר מֹשֶׁה - וְנַחְנוּ[6] מָה. זָכָה שֶׁאָמַר לוֹ הַקָּדוֹשׁ בָּרוּךְ הוּא - אַתָּה אוֹמֵר כִּי כְבַד פֶּה וּכְבַד לָשׁוֹן אָנֹכִי, חַיֶּיךָ אֲנִי נוֹתֵן לְךָ פִּתְחוֹן פֶּה וּמַעֲנֶה לָשׁוֹן יוֹתֵר מִכָּל בָּאֵי עוֹלָם. שֶׁכָּל חַדְרֵי תוֹרָה וְכָל גִּנְזֵי חָכְמָה שֶׁיֵּשׁ לִי בַּמָּרוֹם, לֹא יֵרָאוּ אֶלָּא עַל יָדֶיךָ, שֶׁנֶּאֱמַר - וְעַתָּה[7] לֵךְ וְאָנֹכִי אֶהְיֶה עִם פִּיךָ וְהוֹרֵיתִיךָ. אִם נֶאֱמַר אֶהְיֶה עִם פִּיךָ לָמָּה

---

[1] שמות ו ל
[2] דברים ה ה
[3] שמות ד י
[4] שמות ד י
[5] במדבר יב ז-ח
[6] שמות טז ז
[7] שמות ד יב

נֶאֱמַר וְהוֹרֵתִיךָ, וְאִם נֶאֱמַר וְהוֹרֵתִיךָ לָמָּה נֶאֱמַר אֶהְיֶה עִם פִּיךָ? אֶלָּא מְלַמֵּד שֶׁזֶּה שֶׁאָמַר אֶהְיֶה עִם פִּיךָ - זוֹ פְּתִיחַת פֶּה וּמַעֲנֵה לָשׁוֹן, וְזֶה שֶׁאָמַר וְהוֹרֵתִיךָ - זֶה גִּנְזֵי חָכְמָה שֶׁגָּלָה לוֹ הַקָּדוֹשׁ בָּרוּךְ הוּא, כְּדֵי שֶׁיְּהֵא רוֹאֶה בְּחָכְמָתוֹ כָּל סִדְרֵי בְּרֵאשִׁית, שֶׁנֶּאֱמַר - לֹא[8] כֵן עַבְדִּי מֹשֶׁה בְּכָל בֵּיתִי נֶאֱמָן הוּא. בְּבֵיתִי לֹא נֶאֱמַר אֶלָּא בְּכָל **בֵּיתִי**, מְלַמֵּד שֶׁהִפְקִידוֹ הַקָּדוֹשׁ בָּרוּךְ הוּא לְמֹשֶׁה עַל כָּל יִשְׂרָאֵל וְעַל כָּל גִּנְזֵי הַתּוֹרָה, וְעַל כָּל גִּנְזֵי חָכְמָה, וְעַל כָּל גִּנְזֵי תְּבוּנָה, וְעַל כָּל גִּנְזֵי מְזִמָּה, וְעַל כָּל גִּנְזֵי מַדָּע, וְעַל גִּנְזֵי גַּן עֵדֶן, וְעַל כָּל גִּנְזֵי חַיִּים, וְהֶרְאָהוּ כָּל חֲמוּדוֹת שֶׁבְּעוֹלָם הַזֶּה וְכָל חֲמוּדוֹת שֶׁבָּעוֹלָם הַבָּא. וְכֵיוָן שֶׁרָאָה מֹשֶׁה בַּפַּרְגּוֹד שֶׁל כִּתּוֹת, כִּתּוֹת שֶׁל סוֹפְרִים כִּתּוֹת שֶׁל סַנְהֶדְרִין בְּלִשְׁכַּת הַגָּזִית וְדוֹרְשִׁין סֵפֶר תּוֹרָה נְבִיאִים וּכְתוּבִים **במ"ט** פָּנִים, שֶׁנֶּאֱמַר - אִמְרוֹת[9] הוי"ה אֲמָרוֹת טְהֹרוֹת כֶּסֶף צָרוּף בַּעֲלִיל לָאָרֶץ מְזֻקָּק שִׁבְעָתָיִם. וּמַהוּ שִׁבְעָתָיִם? אֵלּוּ **מ"ט** פָּנִים מַשְׁנוֹת בְּתוֹרַת מֹשֶׁה, וְאִם תְּמַהּ אַתָּה עַל הַדָּבָר צֵא מְנֵה שֶׁבַע פְּעָמִים שֶׁל שֶׁבַע, שֶׁבַע, הֲרֵי אַרְבָּעִים וְתֵשַׁע. בְּאוֹתָהּ שָׁעָה רָאָה מֹשֶׁה מַזָּלוֹ שֶׁל רַבִּי עֲקִיבָה בְּפַרְגּוֹד שֶׁל מָקוֹם שֶׁהָיָה יוֹשֵׁב וְדוֹרֵשׁ אוֹתִיּוֹת שֶׁל תּוֹרָה, עַל כָּל תָּגֵי כָּל אוֹת וְאוֹת, אוֹמֵר עָלָיו שְׁלֹשׁ מֵאוֹת וְשִׁשִּׁים וְחָמֵשׁ טַעֲמֵי תּוֹרָה. מִיָּד הָיָה מְפַחֵד וּמִזְדַּעְזֵעַ וְאוֹמֵר - אֵין לִי עֵסֶק בִּשְׁלִיחוּתוֹ שֶׁל מָקוֹם וְאֵין לִי עֵסֶק בְּדִבְרֵי תּוֹרָה, שֶׁנֶּאֱמַר - וַיֹּאמֶר[10] בִּי אֲדֹנָי שְׁלַח נָא בְּיַד תִּשְׁלָח. גָּלוּי הָיָה לִפְנֵי הַקָּדוֹשׁ בָּרוּךְ הוּא מַה בְּלִבּוֹ שֶׁל מֹשֶׁה, מָה עָשָׂה הַקָּדוֹשׁ בָּרוּךְ הוּא שְׁגָרוֹ לסנגזא"ל שַׂר שֶׁל כָּל הַחָכְמָה וְהַתְּבוּנָה. מָה עָשָׂה? תְּפָשׂוֹ לְמֹשֶׁה וְהוֹלִיכוֹ לְמָקוֹם אֶחָד וְהֶרְאָהוּ בְּפַרְגּוֹד שֶׁל מָקוֹם רִיבּוּי רְבָבוֹת שֶׁל מַזָּלוֹת שֶׁל חֲכָמִים וְשֶׁל נְבוֹנִים וְשֶׁל סַנְהֶדְרִין וְשֶׁל סוֹפְרִים שֶׁיּוֹשְׁבִין וְדוֹרְשִׁין טַעֲמֵי תּוֹרָה וּמִקְרָא, וּמִשְׁנָה וּמִדְרָשׁ, הֲלָכוֹת וְאַגָּדוֹת, וּשְׁמוּעוֹת וְתוֹסָפוֹת, וְאוֹמְרִים - **הֲלָכָה לְמֹשֶׁה**

---

[8] במדבר יב ז

[9] תהלים יב ז

[10] שמות ד יג

מִסִּינַי, מִיָּד נִתְקָרְרָה דַּעְתּוֹ. וְכֵיוָן שֶׁרָאָה הַקָּדוֹשׁ בָּרוּךְ הוּא אֵיךְ נִתְקָרְרָה דַּעְתּוֹ, אָמַר הֲרֵי - וְאַהֲרֹן[11] אָחִיךָ יִהְיֶה נְבִיאֶךָ. יְהֵא מְתֻרְגְּמָן שֶׁלְּךָ לִפְנֵי פַּרְעֹה. וּמִפְּנֵי מָה אַתָּה מִתְיָרֵא, אַתָּה דַּבֵּר לוֹ בִּשְׁמִי בִּפְנֵי פַּרְעֹה הָרָשָׁע, וְהוּא יַעֲמֹד לְפָנֶיךָ וִידַבֵּר אֵלָיו, שֶׁנֶּאֱמַר - וְאַהֲרֹן[12] אָחִיךָ יְדַבֵּר אֶל פַּרְעֹה. בְּאוֹתָהּ שָׁעָה נִפְתְּחוּ לוֹ לְמֹשֶׁה דַּלְתֵי דִּבּוּר וּפִתְחֵי שִׂיחָה, וְהָיָה מֹשֶׁה מוֹצֵא פִּתְחוֹן פֶּה וּמַעֲנֵה לָשׁוֹן יוֹתֵר מִכָּל בָּאֵי עוֹלָם, שֶׁנֶּאֱמַר - שְׂפָתַיִם[13] יִשָּׁק מֵשִׁיב דְּבָרִים נְכֹחִים.

---

[11] שמות ז א

[12] שמות ז ב

[13] משלי כד כו

אות ק'

קו"ף - זֶה מֹשֶׁה אֲבִי הַחֲכָמִים, אֲבִי כָּל הַנְּבִיאִים. אֲבִי כָּל הַחֲכָמִים שֶׁהִקִּיף לִפְנֵי פַּרְעֹה כָּל דִּבְרֵי חָכְמָה, וְכָל דִּבְרֵי בִּינָה, וְכָל דִּבְרֵי עָרְמָה, וְכָל דִּבְרֵי דֵּעָה, וְכָל דִּבְרֵי הַשֵּׂכֶל, בְּשִׁבְעִים לָשׁוֹן. וְהָיוּ שִׁבְעִים סוֹפְרִים כּוֹתְבִים שִׁבְעִים לָשׁוֹן, וְכָל כְּתַב וּכְתַב עוֹמְדִים לִפְנֵי פַּרְעֹה הָרָשָׁע. כֵּיוָן שֶׁרָאוּ אֶת מֹשֶׁה וְאֶת אַהֲרֹן שֶׁהֵם דּוֹמִין לְמַלְאֲכֵי הַשָּׁרֵת, וְרוּם קוֹמָתָן כְּאַרְזֵי לְבָנוֹן, וְגַלְגַּל עֵינֵיהֶם דּוֹמִין לְגַלְגַּלֵּי כּוֹכַב הַנּוֹגַהּ, וּזְקָנָם שֶׁלָּהֶן כְּאֶשְׁכּוֹלוֹת תְּמָרָה, וְזִיו פְּנֵיהֶם כְּזִיו הַחַמָּה, וּמַטֵּה הָאֱלֹהִים בְּיָדָם שֶׁחָקוּק עָלָיו **שֵׁם הַמְּפֹרָשׁ**, וּמִדִּבּוּר פִּיהֶם יוֹצְאִים שַׁלְהָבוֹת, מִיָּד נָפְלָה עֲלֵיהֶם פַּחַד וּרְעָדָה, אֵימָה וְזֵעָה וְרֶתֶת, וְהִשְׁלִיכוּ קֻלְמוּסֵיהֶם מִיָּדָם, וְאַגְרוֹתָם מֵעַל שִׁכְמָם, וְנָפְלוּ עַל פְּנֵיהֶם לִפְנֵי מֹשֶׁה וְאַהֲרֹן וְהָיוּ מִשְׁתַּחֲוִים לָהֶם, שֶׁנֶּאֱמַר[1] - שָׂמַח מִצְרַיִם בְּצֵאתָם כִּי נָפַל פַּחְדָּם עֲלֵיהֶם. הִיקֵּשׁ בִּיאָתָם לִצְאתָם - מָה בְּצֵאתָם נָפַל פַּחְדָּם עֲלֵיהֶם, אַף בְּבִיאָתָם נָפַל פַּחְדָּם עֲלֵיהֶם. אַחַר כָּךְ אָמַר לָהֶם פַּרְעֹה - מִי שְׁלַחֲכֶם אֶצְלִי? אָמְרוּ לוֹ - כֹּה[2] אָמַר הוי"ה אֱלֹהֵי הָעִבְרִים שַׁלַּח אֶת עַמִּי וְיַעַבְדֻנִי. מֵשִׁיב פַּרְעֹה וְאָמַר - מָה שְׁמוֹ שֶׁל אֱלֹהֵיכֶם, מָה כֹּחוֹ וּגְבוּרָתוֹ, בְּכַמָּה מְדִינוֹת בְּכַמָּה אֲרָצוֹת בְּכַמָּה עֲיָרוֹת הוּא מֶלֶךְ. כַּמָּה מִלְחָמוֹת עָשָׂה וְנִצַּח, כַּמָּה מְדִינוֹת כָּבַשׁ, כַּמָּה עֲיָרוֹת לָכַד, כַּמָּה חַיָּלוֹת וּפָרָשִׁים וְרֶכֶב וּשְׁלִישִׁים יֵשׁ עִמּוֹ בְּצֵאתוֹ לַמִּלְחָמָה? אָמְרוּ לוֹ - כֹּחוֹ וּגְבוּרָתוֹ מָלֵא עוֹלָם, קוֹלוֹ חוֹצֵב לַהֲבוֹת אֵשׁ, דִּבּוּרוֹ מְפָרֵק הָרִים, כִּסְאוֹ שָׁמַיִם, וְאֶרֶץ הֲדוֹם רַגְלָיו, קַשְׁתּוֹ אֵשׁ, חִצָּיו שַׁלְהֶבֶת, רָמְחוֹ לַפִּיד, מָגִנּוֹ עֲנָנִים, חַרְבּוֹ בָּרָק וְלֹא בַּרְזֶל, יוֹצֵר הָרִים וּגְבָעוֹת, בּוֹרֵא רוּחוֹת וּנְשָׁמוֹת, עוֹשֶׂה שָׁלוֹם בֵּין אֵשׁ לְמַיִם, בּוֹרֵא שָׁמַיִם בְּלֹא כְלוּם בְּדִבּוּרוֹ, רוֹקַע הָאָרֶץ בְּשִׂיחָתוֹ, יוֹצֵר הָרִים בְּחָכְמָתוֹ, צָר אֶת הָעֻבָּר בִּמְעֵי

[1] תהלים קה לח
[2] שמות ט א

אִמּוֹ, מְכַסֶּה שָׁמַיִם בְּעָבִים, וּמוֹרִיד טַל וּמָטָר בְּמַאֲמָרוֹ, וּמַצְמִיחַ אֲדָמָה, זָן[3] וּמְפַרְנֵס כָּל הָעוֹלָם מִקַּרְנֵי רְאֵמִים עַד בֵּיצֵי כִנִּים, מֵמִית וּמְחַיֶּה בְּכָל יוֹם. מֵשִׁיב פַּרְעֹה וְאוֹמֵר לוֹ - אֵינִי צָרִיךְ לוֹ כְּלוּם, שֶׁאֲנִי בָּרָאתִי עַצְמִי, שֶׁנֶּאֱמַר - לִי[4] יְאֹרִי וַאֲנִי עֲשִׂיתִנִי. עָשִׂיתִי לֹא נֶאֱמַר אֶלָּא עֲשִׂיתִנִי, שֶׁעָשִׂיתִי אֶת עַצְמִי. מַהוּ שֶׁאָמַר לִי יְאוֹרִי, מְלַמֵּד שֶׁכָּךְ אָמַר לָהֶם - אַתֶּם אוֹמְרִים כִּי הוּא מוֹרִיד טַל וּמָטָר, הָא כְּבָר יֵשׁ לִי נִילוּס נְהַר שֶׁיּוֹצֵא מִתַּחַת עֵץ חַיִּים וּמֵימָיו מִתְבָּרְכִין, וְעַל רָאשֵׁי מֵימָיו מְשׁוּבִין וְיוֹצְאִין פְּרִי גַּן עֵדֶן, שֶׁכָּל פְּרִי וּפְרִי מַשָּׂאוֹ שְׁנֵי בְּנֵי אֲתוֹנוֹת, וְכָל הָאוֹכֵל מִמֶּנּוּ טוֹעֵם בְּכָל אֶחָד וְאֶחָד שָׁלֹשׁ מֵאוֹת מַטְעָמִים. שׁוּב אָמַר לָהֶם פַּרְעֹה לְמֹשֶׁה וְאַהֲרֹן - הַמְתִּינוּ לִי עַד שֶׁאָבִיא דְּלוּסְקָא שֶׁל כְּתָבִים וְשֶׁל אִגְּרוֹת מַלְכֵי בְּרֵאשִׁית וְרוֹזְנֵי תֵּבֵל שֶׁמֵּעוֹלָם כְּתוּבוֹת, וְאֶתֵּן אוֹתָם לְסוֹפְרִים לִקְרֹא אֶת כֻּלָּן בְּשִׁבְעִים לָשׁוֹן, שֶׁמָּא אֶמְצָא בָּהּ אִגֶּרֶת אַחַת בְּשֵׁם אֱלֹהֵיכֶם, שֶׁאִי אֶפְשָׁר שֶׁמֵּעוֹלָם לֹא שָׁלַח לִי אַגֶּרֶת שָׁלוֹם וְלֹא סֵפֶר בְּרָכָה. מָה עָשָׂה? שִׁגֵּר וּפָתַח כָּל דַּלְתֵי גִּנְזֵי סְפָרָיו שֶׁמִּימֵי בְּרֵאשִׁית, וֶהֱבִיאָם לִפְנֵי מֹשֶׁה וְאַהֲרֹן, וְקָרָא לְשִׁבְעִים סוֹפְרִים יוֹדְעִים שִׁבְעִים לָשׁוֹן כָּל אֶחָד וְאֶחָד לִקְרוֹת לִפְנֵיהֶם בְּשָׁעָה אַחַת. וְכֵיוָן שֶׁרָאָה שֶׁלֹּא נִכְתַּב בָּהֶם שְׁמוֹ שֶׁל הַקָּדוֹשׁ בָּרוּךְ הוּא, אָמַר - לֹא יָדַעְתִּי אֶת אֱלֹהֵיכֶם, לֹא הוּא וְלֹא שְׁמוֹ, לֹא כֹּחוֹ וְלֹא גְּבוּרָתוֹ, שֶׁנֶּאֱמַר[5] - וַיֹּאמֶר פַּרְעֹה מִי הוי"ה אֲשֶׁר אֶשְׁמַע בְּקֹלוֹ לְשַׁלַּח אֶת יִשְׂרָאֵל לֹא יָדַעְתִּי אֶת הוי"ה. בְּאוֹתָהּ שָׁעָה אָמַר לוֹ הַקָּדוֹשׁ בָּרוּךְ הוּא - רָשָׁע, אַתָּה אוֹמֵר לִשְׁלוּחַי אֵינִי יוֹדֵעַ כֹּחַ וּגְבוּרָה שֶׁל אֱלֹהֵיכֶם, הֲרֵינִי מַעֲמִידְךָ בִּשְׁבִיל דָּבָר זֶה שֶׁאָמַרְתָּ - וְאוֹדִיעֲךָ כֹּחִי וּגְבוּרָתִי לְמַעַן תְּסַפֵּר כְּבוֹדִי בְּכָל הָעוֹלָם, שֶׁנֶּאֱמַר - וְאוּלָם[6] בַּעֲבוּר זֹאת הֶעֱמַדְתִּיךָ בַּעֲבוּר הַרְאֹתְךָ אֶת כֹּחִי וּלְמַעַן סַפֵּר שְׁמִי בְּכָל הָאָרֶץ. מָה עָשָׂה פַּרְעֹה הָרָשָׁע בְּאוֹתָהּ שָׁעָה? שִׁגֵּר וְקָרָא אֶת כָּל חַכְמֵי אֶרֶץ מִצְרַיִם וּנְבוֹנֵי תֵּבֵל. וְאָמַר לָהֶם כְּלוּם שְׁמַעְתֶּם שֵׁם אֱלֹהֵיהֶם

---

[3] עבודה זרה ג ב
[4] יחזקאל כט ג
[5] שמות ה ב
[6] שמות ט טז

שֶׁל הַלָּלוּ? אָמְרוּ, כָּךְ שָׁמַעְנוּ מֵעוֹלָם שֶׁבֶּן חֲכָמִים הוּא, בֶּן מַלְכֵי קֶדֶם. בְּאוֹתָהּ שָׁעָה אָמַר לָהֶם הַקָּדוֹשׁ בָּרוּךְ הוּא מִשְּׁמֵי מָרוֹם - שׁוֹטִים שֶׁבָּעוֹלָם, אַתֶּם קְרָאתֶם עַצְמְכֶם חֲכָמִים וְלִי בֶּן חֲכָמִים. הֲרֵי אֲנִי מְאַבֵּד אֶת חָכְמַתְכֶם וְאֶת בִּינַתְכֶם, שֶׁנֶּאֱמַר - וְאָבְדָה[7] חָכְמַת חֲכָמָיו וּבִינַת נְבֹנָיו תִּסְתַּתָּר. וּמִנַּיִן שֶׁאָמַר לָהֶם הַקָּדוֹשׁ בָּרוּךְ הוּא אַתֶּם קְרָאתֶם עַצְמְכֶם חֲכָמִים, וְלִי בֶּן חֲכָמִים? שֶׁנֶּאֱמַר - אַךְ[8] אֱוִלִים שָׂרֵי צֹעַן חַכְמֵי יֹעֲצֵי פַרְעֹה עֵצָה נִבְעָרָה אֵיךְ תֹּאמְרוּ אֶל פַּרְעֹה בֶּן חֲכָמִים אֲנִי בֶּן מַלְכֵי קֶדֶם.

---

7 ישעיהו כט יד

8 ישעיהו יט יא

אות ר'

רי"ש - רֹאשׁ, זֶה הַקָּדוֹשׁ בָּרוּךְ הוּא שֶׁהוּא רֹאשׁ לְכָל הָעוֹלָם וְסוֹפוֹ, וְהוּא קוֹרֵא דּוֹרוֹת רִאשׁוֹנִים וְדוֹרוֹת אַחֲרוֹנִים, שֶׁנֶּאֱמַר - מִי[1] פָעַל וְעָשָׂה קֹרֵא הַדֹּרוֹת מֵרֹאשׁ אֲנִי הוי"ה רִאשׁוֹן וְאֶת אַחֲרֹנִים אֲנִי הוּא.

דָּבָר אַחֵר, רי"ש - זֶה רֹאשׁוֹ שֶׁל הַקָּדוֹשׁ בָּרוּךְ הוּא שֶׁדּוֹמֶה לְכֶתֶם פָּז, שֶׁנֶּאֱמַר[2] - רֹאשׁוֹ כֶּתֶם פָּז קְוֻצּוֹתָיו תַּלְתַּלִּים שְׁחֹרוֹת כָּעוֹרֵב. **רֹאשׁוֹ כֶּתֶם פָּז** - זֶה רֹאשׁ הַמִּדְרָשׁ, שֶׁכָּל טַעַם וְטַעַם שָׁקוּל כְּכֶתֶם פָּז. **קְוֻצּוֹתָיו תַּלְתַּלִּים** - עַל כָּל קוֹץ וָקוֹץ תִּלֵּי תִּלִּים שֶׁל הֲלָכוֹת. **שְׁחֹרוֹת כָּעוֹרֵב** - שֶׁכָּל הֲלָכָה וַהֲלָכָה טוֹעֶנֶת חֵן בִּפְנֵי עַצְמָהּ.

דָּבָר אַחֵר, רי"ש - אֵין רֵישׁ אֶלָּא דְּבָרוֹ שֶׁל הַקָּדוֹשׁ בָּרוּךְ הוּא שֶׁנִּקְרָא רֹאשׁ, שֶׁבּוֹ בָּרָא הַקָּדוֹשׁ בָּרוּךְ הוּא שִׁבְעָה רְקִיעִים וְכָל פָּמַלְיָא שֶׁלּוֹ. וּמִנַּיִן שֶׁדְּבָרוֹ נִקְרָא רֹאשׁ? שֶׁנֶּאֱמַר - רֹאשׁ[3] דְּבָרְךָ אֱמֶת. וּמִנַּיִן שֶׁבּוֹ בָּרָא הַקָּדוֹשׁ בָּרוּךְ הוּא שִׁבְעָה רְקִיעִים? שֶׁנֶּאֱמַר - בִּדְבַר[4] הוי"ה שָׁמַיִם נַעֲשׂוּ וּבְרוּחַ פִּיו כָּל צְבָאָם. נַעֲשָׂה לֹא נֶאֱמַר אֶלָּא נַעֲשׂוּ - אֵלּוּ שִׁבְעָה רְקִיעִים שֶׁבְּרָאָן הַקָּדוֹשׁ בָּרוּךְ הוּא בְּדִבּוּר אֶחָד, בִּדְבָרָיו לֹא נֶאֱמַר אֶלָּא בִּדְבַר הוי"ה. וּמִנְיָן שֶׁכָּל פָּמַלְיָא וּפָמַלְיָא שֶׁבְּכָל רָקִיעַ וְרָקִיעַ נִבְרְאוּ בָּרוּחַ? שֶׁנֶּאֱמַר וּבְרוּחַ פִּיו כָּל צְבָאָם.

דָּבָר אַחֵר, רי"ש - אֵין רֵישׁ אֶלָּא מִגְדָּל שֶׁבָּנוּ בְּנֵי דּוֹר הַפְּלָגָה שֶׁרֹאשׁוֹ מַגִּיעַ לַשָּׁמַיִם, שֶׁנֶּאֱמַר - הָבָה[5] נִבְנֶה לָּנוּ עִיר וּמִגְדָּל וְרֹאשׁוֹ בַשָּׁמַיִם. בְּאוֹתָהּ שָׁעָה אָמְרוּ בְּנֵי דּוֹר הַפְּלָגָה, לֹא

---

1 ישעיהו מא ד
2 שיר השירים ה יא
3 תהלים קיט קס
4 תהלים לג ו
5 בראשית יא ד

שׁוֹטִים הָיוּ בְּנֵי הַמַּבּוּל שֶׁאָמְרוּ לְבוֹרְאָם סוּר מִמֶּנּוּ עַד שֶׁהִמְטִיר עֲלֵיהֶם מֵי הַמַּבּוּל אַרְבָּעִים יוֹם וְאַרְבָּעִים לַיְלָה וְאִבְּדָן מִן הָעוֹלָם, שֶׁנֶּאֱמַר - קַל[6] הוּא עַל פְּנֵי מַיִם. אֲבָל אָנוּ נִבְנֶה מִגְדָּל מֵהָאָרֶץ עַד לָרָקִיעַ וְנֵשֵׁב בְּתוֹכוֹ כְּמַלְאֲכֵי הַשָּׁרֵת, וְנִקַּח קַרְדֻּמּוֹת בְּיָדֵינוּ וְנִבְקִיעַ הָרָקִיעַ, וְיָזוּבוּ הַמַּיִם הָעֶלְיוֹנִים לְמַטָּה אֵצֶל הַמַּיִם הַתַּחְתּוֹנִים, כְּדֵי שֶׁלֹּא יַעֲשֶׂה בָּנוּ כְּשֵׁם שֶׁעָשָׂה בִּבְנֵי דּוֹר הַמַּבּוּל. בְּאוֹתָהּ שָׁעָה נִתְחַלְּקוּ בְּנֵי דּוֹר הַפְּלָגָה לְשָׁלֹשׁ כִּתּוֹת - **כַּת אַחַת אוֹמֶרֶת** נִבְנֶה מִגְדָּל מִן הָאָרֶץ עַד לָרָקִיעַ, וְנֵשֵׁב בְּתוֹכוֹ כְּמַלְאֲכֵי הַשָּׁרֵת, כְּדֵי שֶׁיִּהְיוּ מוֹשָׁבֵנוּ בָּעֶלְיוֹנִים וּבַתַּחְתּוֹנִים. **וְכַת שְׁנִיָּה אוֹמֶרֶת** נִבְנֶה מִגְדָּל מֵהָאָרֶץ עַד לָרָקִיעַ, וְנַעֲשֶׂה לָנוּ שֵׁם, וְאֵין שֵׁם אֶלָּא עֲבוֹדָה זָרָה, שֶׁנֶּאֱמַר - וְשֵׁם[7] אֱלֹהִים אֲחֵרִים לֹא תַזְכִּירוּ. **וְכַת שְׁלִישִׁית אוֹמֶרֶת** נִבְנֶה לָנוּ מִגְדָּל מֵהָאָרֶץ לָרָקִיעַ, וְנַחְתֹּךְ הַשָּׁמַיִם וּשְׁמֵי הַשָּׁמַיִם חֲתִיכוֹת חֲתִיכוֹת, וְנַעֲשֶׂה מִלְחָמָה עִם הַקָּדוֹשׁ בָּרוּךְ הוּא וְלֹא נַנִּיחֶנּוּ בִּמְקוֹמוֹ. כַּת הָאוֹמֶרֶת נַעֲלֶה לָרָקִיעַ וְנֵשֵׁב שָׁם כְּמַלְאֲכֵי הַשָּׁרֵת, עֲלֵיהֶם הַכָּתוּב אוֹמֵר - וַיֵּרֶד[8] הוי"ה לִרְאֹת אֶת הָעִיר וְאֶת הַמִּגְדָּל. וְכַת הָאוֹמֶרֶת נַעֲלֶה וְנַעֲבֹד שָׁם עֲבוֹדָה זָרָה, עֲלֵיהֶם הַכָּתוּב אוֹמֵר - הָבָה[9] נֵרְדָה וְנָבְלָה שָׁם שְׂפָתָם. וְכַת הָאוֹמֶרֶת נַעֲשֶׂה מִלְחָמָה, עֲלֵיהֶם הַכָּתוּב אוֹמֵר - וַיָּפֶץ[10] הוי"ה אֹתָם מִשָּׁם.

דָּבָר אַחֵר, רי"ש - אֵין רֵישׁ אֶלָּא נְבוּכַדְנֶצַּר, שֶׁנֶּאֱמַר - אַנְתְּ[11] הוּא רֵאשָׁה דִּי דַהֲבָא.

דָּבָר אַחֵר, רי"ש - אֵין רֵישׁ אֶלָּא מַלְכוּת בָּבֶל, שֶׁנֶּאֱמַר - וַתְּהִי[12] רֵאשִׁית מַמְלַכְתּוֹ בָּבֶל.

---

[6] איוב כד יח
[7] שמות כג יג
[8] בראשית יא ה
[9] בראשית יא ז
[10] בראשית יא ח
[11] דניאל ב לח
[12] בראשית י י

דָּבָר אַחֵר, רי"ש - אֵין רֵישׁ אֶלָּא חֹלִי וּמַכָּה, שֶׁנֶּאֱמַר - כָּל[13] רֹאשׁ לָחֳלִי וְכָל לֵבָב דַּוָּי.

דָּבָר אַחֵר, רי"ש אֵין רֵישׁ אֶלָּא יִשְׂרָאֵל שֶׁנָּתַן הַקָּדוֹשׁ בָּרוּךְ הוּא רֹאשׁ לְכָל הָאֻמּוֹת, שֶׁנֶּאֱמַר - וּנְתָנְךָ[14] הוי"ה לְרֹאשׁ וְלֹא לְזָנָב וְהָיִיתָ רַק לְמַעְלָה וְלֹא תִהְיֶה לְמָטָּה.

---

13 ישעיהו א ה

14 דברים כח יג

אות ש'

שי"ן - זֶה שִׁנֵּיהֶם שֶׁל רְשָׁעִים גְּמוּרִים שֶׁעָתִיד הַקָּדוֹשׁ בָּרוּךְ הוּא לְשׁוֹבְרָן שָׁלֹשׁ פְּעָמִים - אַחַת בָּעוֹלָם הַזֶּה, וְאַחַת לִימוֹת הַמָּשִׁיחַ, וְאַחַת לְעוֹלָם הַבָּא. כְּשֵׁם שֶׁשִּׁי"ן זֶה יֵשׁ לוֹ שָׁלוֹשׁ עֲנָפִים, כָּךְ מַשְׁבֵּר הַקָּדוֹשׁ בָּרוּךְ הוּא שִׁנֵּיהֶם שֶׁל רְשָׁעִים שָׁלֹשׁ פְּעָמִים, שֶׁנֶּאֱמַר - קוּמָה[1] הוי"ה הוֹשִׁיעֵנִי אֱלֹהַי כִּי הִכִּיתָ אֶת כָּל אֹיְבַי לֶחִי שִׁנֵּי רְשָׁעִים שִׁבַּרְתָּ. וְלֹא עוֹד, אֶלָּא שֶׁעֲתִידִין שִׁנֵּיהֶם שֶׁל אוֹכְלֵיהֶם שֶׁל יִשְׂרָאֵל לִימוֹת הַמָּשִׁיחַ לִהְיוֹת יוֹצְאִין מִפִּיהֶם עֶשְׂרִים וּשְׁתַּיִם אַמּוֹת. מִסְפַּר כ"ב אֶפְשָׁר שֶׁהוּא כְּנֶגֶד כ"ב אוֹתִיּוֹת שֶׁבַּתּוֹרָה שֶׁמְּקַיְּמִים יִשְׂרָאֵל. וְכָל בָּאֵי עוֹלָם רוֹאִים וְאוֹמְרִים מָה חָטְאוּ אֵלּוּ שֶׁכָּךְ יוֹצְאִים שִׁנֵּיהֶם מִפִּיהֶם? מְשִׁיבִין וְאוֹמְרִים, מִפְּנֵי שֶׁאוֹכְלִים מָמוֹן שֶׁל יִשְׂרָאֵל שֶׁהֵם קְדוֹשִׁים לַמָּקוֹם כִּתְרוּמָה, שֶׁכָּל הָאוֹכֵל מֵהֶם חַיָּב כְּלָיָה, שֶׁנֶּאֱמַר - קֹדֶשׁ[2] יִשְׂרָאֵל לַהוי"ה רֵאשִׁית תְּבוּאָתֹה כָּל אֹכְלָיו יֶאְשָׁמוּ רָעָה תָּבֹא אֲלֵיהֶם. וְכֵיצַד מַשְׁבֵּר הַקָּדוֹשׁ בָּרוּךְ הוּא שִׁנֵּיהֶם שֶׁל רְשָׁעִים גְּמוּרִים שָׁלֹשׁ פְּעָמִים? מְלַמֵּד שֶׁיְּחַלֵּק הַקָּדוֹשׁ בָּרוּךְ הוּא עִם שָׂרִים וּגְדוּדִים בִּשְׁמֵי מָרוֹם, וְאוֹמֵר לָהֶם - שָׂרַי וּגְדוּדַי, הִסְתַּכְּלוּ בִּרְשָׁעִים גְּמוּרִים הַלָּלוּ שֶׁגָּזְלוּ וְחָמְסוּ אֶת בָּנַי וְאָכְלוּ אֶת עַמִּי. מְשִׁיבִים שָׂרִים וּגְדוּדִים - אַתָּה שַׁלִּיט בְּעוֹלָמְךָ וְעַל כָּל מַעֲשֵׂה יָדֶיךָ שֶׁבָּרָאתָ בָּעוֹלָם, וּמִי יֹאמַר לְךָ מַה תַּעֲשֶׂה, שֶׁנֶּאֱמַר - בַּאֲשֶׁר[3] דְּבַר מֶלֶךְ שִׁלְטוֹן וּמִי יֹאמַר לוֹ מַה תַּעֲשֶׂה. מֵשִׁיב הַקָּדוֹשׁ בָּרוּךְ הוּא וְאוֹמֵר לָהֶם - אִם כֵּן, אֲנִי וְאַתֶּם נִשְׁבֹּר שִׁנֵּיהֶם בַּתְּחִילָּה, וְאַחַר כָּךְ נִטָּלִים מִן הָעוֹלָם. גְּדוּדַי, אֲנִי הִפְקַדְתִּי אֶתְכֶם בָּעוֹלָם הַזֶּה שֶׁתִּזְקְקוּ אֶצְלָם וְתִשְׁבְּרוּ שִׁנֵּיהֶם וְתַטִּילוּם מִן הָעוֹלָם, שֶׁנֶּאֱמַר - וְשֶׁבֶר[4] פֹּשְׁעִים וְחַטָּאִים יַחְדָּו. לַשָּׂרִים אוֹמֵר לָהֶם - אֲנִי הִפְקַדְתִּי אֶתְכֶם עֲלֵיהֶם לִימוֹת הַמָּשִׁיחַ,

---

[1] תהלים ג ח

[2] ירמיהו ב ג

[3] קהלת ח ד

[4] ישעיהו א כח

שֶׁתִּזְקְקוּ אֶצְלָם וְתִשְׁבְּרוּ שִׁנֵּיהֶם וְתַטִּילוּם מִן הָעוֹלָם, שֶׁנֶּאֱמַר - יֵבֹשׁוּ[5] רֹדְפַי וְאַל אֵבֹשָׁה אָנִי יֵחַתּוּ הֵמָּה וְאַל אֵחַתָּה אָנִי הָבִיא עֲלֵיהֶם יוֹם רָעָה וּמִשְׁנֶה שִׁבָּרוֹן שָׁבְרֵם. אַף אֲנִי בְּעַצְמִי אֲנִזְקֵק לָהֶם וּמְשַׁבֵּר אֶת שִׁנֵּיהֶם וְהַטְרְדָם מִן הָעוֹלָם, שֶׁנֶּאֱמַר - שָׁבַר[6] הוי"ה מַטֵּה רְשָׁעִים שֵׁבֶט מֹשְׁלִים. וְכֵיצַד מַשְׁבְּרִים אֶת שִׁנֵּיהֶם בָּעוֹלָם הַזֶּה? מְלַמֵּד שֶׁיּוֹרְדִין גְּדוּדִין מִן הַשָּׁמַיִם, וְנִזְקָקִין כָּל אֶחָד אֵצֶל כָּל רָשָׁע וְרָשָׁע, וּמַשְׁבְּרִים שִׁנֵּיהֶם וִיכַלּוּם מִן הָעוֹלָם, שֶׁנֶּאֱמַר[7] - קוֹל הוי"ה שֹׁבֵר אֲרָזִים. אֵלּוּ רְשָׁעִים שֶׁדּוֹמִין לְאַרְזֵי הַלְּבָנוֹן בָּעוֹלָם הַזֶּה מִפְּנֵי גַּאוּתָן, שֶׁנֶּאֱמַר- וְאָנֹכִי[8] הִשְׁמַדְתִּי אֶת הָאֱמֹרִי מִפְּנֵיהֶם אֲשֶׁר כְּגֹבַהּ אֲרָזִים גָּבְהוֹ וְחָסֹן הוּא כָּאַלּוֹנִים וָאַשְׁמִיד פִּרְיוֹ מִמַּעַל וְשָׁרָשָׁיו מִתָּחַת. **פִּרְיוֹ** זֶה הַגּוּף **וְשָׁרְשׁוֹ** זֶה נְשָׁמָה. וְכֵיוָן שֶׁבָּא מָשִׁיחַ לְיִשְׂרָאֵל, יוֹרְדִין עִמּוֹ מִיכָאֵל וְגַבְרִיאֵל שָׂרֵי צְבָאוֹת וְשָׂרֵי קְדוֹשִׁים וְאַדִּירִים וְעוֹשִׂין מִלְחָמָה עִם רְשָׁעִים מִשָּׁלֹשׁ שָׁעוֹת עַד תֵּשַׁע שָׁעוֹת, וְהוֹרְגִים תֵּשַׁע עֶשֶׂר אֲלָפִים רְבָבוֹת מֵרְשָׁעִים שֶׁבָּאֻמּוֹת, שֶׁנֶּאֱמַר - יִתַּמּוּ[9] חַטָּאִים מִן הָאָרֶץ וּרְשָׁעִים עוֹד אֵינָם. אֵימָתַי מְרֻבֶּה שִׁבְחוֹ שֶׁל הַקָּדוֹשׁ בָּרוּךְ הוּא? בִּזְמַן שֶׁיִּכָלוּ רְשָׁעִים מִן הָאָרֶץ, שֶׁנֶּאֱמַר - וּבַאֲבֹד[10] רְשָׁעִים רִנָּה. וְאַף לָעוֹלָם הַבָּא יוֹרֵד הַקָּדוֹשׁ בָּרוּךְ הוּא בְּעַצְמוֹ מִן הַשָּׁמַיִם וְעוֹשֶׂה דִּין בִּרְשָׁעִים, וּמְשַׁבֵּר שִׁנֵּיהֶם בְּמַטֶּה שֶׁל גֶּחָלִים, וּמְאַבְּדָן מִן הָעוֹלָם, שֶׁנֶּאֱמַר - מַכֶּה[11] עַמִּים בְּעֶבְרָה מַכַּת בִּלְתִּי סָרָה. וְאֵין עֶבְרָה אֶלָּא יוֹם דִּינָהּ שֶׁל גֵּיהִנֹּם, שֶׁנֶּאֱמַר - יוֹם[12] עֶבְרָה הַיּוֹם הַהוּא.

דָּבָר אַחֵר, שי"ן - שְׁלֹשָׁה עֲנָפִין כְּנֶגֶד שְׁלֹשָׁה עוֹלָמוֹת שֶׁאָדָם דָּר בָּהֶן, עוֹלָם הַזֶּה וִימוֹת הַמָּשִׁיחַ וְעוֹלָם הַבָּא.

---

5 ירמיהו יז יח
6 ישעיהו יד ה
7 תהלים כט ה
8 עמוס ב ט
9 תהלים קד לה
10 משלי יא י
11 ישעיהו יד ו
12 צפניה א טו

דָּבָר אַחֵר, כְּנֶגֶד רוּחַ וּנְשָׁמָה וְגוּף שֶׁאָדָם תָּלוּי בָּהֶן.

דָּבָר אַחֵר, כְּנֶגֶד שָׁלֹשׁ קְדוּשׁוֹת שֶׁבָּעוֹלָם, וְאֵלּוּ הֵן - קְדֻשַּׁת הַקָּדוֹשׁ בָּרוּךְ הוּא, קְדֻשַּׁת שַׁבָּת, וּקְדֻשַּׁת יִשְׂרָאֵל. קְדֻשַּׁת הַקָּדוֹשׁ בָּרוּךְ הוּא מִנַּיִן? שֶׁנֶּאֱמַר - וְאַתָּה[13] קָדוֹשׁ יוֹשֵׁב תְּהִלּוֹת יִשְׂרָאֵל. קְדֻשַּׁת שַׁבָּת מִנַּיִן? שֶׁנֶּאֱמַר - וּשְׁמַרְתֶּם[14] אֶת הַשַּׁבָּת כִּי קֹדֶשׁ הִוא לָכֶם. קְדֻשַּׁת יִשְׂרָאֵל מִנַּיִן? שֶׁנֶּאֱמַר[15] - קֹדֶשׁ יִשְׂרָאֵל לַהוי"ה רֵאשִׁית תְּבוּאָתֹה.

[13] תהלים כב ד
[14] שמות לא יד
[15] ירמיהו ב ג

אות ת'

תי"ו - אַל תִּקְרֵי תי"ו אֶלָּא תָּאו, זוֹ תַּאֲוָתוֹ שֶׁל בָּשָׂר וָדָם, שֶׁהוּא מִתְאַוֶּה בָּעוֹלָם הַזֶּה בְּכָל יוֹם וָיוֹם לְכָל דָּבָר. וְלֹא עוֹד אֶלָּא שֶׁנַּפְשׁוֹ דָּאֲבָה לְתַאֲוָה עַד שֶׁמְּצָאָן, שֶׁנֶּאֱמַר - גָּרְסָה[1] נַפְשִׁי לְתַאֲבָה אֶל מִשְׁפָּטֶיךָ בְכָל עֵת. וְכֵיוָן שֶׁמְּצָאָן נִפְטַר וְהוֹלֵךְ מִן הָעוֹלָם, שֶׁנֶּאֱמַר - כִּי[2] עַתָּה שָׁכַבְתִּי וְאֶשְׁקוֹט יָשַׁנְתִּי אָז יָנוּחַ לִי. שֶׁהוּא יָשֵׁן שֵׁנָה מְתוּקָה עוֹלָם הַבָּא, וְאֵין שֹׂבַע בָּעוֹלָם הַזֶּה אֶלָּא מְעַט לְפִי שָׁעָה כְּדֵי שֶׁיִּחְיֶה. כֵּיצַד, בָּשָׂר וָדָם יוֹצֵא עָרוֹם מִמְּעֵי אִמּוֹ בְּלֹא לָבוּשׁ, בְּלֹא כְּסוּת, בְּלֹא מִנְעָל, בְּלֹא סַנְדָּל, בְּלֹא חֲגוֹר, בְּלֹא מְעִיל. בְּלֹא דַּעַת, בְּלֹא בִּינָה, בְּלֹא עֵצָה, בְּלֹא מַחֲשָׁבָה. בְּלֹא פִּתְחוֹן פֶּה, בְּלֹא מַעֲנֵה לָשׁוֹן, בְּלֹא דִּבּוּר, בְּלֹא מֶלֶל. בְּלֹא תּוֹרָה, בְּלֹא חָכְמָה. בְּלֹא כֹּחַ, בְּלֹא גְּבוּרָה, בְּלֹא הֲלִיכַת רֶגֶל, בְּלֹא עֲשִׂיַּת מַעֲשֶׂה, בְּלֹא מִצְוָה, בְּלֹא צְדָקָה, בְּלֹא גְּמִילוּת חֲסָדִים, בְּלֹא אִישָּׁה בְּלֹא בָּנִים, בְּלֹא בַּיִת, בְּלֹא בִּנְיָן, בְּלֹא שָׂדוֹת, בְּלֹא כְּרָמִים, בְּלֹא עֲבָדִים, בְּלֹא שְׁפָחוֹת. בְּלֹא כֶּסֶף, בְּלֹא זָהָב, בְּלֹא אֲבָנִים טוֹבוֹת, בְּלֹא מַרְגָּלִיּוֹת. בְּלֹא גְּדוֹלָה, בְּלֹא גַּאֲוָה, בְּלֹא עֹשֶׁר, בְּלֹא כָּבוֹד. וּבְלֹא כָּל מַה שֶּׁבָּרָא הַקָּדוֹשׁ בָּרוּךְ הוּא. וְכֵיוָן שֶׁיָּצָא מִמְּעֵי אִמּוֹ, בְּכָל יוֹם מְצַפֶּה וּמִתְאַוֶּה לְמַעֲנֵה לָשׁוֹן, וְכֵיוָן שֶׁמָּצָא מַעֲנֵה לָשׁוֹן, מִתְאַוֶּה לַהֲלִיכַת רֶגֶל, וְכֵיוָן שֶׁמָּצָא הֲלִיכַת רֶגֶל, מִתְאַוֶּה לַחָכְמָה וּלְתוֹרָה, וְכֵן לָאֻמָּנוּת, וְכֵן לְכֶסֶף וּלְזָהָב, וְלִקַּח אִישָּׁה, וּמִתְאַוֶּה לְבָנִים, וּלְעֹשֶׁר וּנְכָסִים, וּלְשָׂדוֹת וּכְרָמִים, לַעֲבָדִים וּשְׁפָחוֹת, וִיקָר וְכָבוֹד וְשָׁלְטָנִיּוֹת, וּלְכָל מַה שֶּׁבָּרָא הַקָּדוֹשׁ בָּרוּךְ הוּא בְּעוֹלָמוֹ. וְכֵיוָן שֶׁמָּצָא כֻּלָּם נִפְטַר מִן הָעוֹלָם וְהוֹלֵךְ כְּשֶׁהוּא רֵיקָן, שֶׁנֶּאֱמַר אֵין אָדָם שַׁלִּיט בָּרוּחַ לִכְלוֹא אֶת הָרוּחַ - וְאֵין[3] שִׁלְטוֹן בְּיוֹם הַמָּוֶת. וּכְתִיב - וַיִּקְרְבוּ[4] יְמֵי דָוִד לָמוּת. **יְמֵי הַמֶּלֶךְ** לֹא נֶאֱמַר, אֶלָּא

[1] תהלים קיט כ
[2] איוב ג יג
[3] קהלת ח ח
[4] מלכים-א ב א

יְמֵי דָּוִד, לְפִי שֶׁאֵין שְׂרָרָה וּמַלְכוּת בִּשְׁעַת הַמִּיתָה, כְּמוֹת מֶלֶךְ כְּמוֹת עָנִי, וְעַל אוֹתָהּ שָׁעָה אָמַר אִיּוֹב - כִּי[5] אָדָם לְעָמָל יוּלָּד. אֵינִי יוֹדֵעַ אִם לַעֲמַל מְלָאכָה יוּלָּד אִם לְעָמָל תּוֹרָה יוּלָּד, כְּשֶׁהוּא אוֹמֵר - כָּל[6] עֲמַל הָאָדָם לְפִיהוּ. וְנֶאֱמַר - וָאָשִׂים[7] דְּבָרַי בְּפִיךָ. הֱוֵי אוֹמֵר - **לְעָמָל תּוֹרָה יוּלָּד**, כְּדֵי שֶׁיִּזְכֶּה בָּהּ וְיִירַשׁ חַיֵּי הָעוֹלָם הַבָּא, שֶׁנֶּאֱמַר - כָּבוֹד[8] חֲכָמִים יִנְחָלוּ וּכְסִילִים מֵרִים קָלוֹן. **כָּבוֹד חֲכָמִים יִנְחָלוּ** - זֶה כָּבוֹד שֶׁל עוֹלָם הַבָּא, **וּכְסִילִים מֵרִים קָלוֹן** - זוֹ פֻּרְעָנוּתָן שֶׁל רְשָׁעִים בַּגֵּיהִנֹּם, שֶׁנֶּאֱמַר - כָּל[9] עֲמַל הָאָדָם לְפִיהוּ וְגַם הַנֶּפֶשׁ לֹא תִמָּלֵא. **כָּל עֲמַל אָדָם לְפִיהוּ** - בָּעוֹלָם הַזֶּה, **וְגַם הַנֶּפֶשׁ לֹא תִמָּלֵא** - עוֹלָם הַבָּא. דָּרַשׁ גַּם בָּזֶה כָּל עָמָל אָדָם לְפִיהוּ זוֹ תּוֹרָה, וְאִם אֵינוֹ עוֹשֶׂה כֵּן - אָז הַנֶּפֶשׁ לֹא תְמַלֵּא עוֹלָם הַבָּא. זֶהוּ שֶׁאָמַר רַבִּי יִצְחָק, מַרְגְּלָא בְּפוּמֵיהּ דְּרַבִּי אַבָּא לְמֵמַר - סוֹף[10] אָדָם לָמוּת סוֹף בְּהֵמָה לִשְׁחִיטָה, הַכֹּל לְמִיתָה הֵן עוֹמְדִין, אַשְׁרֵי מִי שֶׁעֲמָלוֹ בַּתּוֹרָה וְעוֹשֶׂה נַחַת רוּחַ לְיוֹצְרוֹ, וְגָדַל בְּשֵׁם טוֹב, וְנִפְטַר בְּשֵׁם טוֹב מִן הָעוֹלָם. עָלָיו הַכָּתוּב אוֹמֵר - טוֹב[11] שֵׁם מִשֶּׁמֶן טוֹב וְיוֹם הַמָּוֶת מִיּוֹם הִוָּלְדוֹ.

---

[5] איוב ה ז
[6] קהלת ו ז
[7] ישעיהו נא טז
[8] משלי ג לה
[9] קהלת ו ז
[10] ברכות יז א
[11] קהלת ז א

חלק א

אָמַר רַבִּי עֲקִיבָה אֵלּוּ כ"ב אוֹתִיּוֹת שֶׁבָּהֶן נִתְּנָה תּוֹרָה לְשִׁבְטֵי יִשְׂרָאֵל, וְהֵן חֲקוּקִים ן בְּעֵט שַׁלְהֶבֶת עַל כֶּתֶר נוֹרָא וְאָיֹם שֶׁל הַקָּדוֹשׁ בָּרוּךְ הוּא, וּבְשָׁעָה שֶׁבִּקֵּשׁ הַקָּדוֹשׁ בָּרוּךְ הוּא לִבְראוֹת הָעוֹלָם מִיָּד יָרְדוּ כֻּלָּם וְעָמְדוּ לִפְנֵי הַקָּדוֹשׁ בָּרוּךְ הוּא, זֶה אוֹמֵר לְפָנָיו בִּי תִּבְרָא אֶת הָעוֹלָם, וְזֶה אוֹמֵר לְפָנָיו בִּי תִּבָּרֵא אֶת הָעוֹלָם.

אות ת'

בַּתְּחִלָּה נִכְנְסָה **תי"ו** לִפְנֵי הַקָּדוֹשׁ בָּרוּךְ הוּא וְאָמְרָה לְפָנָיו - רִיבּוֹנוֹ שֶׁל עוֹלָם, רְצוֹנְךָ שֶׁתִּבְרָא בִּי אֶת עוֹלָמְךָ, שֶׁבִּי אַתָּה נוֹתֵן תּוֹרָה לְיִשְׂרָאֵל עַל יְדֵי מֹשֶׁה, שֶׁכָּךְ כְּתִיב[1] - תּוֹרָה צִוָּה לָנוּ מֹשֶׁה מוֹרָשָׁה קְהִלַּת יַעֲקֹב. הֵשִׁיב הַקָּדוֹשׁ בָּרוּךְ הוּא וְאָמַר לָהּ - לָאו. אָמְרָה לוֹ, לָמָּה? אָמַר לָהּ מִפְּנֵי שֶׁאֲנִי עָתִיד לַעֲשׂוֹת בְּךָ רֹשֶׁם עַל מִצְחוֹת הָאֲנָשִׁים הַנֶּאֱנָחִים וְהַנֶּאֱנָקִים אוֹת **תי"ו** כְּדֵי לְאַבְּדָם מִן הָעוֹלָם לֶעָתִיד לָבוֹא, שֶׁנֶּאֱמַר - וַיֹּאמֶר[2] הוי"ה אֵלָיו עֲבֹר בְּתוֹךְ הָעִיר בְּתוֹךְ יְרוּשָׁלָם וְהִתְוִיתָ תָּו עַל מִצְחוֹת הָאֲנָשִׁים הַנֶּאֱנָחִים וְהַנֶּאֱנָקִים עַל כָּל הַתּוֹעֵבוֹת הַנַּעֲשׂוֹת בְּתוֹכָהּ. מַהוּ **וְהִתְוִיתָ תָּו**? מְלַמֵּד שֶׁבְּשָׁעָה שֶׁגָּזַר הַקָּדוֹשׁ בָּרוּךְ הוּא גְּזַר דִּין עַל יְרוּשָׁלַם לְהַחֲרִיבָהּ, קָרָא לוֹ לְמַלְאַךְ הַמָּוֶת וְאָמַר לוֹ לְמַלְאָךְ לֵךְ בִּתְחִילָּה עַל יְרוּשָׁלַם, וּבְחַר בְּתוֹכָהּ צַדִּיקִים וּרְשָׁעִים, וְכָל צַדִּיק וְצַדִּיק שֶׁבְּתוֹכָהּ כְּתוֹב תָּי"ו שֶׁל דְּיוֹ עַל מִצְחוֹ - תָּי"ו תִּחְיֶה כְּדֵי לְהַחֲיוֹת אוֹתָן, וְכָל רָשָׁע וְרָשָׁע שֶׁבְּתוֹכָהּ כְּתוֹב תָּי"ו שֶׁל דָּם עַל מִצְחוֹ - תָּי"ו תָּמוּת. וּמָה נִשְׁתַּנָּה תָּי"ו מִן הָאוֹתִיּוֹת כֻּלָּן? לְלַמֶּדְךָ שֶׁהַתּוֹרָה מַצֶּלֶת הָאָדָם מִכָּל מִינֵי פֻּרְעָנִיּוֹת. בְּאוֹתָהּ שָׁעָה עָמְדָה מִדַּת הַדִּין לִפְנֵי הַקָּדוֹשׁ בָּרוּךְ הוּא וְאָמְרָה לְפָנָיו - רִיבּוֹנוֹ שֶׁל עוֹלָם, אַף הַצַּדִּיקִים שֶׁבְּתוֹכָהּ כְּתוֹב עַל מִצְחָן

[1] דברים לג ד

[2] יחזקאל ט ד

תָּי"ו שֶׁל דָּם - תָּי"ו תָּמוּת, כְּדֵי לְאָבְדָן בִּכְלַל הָרְשָׁעִים. הֵשִׁיב הַקָּדוֹשׁ בָּרוּךְ הוּא וְאָמַר לָהּ, לָמָּה? אָמְרָה לְפָנָיו, מִפְּנֵי שֶׁלֹּא הוֹכִיחוּ אֶת בָּנֶיךָ בְּדִבְרֵי תּוֹכְחוֹת וְלֹא אָמְרוּ לָהֶן אַל תֶּחֶטְאוּ וְאַל תַּעֲשׂוּ דְּבָרִים מְכֹעָרִים, דְּבָרִים שֶׁאֵינָם הֲגוּנִים, דְּבָרִים שֶׁאֵינָם רְאוּיִין לַעֲשׂוֹת. הֵשִׁיב הַקָּדוֹשׁ בָּרוּךְ הוּא, וְאָמַר לוֹ, גָּלוּי וְיָדוּעַ לְפָנַי שֶׁאִם הָיוּ מוֹכִיחִין אוֹתוֹ לֹא הָיוּ שׁוֹמְעִין לָהֶן. הֵשִׁיבָה מִדַּת הַדִּין וְאָמְרָה לְפָנָיו, רִיבּוֹנוֹ שֶׁל עוֹלָם אַף עַל פִּי שֶׁלֹּא הָיוּ מְקַבְּלִין מֵהֶם הָיוּ לָהֶם לְהוֹכִיחָם. מִיָּד שָׁתַק הַקָּדוֹשׁ בָּרוּךְ הוּא וְחִשֵּׁב אֶת כָּל הַצַּדִּיקִים שֶׁהָיוּ בְּאוֹתוֹ הַדּוֹר בִּירוּשָׁלַיִם כִּרְשָׁעִים. בְּאוֹתָהּ שָׁעָה נִשְׁתַּלְּחוּ עַל יְרוּשָׁלַם שִׁשָּׁה מַלְאֲכֵי חַבָּלָה וְחִבְּלוּ אוֹתָן הָאֲנָשִׁים שֶׁבְּתוֹכָהּ, שֶׁנֶּאֱמַר - וְהִנֵּה[3] שִׁשָּׁה אֲנָשִׁים בָּאִים מִדֶּרֶךְ שַׁעַר הָעֶלְיוֹן אֲשֶׁר מָפְנֶה צָפוֹנָה וְאִישׁ כְּלִי מַפָּצוֹ בְּיָדוֹ וְאִישׁ אֶחָד בְּתוֹכָם לָבֻשׁ בַּדִּים וְקֶסֶת הַסֹּפֵר בְּמָתְנָיו וַיָּבֹאוּ וַיַּעַמְדוּ אֵצֶל מִזְבַּח הַנְּחֹשֶׁת. וּמָה נִשְׁתַּנָּה צָפוֹן יוֹתֵר מִכָּל הָרוּחוֹת? מְלַמֵּד שֶׁכָּל הָרוּחוֹת הָרָעוֹת הַבָּאוֹת לָעוֹלָם אֵינָן בָּאוֹת אֶלָּא מִן הַצָּפוֹן, שֶׁנֶּאֱמַר - וַיֹּאמֶר[4] הוי"ה אֵלַי מִצָּפוֹן תִּפָּתַח הָרָעָה עַל כָּל יֹשְׁבֵי הָאָרֶץ. וְאֵלֶּה הֵם שִׁשָּׁה אֲנָשִׁים שֶׁנִּשְׁתַּלְּחוּ עַל יְרוּשָׁלַיִם - אַף[5] וְחֵמָה וְקֶצֶף וּמַשְׁחִית וּמַשְׁמִיד וּמְכַלֶּה, וְכָל אֶחָד וְאֶחָד חֶרֶב פִּיפִיּוֹת בְּיָדוֹ, שֶׁנֶּאֱמַר - וְאִישׁ[6] כְּלִי מַפָּצוֹ בְּיָדוֹ. וְכֵיוָן שֶׁשָּׁמְעָה תָּי"ו הַדָּבָר הַזֶּה מִפִּי הַקָּדוֹשׁ בָּרוּךְ הוּא, מִיָּד יָצְאָה מִלְּפָנָיו בְּפַחֵי נֶפֶשׁ.

אות ש'

אַחַר כָּךְ נִכְנְסָה **שִׁי"ן** וְעָמְדָה לִפְנֵי הַקָּדוֹשׁ בָּרוּךְ הוּא, אָמְרָה לְפָנָיו - רִיבּוֹנוֹ שֶׁל עוֹלָם, רְצוֹנְךָ שֶׁתִּבְרָא בִּי אֶת עוֹלָמְךָ, שֶׁבִּי נִקְרָא שִׁמְךָ הַמְּפֹרָשׁ, שֶׁנֶּאֱמַר - זֶה[7] שְּׁמִי לְעֹלָם וְזֶה זִכְרִי לְדֹר דֹּר. וְעוֹד שֶׁאֲנִי תְּחִילַּת הַשֵּׁם שַׁדַּי. הֵשִׁיב

---

[3] יחזקאל ט ב
[4] ירמיהו א יד
[5] מדרש תנחומא כי תשא כ
[6] יחזקאל ט ב
[7] שמות ג טו

הַקָּדוֹשׁ בָּרוּךְ הוּא וְאָמַר לָהּ, לָאו. אָמְרָה לוֹ, לָמָּה? אָמַר לָהּ מִפְּנֵי שֶׁשָּׁוְא וְשֶׁקֶר שְׁנֵיהֶם נִקְרָאוּ בָּךְ, וְשֶׁקֶר אֵין לוֹ רַגְלַיִם, אַף אַתְּ אֵין לָךְ רַגְלַיִם, אוֹת שֶׁאֵין לוֹ רַגְלַיִם אֵיךְ אֶבְרָא בּוֹ אֶת הָעוֹלָם, מִיָּד יָצְאָה מִלְּפָנָיו בְּפַחֵי נֶפֶשׁ.

אות ר'

אַחַר כָּךְ נִכְנַס **רי"ש** וְאָמְרָה לְפָנָיו, רִיבּוֹנוֹ שֶׁל עוֹלָם, רְצוֹנְךָ שֶׁתִּבְרָא בִּי אֶת הָעוֹלָם, שֶׁבִּי נֶאֱמַר - רֹאשׁ[8] דְּבָרְךָ אֱמֶת. וְעוֹד שֶׁאֲנִי בִּתְחִילַּת שִׁמְךָ הַנִּקְרָא רַחוּם גַּם רְפוּאָה. הֵשִׁיב הַקָּדוֹשׁ בָּרוּךְ הוּא וְאָמַר לָהּ לָאו, אָמְרָה לוֹ לָמָּה, אָמַר לָהּ מִפְּנֵי שֶׁבְּךָ עָתִיד יִשְׂרָאֵל לְהִשְׁתַּעְבֵּד לַעֲבוֹדָה זָרָה, שֶׁנֶּאֱמַר - נִתְּנָה[9] רֹאשׁ וְנָשׁוּבָה מִצְרָיְמָה. וּמִנַּיִן שֶׁנִּקְרָא עֲבוֹדָה זָרָה רֹאשׁ? שֶׁנֶּאֱמַר - הוּא[10] צַלְמָא רֵאשֵׁהּ דִּי דְהַב טָב חֲדוֹהִי וּדְרָעוֹהִי דִּי כְסַף מְעוֹהִי וְיַרְכָתֵהּ דִּי נְחָשׁ. וְעוֹד **רי"ש** - **רַע** וּתְחִלַּת **רָשָׁע**, מִיָּד יָצְאָה מִלִּפְנֵי הַקָּדוֹשׁ בָּרוּךְ הוּא בְּפַחֵי נֶפֶשׁ.

אות ק'

אַחַר כָּךְ נִכְנַס **קו"ף**, וְעָמְדָה לִפְנֵי הַקָּדוֹשׁ בָּרוּךְ הוּא וְאָמְרָה, רִיבּוֹנוֹ שֶׁל עוֹלָם, רְצוֹנְךָ שֶׁתִּבְרָא בִּי אֶת עוֹלָמְךָ, שֶׁבִּי קוֹרְאִין לְפָנֶיךָ לֶעָתִיד לָבֹא קְדֻשָּׁה מְשֻׁלֶּשֶׁת, שֶׁנֶּאֱמַר - וְקָרָא[11] זֶה אֶל זֶה וְאָמַר קָדוֹשׁ קָדוֹשׁ קָדוֹשׁ הוי"ה צְבָאוֹת מְלֹא כָל הָאָרֶץ כְּבוֹדוֹ. הֵשִׁיב הַקָּדוֹשׁ בָּרוּךְ הוּא וְאָמַר לָהּ, לָאו. אָמְרָה לוֹ, לָמָּה? אָמַר לָהּ מִפְּנֵי שֶׁבְּךָ עֲתִידִין קְלָלוֹת לָבֹא בָּעוֹלָם בִּבְנֵי דוֹר הַמַּבּוּל, שֶׁנֶּאֱמַר - קַל[12] הוּא עַל פְּנֵי מַיִם תְּקֻלַּל חֶלְקָתָם בָּאָרֶץ לֹא יִפְנֶה דֶּרֶךְ כְּרָמִים. מִיָּד יָצְאָתָה מִלְּפָנָיו בְּפַחֵי נֶפֶשׁ.

---

[8] תהלים קיט קס
[9] במדבר יד ד
[10] דניאל ב לב
[11] ישעיהו ו ג
[12] איוב כד יח

אות צ'

אַחַר כָּךְ נִכְנַס **צד"י** וְעָמְדָה לִפְנֵי הַקָּדוֹשׁ בָּרוּךְ הוּא וְאָמְרָה, רִיבּוֹנוֹ שֶׁל עוֹלָם, רְצוֹנְךָ שֶׁתִּבְרָא בִּי אֶת עוֹלָמְךָ, שֶׁבִּי נֶאֱמַר לֶעָתִיד בְּכָל יוֹם צִדְקָתֶךָ, שֶׁנֶּאֱמַר - צִדְקָתְךָ[13] כְּהַרְרֵי אֵל מִשְׁפָּטֶךָ תְּהוֹם רַבָּה אָדָם וּבְהֵמָה תוֹשִׁיעַ הוי"ה. צַדִּיק[14] אַתָּה הוי"ה וְיָשָׁר מִשְׁפָּטֶיךָ. כִּי[15] צַדִּיק הוי"ה צְדָקוֹת אָהֵב יָשָׁר יֶחֱזוּ פָנֵימוֹ. הֵשִׁיב הַקָּדוֹשׁ בָּרוּךְ הוּא וְאָמַר לָהּ, לָאו. אָמְרָה לוֹ, לָמָּה? אָמַר לָהּ מִפְּנֵי שֶׁבְּךָ עֲתִידִין לָבוֹא צָרוֹת רַבּוֹת לְיִשְׂרָאֵל, שֶׁנֶּאֱמַר - אֲשֶׁר[16] הִרְאִיתַנִי צָרוֹת רַבּוֹת וְרָעוֹת תָּשׁוּב תְּחַיֵּינִי וּמִתְּהֹמוֹת הָאָרֶץ תָּשׁוּב תַּעֲלֵנִי. וְאָמַר - הוֹי[17] כִּי גָדוֹל הַיּוֹם הַהוּא מֵאַיִן כָּמֹהוּ וְעֵת צָרָה הִיא לְיַעֲקֹב וּמִמֶּנָּה יִוָּשֵׁעַ. וְאוֹמֵר - וְיִירְאוּ[18] מִמַּעֲרָב אֶת שֵׁם הוי"ה וּמִמִּזְרַח שֶׁמֶשׁ אֶת כְּבוֹדוֹ כִּי יָבוֹא כַנָּהָר צָר רוּחַ הוי"ה נֹסְסָה בוֹ. וְכֵיוָן שֶׁשָּׁמַע צד"י הַדָּבָר הַזֶּה, מִיָּד יָצְאָה בְּפַחֵי נֶפֶשׁ.

אות פ'

אַחַר כָּךְ נִכְנַס **פ"ה**, וְעָמְדָה לִפְנֵי הַקָּדוֹשׁ בָּרוּךְ הוּא וְאָמְרָה, רִיבּוֹנוֹ שֶׁל עוֹלָם, רְצוֹנְךָ שֶׁתִּבְרָא בִּי אֶת עוֹלָמְךָ, שֶׁבִּי קוֹרִין לְפָנֶיךָ - פִּקּוּדֵי[19] הוי"ה יְשָׁרִים מְשַׂמְּחֵי לֵב. שֶׁהֵן מְשַׂמְּחִין לִבּוֹ שֶׁל אָדָם, וְעוֹד שֶׁאֲנִי תְּחִילַּת שִׁמְךָ הַנִּקְרָא **פּוֹדֶה**. הֵשִׁיב הַקָּדוֹשׁ בָּרוּךְ הוּא וְאָמַר לָהּ, לָאו. אָמְרָה לוֹ, לָמָּה? אָמַר לָהּ מִפְּנֵי שֶׁבְּךָ עֲתִידִין יִשְׂרָאֵל לִפְרֹעַ עַצְמָן לַעֲבוֹדָה זָרָה, שֶׁנֶּאֱמַר - וַיַּרְא[20] מֹשֶׁה אֶת הָעָם כִּי פָרֻעַ הוּא כִּי פְרָעֹה אַהֲרֹן לְשִׁמְצָה בְּקָמֵיהֶם. וְאֵין שִׁמְצָה[21] אֶלָּא עֲבוֹדָה זָרָה, מִיָּד יָצְאָה מִלְּפָנָיו בְּפַחֵי נֶפֶשׁ.

---

13 תהלים לו ז

14 תהלים קיט קלז

15 תהלים יא ז

16 תהלים עא כ

17 ירמיהו ל ז

18 ישעיהו נט יט

19 תהלים יט ט

20 שמות לב כה

21 כמו - **שמץ פסול** בדברי חז"ל

אות ע'

אַחַר כָּךְ נִכְנַס **עי"ן**, וְעָמְדָה לִפְנֵי הַקָּדוֹשׁ בָּרוּךְ הוּא וְאָמְרָה, רִיבּוֹנוֹ שֶׁל עוֹלָם, רְצוֹנְךָ שֶׁתִּבְרָא בִּי אֶת עוֹלָמְךָ, שֶׁבִּי כָּתוּב - עֵינֵי[22] הוי"ה הֵמָּה מְשׁוֹטְטִים בְּכָל הָאָרֶץ. וְאַתָּה עֵינֶיךָ בְּכָל הָעוֹלָם, שֶׁנֶּאֱמַר - כִּי[23] מִי בַז לְיוֹם קְטַנּוֹת וְשָׂמְחוּ וְרָאוּ אֶת הָאֶבֶן הַבְּדִיל בְּיַד זְרֻבָּבֶל. הֵשִׁיב הַקָּדוֹשׁ בָּרוּךְ הוּא וְאָמַר לָהּ, לָאו. אָמְרָה לוֹ, לָמָּה? אָמַר לָהּ מִפְּנֵי שֶׁבְּךָ עֲתִידִין מְנָאֲפִין לִשְׁמֹר אֶת הַנֶּשֶׁף לַעֲבֹר עֲבֵרָה בָּהּ בַּסֵּתֶר, שֶׁנֶּאֱמַר - וְעֵין[24] נֹאֵף שָׁמְרָה נֶשֶׁף לֵאמֹר לֹא תְשׁוּרֵנִי עָיִן וְסֵתֶר פָּנִים יָשִׂים. וַאֲנִי עָתִיד לַעֲשׂוֹת בְּךָ דִּין, שֶׁנֶּאֱמַר - וְעֵינֵי[25] רְשָׁעִים תִּכְלֶינָה וּמָנוֹס אָבַד מִנְהֶם וְתִקְוָתָם מַפַּח נָפֶשׁ. מִיָּד יָצְאָה מִלִּפְנֵי הַקָּדוֹשׁ בָּרוּךְ הוּא בְּפַחֵי נֶפֶשׁ.

אות ס'

אַחַר כָּךְ נִכְנַס **סמ"ך**, לִפְנֵי הַקָּדוֹשׁ בָּרוּךְ הוּא וְאָמְרָה, רִיבּוֹנוֹ שֶׁל עוֹלָם רְצוֹנְךָ שֶׁתִּבְרָא בִּי אֶת עוֹלָמְךָ, שֶׁבִּי נִקְרֵאתָ סוֹמֵךְ נוֹפְלִים, שֶׁנֶּאֱמַר - סוֹמֵךְ[26] הוי"ה לְכָל הַנֹּפְלִים וְזוֹקֵף לְכָל הַכְּפוּפִים. הֵשִׁיב הַקָּדוֹשׁ בָּרוּךְ הוּא וְאָמַר לָהּ, לָאו. אָמְרָה לוֹ, לָמָּה? אָמַר לָהּ, מִפְּנֵי שֶׁבְּךָ עֲתִידִין אוֹיְבִים לָשׂוּם אֶת עִירִי לְעִיִּים, שֶׁנֶּאֱמַר - שָׂמוּ[27] אֶת יְרוּשָׁלַם לְעִיִּים. מִיָּד יָצְאָה מִלְּפָנָיו בְּפַחֵי נֶפֶשׁ.

אות נ'

אַחַר כָּךְ נִכְנַס **נו"ן**, וְעָמְדָה לִפְנֵי הַקָּדוֹשׁ בָּרוּךְ הוּא וְאָמְרָה, רִיבּוֹנוֹ שֶׁל עוֹלָם, רְצוֹנְךָ שֶׁתִּבְרָא בִּי אֶת עוֹלָמְךָ, שֶׁבִּי אַתָּה נוֹתֵן נְשָׁמָה לַבְּרִיאֹת לֶעָתִיד וְנִקְרֵאת נֵר, שֶׁנֶּאֱמַר - נֵר[28]

---

[22] זכריה ד י
[23] זכריה ד י
[24] איוב כד טו
[25] איוב יא כ
[26] תהלים קמה יד
[27] תהלים עט א
[28] משלי כ כז

הוי"ה נִשְׁמַת אָדָם חֹפֵשׂ כָּל חַדְרֵי בָטֶן. הֵשִׁיב הַקָּדוֹשׁ בָּרוּךְ הוּא וְאָמַר לָהּ, לָאו. אָמְרָה לוֹ, לָמָּה? אָמַר לָהּ מִפְּנֵי שֶׁבְּךָ אֲנִי עָתִיד לְכַבּוֹת נֵרוֹתֵיהֶן שֶׁל רְשָׁעִים לֶעָתִיד לָבֹא, שֶׁנֶּאֱמַר - וְנֵר[29] רְשָׁעִים יִדְעָךְ. וְלֹא עוֹד אֶלָּא שֶׁבְּךָ מִתְעַבְּרוֹת נְשָׁמוֹת לְגֵיהִנֹּם, שֶׁנֶּאֱמַר - כִּי[30] עָרוּךְ מֵאֶתְמוּל תָּפְתֶּה גַּם הִיא לַמֶּלֶךְ הוּכָן הֶעְמִיק הִרְחִב מְדֻרָתָהּ אֵשׁ וְעֵצִים הַרְבֵּה נִשְׁמַת הוי"ה כְּנַחַל גָּפְרִית בֹּעֲרָה בָּהּ. מִיָּד יָצְאָה מִלְּפָנָיו בְּפַחֵי נֶפֶשׁ.

אות מ'

אַחַר כָּךְ נִכְנַס **מ"ם**, וְעָמְדָה לִפְנֵי הַקָּדוֹשׁ בָּרוּךְ הוּא וְאָמְרָה, רִיבּוֹנוֹ שֶׁל עוֹלָם, רְצוֹנְךָ שֶׁתִּבְרָא בִּי אֶת עוֹלָמְךָ, שֶׁבִּי עֲתִידִין בָּאֵי הָעוֹלָם לוֹמַר מַלְכוּתְךָ וּמֶמְשַׁלְתְּךָ בְּכָל, שֶׁנֶּאֱמַר - מַלְכוּתְךָ[31] מַלְכוּת כָּל עֹלָמִים וּמֶמְשַׁלְתְּךָ בְּכָל דּוֹר וָדֹר. וּתְחִילַּת שִׁמְךָ בִּי נִקְרָא - **מֶלֶךְ**, הֵשִׁיב הַקָּדוֹשׁ בָּרוּךְ הוּא וְאָמַר לָהּ, לָאו. אָמְרָה לוֹ, לָמָּה? אָמַר לָהּ מִפְּנֵי שֶׁבְּךָ עָתִיד לָבֹא יוֹם מְהוּמָה, שֶׁנֶּאֱמַר - כִּי[32] יוֹם מְהוּמָה וּמְבוּסָה וּמְבוּכָה לַאדֹנָי הוי"ה צְבָאוֹת בְּגֵיא חִזָּיוֹן מְקַרְקַר קִר וְשׁוֹעַ אֶל הָהָר. מִיָּד יָצְאָה מִלְּפָנָיו בְּפַחֵי נֶפֶשׁ.

אות ל'

אַחַר כָּךְ נִכְנַס למ"ד, לִפְנֵי הַקָּדוֹשׁ בָּרוּךְ הוּא וְאָמַר לוֹ, רִיבּוֹנוֹ שֶׁל עוֹלָם, רְצוֹנְךָ שֶׁתִּבְרָא בִּי עוֹלָמְךָ, שֶׁבִּי אַתָּה עָתִיד לָתֵת לְיִשְׂרָאֵל אֶת לוּחוֹת הַבְּרִית, וּלְלַמְּדָן עֲשֶׂרֶת הַדִּבְּרוֹת, שֶׁנֶּאֱמַר - וְהַלֻּחֹת[33] מַעֲשֵׂה אֱלֹהִים הֵמָּה וְהַמִּכְתָּב מִכְתַּב אֱלֹהִים הוּא חָרוּת עַל הַלֻּחֹת. הֵשִׁיב הַקָּדוֹשׁ בָּרוּךְ הוּא וְאָמַר לָהּ, לָאו. אָמְרָה לוֹ, לָמָּה? אָמַר לָהּ, מִפְּנֵי שֶׁבְּךָ עֲתִידִין לְהִשְׁתַּבֵּר תַּחַת הָהָר וְלִפְרֹחַ הַדְּבָרִים מֵהֶם, שֶׁנֶּאֱמַר -

[29] משלי יג ט
[30] ישעיהו ל לג
[31] תהלים קמה יג
[32] ישעיהו כב ה
[33] שמות לב טז

וָאֶתְפֹּשׂ[34] בִּשְׁנֵי הַלֻּחֹת וָאַשְׁלִכֵם מֵעַל שְׁתֵּי יָדָי וָאֲשַׁבְּרֵם לְעֵינֵיכֶם. מִיָּד יָצְאָה מִלְּפָנָיו בְּפַחֵי נֶפֶשׁ.

אות כ'

אַחַר כָּךְ נִכְנַס **כ"ף**, וּבְאוֹתָהּ שָׁעָה הָיָה רַעַשׁ גָּדוֹל לִפְנֵי הַקָּדוֹשׁ בָּרוּךְ הוּא כְּשֶׁיָּרַד כ"ף מֵעַל כֶּתֶר נוֹרָא שֶׁל הַקָּדוֹשׁ בָּרוּךְ הוּא. נִכְנַס וְעָמְדָה לִפְנֵי כִּסֵּא הַכָּבוֹד וְנִתְרַעַשׁ הַכִּסֵּא, וְגַלְגַּלֵּי הַמֶּרְכָּבָה אֲחָזוּ רְעָדָה. אָמַר לָהֶם הַקָּדוֹשׁ בָּרוּךְ הוּא, כִּסֵּא הַכָּבוֹד וְגַלְגַּלֵּי הַמֶּרְכָּבָה, מִפְּנֵי מָה אַתֶּן מַרְעִישִׁין? הֵשִׁיבוּ וְאָמְרוּ, מִפְּנֵי כ"ף שֶׁיָּרַד מֵעַל רָאשֵׁינוּ וְנִכְנַס וְעָמַד לְפָנֶיךָ, שֶׁכָּל כְּבוֹדֵנוּ וִיקָרֵנוּ לֹא נִקְרָא אֶלָּא בָּהּ, שֶׁנֶּאֱמַר - כִּסֵּא[35] כָבוֹד מָרוֹם מֵרִאשׁוֹן מְקוֹם מִקְדָּשֵׁנוּ. וְאוֹמֵר - כְּבוֹד[36] מַלְכוּתְךָ יֹאמֵרוּ וּגְבוּרָתְךָ יְדַבֵּרוּ. וְאוֹמֵר - יְהִי[37] כְבוֹד הוי"ה לְעוֹלָם יִשְׂמַח הוי"ה בְּמַעֲשָׂיו. וְאוֹמֵר - וּכְבוֹד[38] הוי"ה עָלַיִךְ זָרָח. מִיָּד קָרָא לָהּ הַקָּדוֹשׁ בָּרוּךְ הוּא לְכ"ף וְאָמַר לוֹ, מָה אַתָּה מְבַקֵּשׁ? אָמְרָה לְפָנָיו, רִיבּוֹנוֹ שֶׁל עוֹלָם, מְבַקֵּשׁ אֲנִי שֶׁתִּבְרָא בִּי עוֹלָמְךָ, שֶׁבִּי נִקְרָא כִּסְאֲךָ וְכִתְרְךָ וּכְבוֹדְךָ. כִּסְאֲךָ מִנַּיִן? שֶׁנֶּאֱמַר - נָכוֹן[39] כִּסְאֲךָ מֵאָז מֵעוֹלָם אָתָּה. כִּתְרְךָ מִנַּיִן? שֶׁנֶּאֱמַר - בִּי[40] מְלָכִים יִמְלֹכוּ וְרוֹזְנִים יְחֹקְקוּ צֶדֶק. כְּבוֹדְךָ מִנַּיִן? שֶׁנֶּאֱמַר - מְלֹא[41] כָל הָאָרֶץ כְּבוֹדוֹ. הֵשִׁיב הַקָּדוֹשׁ בָּרוּךְ הוּא וְאָמַר לָהּ, לָאו. אָמְרָה לוֹ, לָמָּה? אָמַר לָהּ מִפְּנֵי שֶׁבְּךָ עָתִיד אֲנִי לְהַכּוֹת כַּפִּי אֶל כַּפִּי, שֶׁנֶּאֱמַר - וְגַם[42] אֲנִי אַכֶּה כַפִּי אֶל כַּפִּי וַהֲנִחֹתִי חֲמָתִי. וְלֹא עוֹד אֶלָּא בְּךָ יָכְלוּ בְּדִמְעוֹת עֵינֵיהֶם שֶׁל יִשְׂרָאֵל, שֶׁנֶּאֱמַר[43] - כָּלוּ בַדְּמָעוֹת עֵינַי. וַאֲנִי

---

[34] דברים ט יז
[35] ירמיהו יז יב
[36] תהלים קמה יא
[37] תהלים קד לא
[38] ישעיהו ס א
[39] תהלים צג ב
[40] משלי ח טו
[41] ישעיהו ו ג
[42] יחזקאל כא כב
[43] איכה ב יא

אֶבְרָא בְּךָ עוֹלָמִי? כֵּיוָן שֶׁשָּׁמַע כ"ף הַדָּבָר הַזֶּה מִפִּי הַגְּבוּרָה, מִיָּד יָצְאָה מִלְּפָנָיו בְּפַחֵי נֶפֶשׁ.

אות י'

אַחַר כָּךְ נִכְנַס **יו"ד**, וְעָמְדָה לִפְנֵי הַקָּדוֹשׁ בָּרוּךְ הוּא וְאָמְרָה, רִיבּוֹנוֹ שֶׁל עוֹלָם, רְצוֹנְךָ שֶׁתִּבְרָא בִּי אֶת עוֹלָמְךָ, שֶׁבִּי נִקְרֵאת - בְּיָהּ[44] הוי"ה צוּר עוֹלָמִים. וְלֹא עוֹד אֶלָּא שֶׁבִּי יוֹדוּךָ עַל כָּל מַעֲשֶׂיךָ בְּכָל יוֹם כָּל בָּאֵי עוֹלָם, שֶׁנֶּאֱמַר - יוֹדוּךָ[45] הוי"ה כָּל מַעֲשֶׂיךָ וַחֲסִידֶיךָ יְבָרְכוּכָה. וְלֹא עוֹד, אֶלָּא שֶׁבִּי תְּחִלַּת שִׁמְךָ נִקְרָא יָחִיד. אָמַר לָהּ, לָאו. אָמְרָה לוֹ, לָמָּה? אָמַר לָהּ מִפְּנֵי שֶׁבְּךָ אֲנִי עָתִיד לִבְרֹא יֵצֶר הָרַע, שֶׁהוּא מַטְעֶה אֶת הַבְּרִיּוֹת בָּאֵי עוֹלָם, שֶׁנֶּאֱמַר - כִּי[46] יֵצֶר לֵב הָאָדָם רַע מִנְּעֻרָיו. מִיָּד יָצְאָה מִלְּפָנָיו בְּפַחֵי נֶפֶשׁ.

אות ט'

אַחַר כָּךְ נִכְנַס **טי"ת**, וְעָמְדָה לִפְנֵי הַקָּדוֹשׁ בָּרוּךְ הוּא וְאָמְרָה, רִיבּוֹנוֹ שֶׁל עוֹלָם, רְצוֹנְךָ שֶׁתִּבְרָא בִּי אֶת עוֹלָמְךָ, שֶׁבִּי אַתָּה נוֹתֵן רוּחַ הַקֹּדֶשׁ בְּפִי יְרֵאֶיךָ לֵאמֹר לְפָנֶיךָ טוּבְךָ, שֶׁנֶּאֱמַר - טוֹב[47] הוי"ה לַכֹּל וְרַחֲמָיו עַל כָּל מַעֲשָׂיו. וְלֹא עוֹד אֶלָּא שֶׁבִּי צָפַנְתָּ טוּבְךָ לַצַּדִּיקִים לְהַנְחִיל לָהֶם, שֶׁנֶּאֱמַר - מָה[48] רַב טוּבְךָ אֲשֶׁר צָפַנְתָּ לִּירֵאֶיךָ פָּעַלְתָּ לַחוֹסִים בָּךְ נֶגֶד בְּנֵי אָדָם. הֵשִׁיב הַקָּדוֹשׁ בָּרוּךְ הוּא וְאָמַר לָהּ, לָאו. אָמְרָה לוֹ, לָמָּה? אָמַר לָהּ, מִפְּנֵי שֶׁבְּךָ אֲנִי עָתִיד לִקְרֹא לְעַמִּי - **טָמֵא**, שֶׁנֶּאֱמַר - כִּי[49] אִישׁ טְמֵא שְׂפָתַיִם אָנֹכִי וּבְתוֹךְ עַם טְמֵא שְׂפָתַיִם אָנֹכִי יוֹשֵׁב. וְלֹא עוֹד אֶלָּא שֶׁבְּךָ עָתִיד אָדָם מְצֹרָע לִקְרֹא - **טָמֵא**, שֶׁנֶּאֱמַר - וְהַצָּרוּעַ[50] אֲשֶׁר בּוֹ הַנֶּגַע בְּגָדָיו יִהְיוּ

---

[44] ישעיהו כו ד
[45] תהלים קמה י
[46] בראשית ח כא
[47] תהלים קמה ט
[48] תהלים לא כ
[49] ישעיהו ו ה
[50] ויקרא יג מה

פְּרֻמִים וְרֹאשׁוֹ יִהְיֶה פָרוּעַ וְעַל שָׂפָם יַעְטֶה וְטָמֵא טָמֵא יִקְרָא. וְאָמַר - סוּרוּ[51] טָמֵא קָרְאוּ לָמוֹ סוּרוּ סוּרוּ אַל תִּגָּעוּ. מִיָּד יָצְאָה מִלְּפָנָיו בְּפַחֵי נֶפֶשׁ.

אות ח'

אַחַר כָּךְ נִכְנַס **חי"ת**, לִפְנֵי הַקָּדוֹשׁ בָּרוּךְ הוּא וְאָמְרָה, רִיבּוֹנוֹ שֶׁל עוֹלָם, רְצוֹנְךָ שֶׁתִּבְרָא בִּי אֶת עוֹלָמְךָ, שֶׁבִּי יֹאמְרוּ - חַסְדְּךָ[52] הוי"ה מָלְאָה הָאָרֶץ חֻקֶּיךָ לַמְּדֵנִי. שֶׁנֶּאֱמַר[53] - אֹהֵב צְדָקָה וּמִשְׁפָּט חֶסֶד הוי"ה מָלְאָה הָאָרֶץ. וּבִי נִקְרֵאתָ - חַנּוּן[54] וְרַחוּם הוי"ה אֶרֶךְ אַפַּיִם וּגְדָל חָסֶד. הֵשִׁיב הַקָּדוֹשׁ בָּרוּךְ הוּא וְאָמַר לָהּ, לָאו. אָמְרָה לוֹ, לָמָּה? אָמַר לָהּ מִפְּנֵי שֶׁבְּךָ אֲנִי עָתִיד לִכְתֹּב בְּעֵט שֶׁל בַּרְזֶל חַטַּאת עַמִּי, שֶׁנֶּאֱמַר - חַטַּאת[55] יְהוּדָה כְּתוּבָה בְּעֵט בַּרְזֶל בְּצִפֹּרֶן שָׁמִיר חֲרוּשָׁה עַל לוּחַ לִבָּם וּלְקַרְנוֹת מִזְבְּחוֹתֵיכֶם. מִיָּד יָצְאָה מִלְּפָנָיו בְּפַחֵי נֶפֶשׁ.

אות ז'

אַחַר כָּךְ נִכְנַס **זי"ן**, וְעָמְדָה לִפְנֵי הַקָּדוֹשׁ בָּרוּךְ הוּא וְאָמְרָה, רִיבּוֹנוֹ שֶׁל עוֹלָם, רְצוֹנְךָ שֶׁתִּבְרָא בִּי אֶת עוֹלָמְךָ, שֶׁבִּי נִקְרָא זִכְרְךָ לְדוֹר וָדוֹר, שֶׁנֶּאֱמַר - זֶה[56] שְּׁמִי לְעֹלָם וְזֶה זִכְרִי לְדֹר דֹּר. וְלֹא עוֹד אֶלָּא שֶׁבִּי עָתִיד לַעֲשׂוֹת זֵכֶר לְנִפְלְאוֹתָיו. הֵשִׁיב הַקָּדוֹשׁ בָּרוּךְ הוּא וְאָמַר לָהּ, לָאו. אָמְרָה לוֹ, לָמָּה? אָמַר לָהּ מִפְּנֵי שֶׁבָּךְ עָתִיד לָבוֹא זְנוּת לְעוֹלָם, שֶׁנֶּאֱמַר - כִּי[57] זָנֹה תִזְנֶה הָאָרֶץ מֵאַחֲרֵי הוי"ה. וְלֹא עוֹד אֶלָּא שֶׁבְּךָ עֲתִידִין יִשְׂרָאֵל לִזְנוּת לִבְנוֹת מוֹאָב וְיִפֹּל מֵהֶם כ"ד אֶלֶף, שֶׁנֶּאֱמַר - וַיֵּשֶׁב[58] יִשְׂרָאֵל בַּשִּׁטִּים וַיָּחֶל הָעָם לִזְנוֹת אֶל בְּנוֹת מוֹאָב. הָעָם לִזְנוּת

[51] איכה ד טו
[52] תהלים קיט סד
[53] תהלים לג ה
[54] תהלים קמה ח
[55] ירמיהו יז א
[56] שמות ג טו
[57] הושע א ב
[58] במדבר כה א

- וְאוֹמֵר - וַיִּהְיוּ[59] הַמֵּתִים בַּמַּגֵּפָה אַרְבָּעָה וְעֶשְׂרִים אָלֶף. וְהֵיאַךְ אֶבְרָא בָּךְ אֶת הָעוֹלָם. מִיָּד יָצְאָה מִלְּפָנָיו בְּפַחֵי נֶפֶשׁ.

אות ו'

אַחַר כָּךְ נִכְנַס **וי"ו**, לִפְנֵי הַקָּדוֹשׁ בָּרוּךְ הוּא וְאָמַר, רִיבּוֹנוֹ שֶׁל עוֹלָם, רְצוֹנְךָ שֶׁתִּבְרָא בִּי אֶת עוֹלָמְךָ, שֶׁבִּי אוֹמְרִים לְפָנֶיךָ בְּשֶׁבַח - וְאַתָּה[60] קָדוֹשׁ יוֹשֵׁב תְּהִילוֹת יִשְׂרָאֵל. הֵשִׁיב הַקָּדוֹשׁ בָּרוּךְ הוּא וְאָמַר לָהּ, לָאו. אָמְרָה לוֹ, לָמָּה? אָמַר לָהּ, מִפְּנֵי שֶׁאֲנִי עָתִיד לְהַכּוֹת בְּךָ אֶת יִשְׂרָאֵל עַל אוֹדוֹת הַתַּאֲוָה מַכָּה רַבָּה, שֶׁנֶּאֱמַר - וְאַף[61] הוי"ה חָרָה בָעָם וַיַּךְ הוי"ה בָּעָם מַכָּה רַבָּה מְאֹד. מִיָּד יָצְאָה מִלְּפָנָיו בְּפַחֵי נֶפֶשׁ.

אות ה'

אַחַר כָּךְ נִכְנַס **ה"א**, וְעָמְדָה לִפְנֵי הַקָּדוֹשׁ בָּרוּךְ הוּא וְאָמְרָה, רִיבּוֹנוֹ שֶׁל עוֹלָם, רְצוֹנְךָ שֶׁתִּבְרָא בִּי אֶת עוֹלָמְךָ, שֶׁבִּי עֲתִידִין יִשְׂרָאֵל לוֹמַר לְפָנֶיךָ הוֹדָיָה וַהֲדָרָה, שֶׁנֶּאֱמַר - הוֹד[62] וְהָדָר לְפָנָיו עֹז וְחֶדְוָה בִּמְקֹמוֹ. וְהֵן עֲתִידִין לִקְרוֹת לְפָנֶיךָ וּלְהוֹדוֹת גְּבוּרָתְךָ, שֶׁנֶּאֱמַר - הוֹדוּ[63] לַהוי"ה קִרְאוּ בִשְׁמוֹ הוֹדִיעוּ בָעַמִּים עֲלִילוֹתָיו. הֵשִׁיב הַקָּדוֹשׁ בָּרוּךְ הוּא וְאָמַר לָהּ, לָאו. אָמְרָה לוֹ, לָמָּה? אָמַר לָהּ מִפְּנֵי שֶׁבְּךָ עָתִיד לָבֹא לְעוֹלָם יוֹם הַדִּין הַגָּדוֹל שֶׁהוּא בּוֹעֵר כְּתַנּוּר, שֶׁנֶּאֱמַר - כִּי[64] הִנֵּה הַיּוֹם בָּא בֹּעֵר כַּתַּנּוּר וְהָיוּ כָל זֵדִים וְכָל עֹשֵׂה רִשְׁעָה קַשׁ וְלִהַט אֹתָם הַיּוֹם הַבָּא אָמַר הוי"ה צְבָאוֹת אֲשֶׁר לֹא יַעֲזֹב לָהֶם שֹׁרֶשׁ וְעָנָף. מִיָּד יָצְאָה מִלְּפָנָיו בְּפַחֵי נֶפֶשׁ.

אות ד'

אַחַר כָּךְ נִכְנַס **דל"ת**, וְעָמְדָה לִפְנֵי הַקָּדוֹשׁ בָּרוּךְ הוּא

---

[59] במדבר כה ט

[60] תהלים כב ד

[61] במדבר יא לג

[62] דברי הימים-א טז כז

[63] תהלים קה א

[64] מלאכי ג יט

וְאָמְרָה, רְצוֹנְךָ שֶׁתִּבְרָא בִּי אֶת עוֹלָמְךָ, שֶׁבִּי עֲתִידִין בָּאֵי עוֹלָם לְסַפֵּר גְּדֻלָּתְךָ לְדוֹרֹתָם, שֶׁנֶּאֱמַר - דּוֹר[65] לְדוֹר יְשַׁבַּח מַעֲשֶׂיךָ וּגְבוּרֹתֶיךָ יַגִּידוּ. וְלֹא עוֹד אֶלָּא שֶׁבִּי דְּבָרְךָ נִצָּב בַּשָּׁמַיִם, שֶׁנֶּאֱמַר- לְעוֹלָם[66] הוי"ה דְּבָרְךָ נִצָּב בַּשָּׁמָיִם. הֵשִׁיב הַקָּדוֹשׁ בָּרוּךְ הוּא וְאָמַר לָהּ, לָאו. אָמְרָה לוֹ, לָמָּה? אָמַר לָהּ מִפְּנֵי שֶׁבְּךָ נְדוֹנִין יִשְׂרָאֵל בֵּין דָּם לְדָם, בֵּין דִּין לְדִין, שֶׁנֶּאֱמַר - כִּי[67] יִפָּלֵא מִמְּךָ דָבָר לַמִּשְׁפָּט בֵּין דָּם לְדָם בֵּין דִּין לְדִין וּבֵין נֶגַע לָנֶגַע דִּבְרֵי רִיבֹת בִּשְׁעָרֶיךָ וְקַמְתָּ וְעָלִיתָ אֶל הַמָּקוֹם אֲשֶׁר יִבְחַר הוי"ה אֱלֹהֶיךָ בּוֹ. מִיָּד יָצְאָה מִלְּפָנָיו בְּפַחֵי נֶפֶשׁ.

אות ג'

אַחַר כָּךְ נִכְנַס **גימ"ל**, לִפְנֵי הַקָּדוֹשׁ בָּרוּךְ הוּא וְאָמְרָה לְפָנָיו, רִיבּוֹנוֹ שֶׁל עוֹלָם, רְצוֹנְךָ שֶׁתִּבְרָא בִּי אֶת עוֹלָמְךָ, שֶׁבִּי אֹמַר גְּדֻלָּתְךָ וּגְבוּרָתְךָ, שֶׁנֶּאֱמַר - גָּדוֹל[68] הוי"ה וּמְהֻלָּל מְאֹד וְלִגְדֻלָּתוֹ אֵין חֵקֶר. וְאוֹמֵר - מִי[69] יְמַלֵּל גְּבוּרוֹת הוי"ה יַשְׁמִיעַ כָּל תְּהִלָּתוֹ. הֵשִׁיב הַקָּדוֹשׁ בָּרוּךְ הוּא וְאָמַר לָהּ, לָאו. אָמְרָה לוֹ, לָמָּה? אָמַר לָהּ מִפְּנֵי שֶׁבְּךָ עָתִיד אֲנִי לְשַׁלֵּם גְּמוּל לְאֹיְבִים וּלְאוֹיְבִים, שֶׁנֶּאֱמַר - כְּעַל[70] גְּמֻלוֹת כְּעַל יְשַׁלֵּם חֵמָה לְצָרָיו גְּמוּל לְאֹיְבָיו לָאִיִּים גְּמוּל יְשַׁלֵּם. וְכֵיוָן שֶׁשָּׁמַע **גימ"ל** הַדָּבָר הַזֶּה, יָצְאָה מִלְּפָנָיו בְּפַחֵי נֶפֶשׁ.

אות ב'

אַחַר כָּךְ נִכְנַס **בי"ת**, לִפְנֵי הַקָּדוֹשׁ בָּרוּךְ הוּא וְאָמְרָה לְפָנָיו, רִיבּוֹנוֹ שֶׁל עוֹלָם, רְצוֹנְךָ שֶׁתִּבְרָא בִּי אֶת עוֹלָמְךָ, שֶׁבִּי מְשַׁבְּחִין לְפָנֶיךָ בָּאֵי עוֹלָם בְּכָל יוֹם, שֶׁנֶּאֱמַר[71] - בָּרוּךְ הוי"ה לְעוֹלָם אָמֵן וְאָמֵן. בָּרֲכוּ[72] הוי"ה מַלְאָכָיו גִּבֹּרֵי כֹחַ עֹשֵׂי דְבָרוֹ

[65] תהלים קמה ד
[66] תהלים קיט פט
[67] דברים יז ח
[68] תהלים קמה ג
[69] תהלים קו ב
[70] ישעיהו נט יח
[71] תהלים פט נג
[72] תהלים קג כ

לִשְׁמֹעַ בְּקוֹל דְּבָרוֹ. וְאוֹמֵר - בָּרְכוּ[73] הוי"ה כָּל צְבָאָיו מְשָׁרְתָיו עֹשֵׂי רְצוֹנוֹ. וַעֲתִידִין כָּל דּוֹרוֹת הָעוֹלָם לוֹמַר לְפָנֶיךָ - בָּרוּךְ[74] הוי"ה אֱלֹהִים אֱלֹהֵי יִשְׂרָאֵל עֹשֵׂה נִפְלָאוֹת לְבַדּוֹ. וְאוֹמֵר - וּבָרוּךְ[75] שֵׁם כְּבוֹדוֹ לְעוֹלָם וְיִמָּלֵא כְבוֹדוֹ אֶת כֹּל הָאָרֶץ אָמֵן וְאָמֵן. מִיָּד קִבֵּל הַקָּדוֹשׁ בָּרוּךְ הוּא מִמֶּנּוּ, וְאָמַר לָהּ - הֵן. אָמַר לָהּ - בָּרוּךְ[76] הַבָּא בְּשֵׁם הוי"ה בֵּרַכְנוּכֶם מִבֵּית הוי"ה. וּבָרָא בּוֹ אֶת עוֹלָמוֹ ב- **בי"ת**, שֶׁנֶּאֱמַר - בְּרֵאשִׁית[77] בָּרָא אֱלֹהִים אֵת הַשָּׁמַיִם וְאֵת הָאָרֶץ.

אות א'

אל"ף, כֵּיוָן שֶׁשָּׁמַע הַדָּבָר וְרָאָה אֶת הַקָּדוֹשׁ בָּרוּךְ הוּא מְקַבֵּל הֵימֶנּוּ, וּבָרָא אֶת הָעוֹלָם ב- **בי"ת** עָמַד לוֹ לְצַד אַחֵר וְשָׁתַק, עַד שֶׁקָּרָא לוֹ הַקָּדוֹשׁ בָּרוּךְ הוּא וְאָמַר לוֹ, אָלֶ"ף אָלֶ"ף, מִפְּנֵי מָה אַתָּה שׁוֹתֵק וְאֵינְךָ אוֹמֵר כְּלוּם? הֵשִׁיב הָאָלֶ"ף וְאָמַר, רִיבּוֹנוֹ שֶׁל עוֹלָם, אֵין בִּי כֹּחַ לַעֲמֹד לְפָנֶיךָ וְלוֹמַר כְּלוּם. אָמַר לוֹ, לָמָּה? אָמַר לוֹ מִפְּנֵי שֶׁכָּל הָאוֹתִיּוֹת הֵם נִמְנִים בְּמִנְיָן מְרֻבֶּה, וַאֲנִי בְּמִנְיָן מוּעָט - **בי"ת** בִּשְׁנַיִם, **גימ"ל** בִּשְׁלֹשָׁה, **דל"ת** בְּאַרְבָּעָה, **ה"א** בַּחֲמִשָּׁה, וַאֲנִי בְּאֶחָד. הֵשִׁיב הַקָּדוֹשׁ בָּרוּךְ הוּא וְאָמַר לוֹ, אָלֶ"ף אַל תִּירָא שֶׁאַתָּה רֹאשׁ לְכֻלָּן כְּמֶלֶךְ, אַתָּה אֶחָד וַאֲנִי אֶחָד וְתוֹרָה אַחַת, וּבְךָ אֲנִי עָתִיד לִתְּנָהּ לְיִשְׂרָאֵל עַמִּי שֶׁנִּקְרְאוּ אֶחָד בְּמַתָּנָה, וּלְהַנְחִילָהּ לָהֶן עַל הַר סִינַי, שֶׁנֶּאֱמַר - אָנֹכִי[78] הוי"ה אֱלֹהֶיךָ אֲשֶׁר הוֹצֵאתִיךָ מֵאֶרֶץ מִצְרַיִם. וּמִנַּיִן שֶׁהָאָלֶ"ף נִקְרָא אֶחָד? שֶׁנֶּאֱמַר - אֵיכָה[79] יִרְדֹּף אֶחָד אֶלֶף. וּמִנַּיִן שֶׁנִּקְרָא הַקָּדוֹשׁ בָּרוּךְ הוּא אֶחָד? שֶׁנֶּאֱמַר - שְׁמַע[80] יִשְׂרָאֵל הוי"ה אֱלֹהֵינוּ

---

73 תהלים קג כא
74 תהלים עב יח
75 תהלים עב יט
76 תהלים קיח כו
77 בראשית א א
78 שמות כ ב
79 דברים לב ל
80 דברים ו ד

הוי"ה אֶחָד. וּמִנַּיִן שֶׁהַתּוֹרָה אַחַת? שֶׁנֶּאֱמַר - תּוֹרָה[81] אַחַת וּמִשְׁפָּט אֶחָד יִהְיֶה לָכֶם וְלַגֵּר הַגָּר אִתְּכֶם. וּמִנַּיִן שֶׁיִּשְׂרָאֵל נִקְרָא אֶחָד? שֶׁנֶּאֱמַר - וּמִי[82] כְעַמְּךָ כְּיִשְׂרָאֵל גּוֹי אֶחָד בָּאָרֶץ. אָנֹכִי רֹאשׁ לְכָל הַדִּבְּרוֹת וְאֶלֶף רֹאשׁ לְכָל הָאוֹתִיּוֹת.

[81] במדבר טו טז

[82] שמואל ב ז כג

חלק ב

וּמִפְּנֵי מָה רֹאשׁוֹ שֶׁל **אל"ף** זָקוּף, וְעוֹמֵד וְיֵשׁ לוֹ שְׁתֵּי רַגְלַיִם כִּבְנֵי אָדָם? מִפְּנֵי שֶׁהוּא נֶחְשָׁב כֶּאֱמֶת, וֶאֱמֶת יֵשׁ לוֹ רַגְלַיִם. וְשֶׁקֶר אֵין לוֹ רַגְלַיִם, שֶׁכָּל הָאוֹתִיּוֹת שֶׁל שֶׁקֶר עוֹמְדִין עַל חוֹדָן. וּמִפְּנֵי מָה יָדוֹ זָקוּף מִצִּדּוֹ, מִפְּנֵי שֶׁהוּא מֵעִיד בּוֹ וּמְנוֹפֵף בּוֹ לְהַקָּדוֹשׁ בָּרוּךְ הוּא שֶׁהוּא אֱמֶת, שֶׁנֶּאֱמַר - וֶאֱמֶת[1] הוי"ה לְעוֹלָם הַלְלוּ יָהּ.

בי"ת, מִפְּנֵי מָה פָּנָיו כְּלַפֵּי גִּימֶ"ל, וְגִימֶ"ל אֲחוֹרָיו כְּלַפֵּי בֵּי"ת? מִפְּנֵי שֶׁבֵּי"ת דּוֹמֶה לְבַיִת שֶׁדַּלְתּוֹ פְּתוּחִין לַכֹּל.

גימ"ל, דּוֹמֶה לְגֶבֶר, שֶׁהוּא רוֹאֶה עָנִי עַל הַפֶּתַח וְנִכְנָס לְבֵיתוֹ, לְהוֹצִיא מִתּוֹכוֹ מָזוֹן לֶעָנִי. וּמִפְּנֵי מָה יְרֵכוֹ שֶׁל גִּימֶ"ל סָמוּךְ לְדָלֶ"ת? מִפְּנֵי שֶׁכָּל גְּמִילוּת חֲסָדִים הֵם לַדַּל.

דל"ת, מִפְּנֵי מָה דּוֹמֶה לְמַקֵּל וּפָנָיו כְּלַפֵּי הֵ"א? מִפְּנֵי שֶׁאָדָם הַדַּל אֵינוֹ מִשְׁתַּדֵּל אֶלָּא לְטוֹבָתוֹ שֶׁל הָעוֹלָם הַזֶּה שֶׁנִּבְרָא בְּהֵ"א, שֶׁנֶּאֱמַר - בְּהִבָּרְאָם[2] - בְּהֵ"א[3] בְּרָאָם. וּמִפְּנֵי מָה נִבְרָא בְּהֵ"א? מִפְּנֵי שֶׁהֵ"א דּוֹמֶה לְאַכְסַדְרָא, וְהָעוֹלָם דּוֹמֶה לְאַכְסַדְרָא שֶׁכָּל מִי שֶׁרוֹצֶה לָצֵאת יוֹצֵא. וּמִפְּנֵי מָה יֵשׁ לוֹ שְׁתֵּי פְּתָחִים אֶחָד גָּדוֹל וְאֶחָד קָטָן? מִפְּנֵי כְּשֶׁבָּא לָצֵאת יוֹצֵא בְּגָדוֹל, בָּא לִכָּנֵס יִכָּנֵס בְּקָטָן[4].

וי"ו, מִפְּנֵי מָה זָקוּף וְעוֹמֵד, וּפָנָיו כְּלַפֵּי זַיִ"ן וְעוֹמֵד כְּמַטֶּה? מִפְּנֵי שֶׁרָמַז הַקָּדוֹשׁ בָּרוּךְ הוּא בְּאוֹתִיּוֹת, שֶׁהוּא עָתִיד לְהַכּוֹת אֶת הָרְשָׁעִים עַל יְדֵי שְׁלוּחִים בְּמַטֶּה שֶׁל אֵשׁ, בְּדִינָהּ שֶׁל

---

1 תהלים קיז ב

2 בראשית ב ד

3 בראשית רבה יב י

4 על דרך - בא לטהר פותחין לו ויוצא בגדול, ונכנס בקטן כדאמרינן - קשין מזונותיו של אדם כקריעת ים סוף.

גֵיהִנֹּם, עַד שֶׁנִּשְׁמַע מִתּוֹךְ גֵיהִנֹּם קוֹל וַי וַוי לִרְשָׁעִים, שֶׁנֶּאֱמַר - אוֹי[5] לְרָשָׁע רָע כִּי גְמוּל יָדָיו יֵעָשֶׂה לּוֹ.

זי"ן, מִפְּנֵי מָה יֵשׁ לוֹ שְׁנֵי תָּגִין אֶחָד כְּלַפֵּי וָי"ו וְאֶחָד כְּלַפֵּי חֵי"ת? מִפְּנֵי שֶׁכָּל בַּעַל זְנוּת, כְּשֶׁהוּא הוֹלֵךְ אַחַר הַזּוֹנָה לָבֹא עָלֶיהָ, אַחַת מֵעֵינָיו כְּלַפֵּי הַחֵטְא, לְפִיכָךְ הָאֶחָד כְּלַפֵּי חֵי"ת - חֵטְא וַעֲבֵרָה, וְאַחַת כְּלַפֵּי בְּנֵי אָדָם שֶׁהֵן דּוֹמִין לָעֵץ, שֶׁנֶּאֱמַר - כִּי[6] הָאָדָם עֵץ הַשָּׂדֶה. שֶׁמָּא יִרְאוּ אוֹתוֹ בְּנֵי אָדָם, וְיֹאמְרוּ עָלָיו וַי וָוֵי פְּלוֹנִי הָלַךְ אֵצֶל הַזּוֹנָה, לְפִיכָךְ הָאֶחָד כְּלַפֵּי הַ-וָי"ו.

חי"ת, מִפְּנֵי מָה אֵינוֹ קָשׁוּר קֶשֶׁר כֶּתֶר? מִפְּנֵי שֶׁכָּל בַּעֲלֵי חֵטְא יֵשׁ לָהֶן גְּנַאי וּבֹשֶׁת פָּנִים, וְאֵין לָהֶם שֶׁבַח וְשֵׁם טוֹב בָּעוֹלָם, אֲבָל יֵשׁ לָהֶם חֶרְפָּה וּכְלִמָּה.

טי"ת, מִפְּנֵי מָה טָמוּן יָדוֹ וְרֹאשׁוֹ זָקוּף, וְהוּא קָשׁוּר כֶּתֶר? מִפְּנֵי שֶׁכָּל מִי שֶׁהוּא עוֹשֶׂה מַעֲשִׂים טוֹבִים וּצְדָקָה וּגְמִילוּת חֲסָדִים, וְנוֹתֵן פְּרוּטָה לֶעָנִי בִּצְדָקָה, צָרִיךְ שֶׁלֹּא יִתֵּן אֶלָּא בְּסֵתֶר, שֶׁמַּתָּן בַּסֵּתֶר יִכְפֶּה אָף, שֶׁהוּא מַלְאַךְ הַמָּוֶת - מִמֶּנּוּ וּמֵאַנְשֵׁי בֵּיתוֹ, שֶׁנֶּאֱמַר - מַתָּן[7] בַּסֵּתֶר יִכְפֶּה אָף. וְאוֹמֵר - מַלְוֵה[8] הוי"ה חוֹנֵן דָּל וּגְמֻלוֹ יְשַׁלֶּם לוֹ.

יו"ד, מִפְּנֵי מָה הוּא קָטָן מִכָּל הָאוֹתִיּוֹת? לְלַמֶּדְךָ שֶׁכָּל מִי שֶׁהוּא מַקְטִין אֶת עַצְמוֹ זוֹכֶה שֶׁיִּהְיֶה בְּנוֹחֲלֵי הָעוֹלָם הַבָּא שֶׁנִּבְרָא בְּיוֹ"ד, שֶׁנֶּאֱמַר - כִּי[9] בְּיָהּ הוי"ה צוּר עוֹלָמִים. בְּהֵ"א נִבְרָא הָעוֹלָם הַזֶּה, וּבְיוֹ"ד נִבְרָא הָעוֹלָם הַבָּא. וּמִפְּנֵי מָה נִבְרָא בְּיוֹ"ד? מִפְּנֵי שֶׁהַצַּדִּיקִים בְּנֵי עוֹלָם הַבָּא הֵן מוּעָטִים בָּעוֹלָם הַזֶּה, וּמִפְּנֵי מָה תָּגוֹ שֶׁל יוֹ"ד כְּלַפֵּי פָּנָיו? מִפְּנֵי שֶׁכָּל

---

[5] ישעיהו ג יא
[6] דברים כ יט
[7] משלי כא יד
[8] משלי יט יז
[9] ישעיהו כו ד

צַדִּיק וְצַדִּיק נֶהֱנֶה לְפִי שְׂכַר מַעֲשָׂיו וְצִדְקָתוֹ הוֹלֶכֶת לְפָנָיו, שֶׁנֶּאֱמַר - וְהָלַךְ[10] לְפָנֶיךָ צִדְקֶךָ.

כ"ף, מִפְּנֵי מָה דּוֹמֶה לְכִסֵּא וּפָנָיו כְּלַפֵּי לָמֶ"ד, מִפְּנֵי שֶׁכָּל כִּסֵּא וּמַלְכוּת אֵינוֹ מוּכָן אֶלָּא לְמַלְכֵי אֶרֶץ לֵישֵׁב, שֶׁנֶּאֱמַר - וְהוּכַן[11] בַּחֶסֶד כִּסֵּא.

למ"ד, מִפְּנֵי מָה גָּבוֹהַּ מִכָּל הָאוֹתִיּוֹת? מִפְּנֵי שֶׁהוּא בְּאֶמְצַע כ"ב אוֹתִיּוֹת, וְהוּא דּוֹמֶה לְמֶלֶךְ שֶׁיּוֹשֵׁב עַל כִּסֵּא כָּבוֹד וּמַלְכוּת לְפָנָיו וּלְאַחֲרָיו, כָּ"ף שֶׁמֵּאֲחוֹרָיו זֶה כִּסֵּא הַכָּבוֹד, וּמֵ"ם מִלְּפָנָיו זֶה מַלְכוּת, וְהוּא בֵּינוֹנִי כְּמֶלֶךְ.

מ"ם, פָּתוּחַ וּמֵ"ם סָתוּם, מֶלֶךְ פּוֹתֵחַ וּמֶלֶךְ סוֹתֵם, מֵ"ם פָּתוּחַ מִפְּנֵי מָה רֹאשׁוֹ נָמוּךְ כְּלַפֵּי קַרְקַע וְיָדוֹ זָקוּף כְּלַפֵּי מַעְלָה? מִפְּנֵי שֶׁהוּא מוֹרֶה בְּאֶצְבַּע לְמַעְלָה כְּלַפֵּי שָׁמַיִם, שֶׁהַמַּלְכוּת שֶׁלּוֹ, וּמָה הוּא אוֹמֵר - כִּי[12] לַהוי"ה הַמְּלוּכָה וּמֹשֵׁל בַּגּוֹיִם. וְרֹאשׁוֹ כְּלַפֵּי מַטָּה, לְהוֹרוֹת מָה שֶׁאָמַר דָּוִד - כִּי[13] מִמְּךָ הַכֹּל וּמִיָּדְךָ נָתַנּוּ לָךְ. מֵ"ם סְתוּמָה שֶׁאֵין מִי שֶׁיּוֹדֵעַ מְקוֹמוֹ.

נו"ן, מִפְּנֵי מָה יָדָיו לַאֲחוֹרָיו וִירֵכָיו וּפָנָיו כְּלַפֵּי מֵ"ם? מִפְּנֵי שֶׁנִּרְאֶה כְּמִי שֶׁהוּא נוֹפֵל וּמִתְחַנֵּן לַהֲקִימוֹ, שֶׁנֶּאֱמַר - נָפְלָה[14] לֹא תוֹסִיף קוּם. בַּיּוֹם[15] הַהוּא אָקִים אֶת סֻכַּת דָּוִיד הַנֹּפֶלֶת. נוּ"ן רָבוּץ וְנוּ"ן זָקוּף, נֶאֱמָן יוֹשֵׁב נֶאֱמָן עוֹמֵד, נֶאֱמָן גּוֹזֵר נֶאֱמָן מְקַיֵּם.

---

10 ישעיהו נח ח
11 ישעיהו טז ה
12 תהלים כב כט
13 דברי הימים-א כט יד
14 עמוס ה ב
15 עמוס ט יא

אותיות דרבי עקיבה חלק ב'

סמ"ך, מִפְּנֵי מָה הוּא סָתוּם וְאֵינוֹ פָּתוּחַ, מִפְּנֵי שֶׁזֶּהוּ יִשְׂרָאֵל שֶׁשְּׁכִינָה סָבִיב לָהֶן כְּחוֹמָה לְאַרְבַּע רוּחוֹת, וְהוּא אֵינוֹ מַחֲלִיפָן בְּעַם אַחֵר, וְזֶרַע זַרְעָם אֵינָם מִתְעָרְבִים בְּזֶרַע אֲחֵרִים, שֶׁנֶּאֱמַר - כִּי[16] יַעֲקֹב בָּחַר לוֹ יָהּ יִשְׂרָאֵל לִסְגֻלָּתוֹ. וְאוֹמֵר - כִּי[17] חֵלֶק הוי"ה עַמּוֹ יַעֲקֹב חֶבֶל נַחֲלָתוֹ. אֲבָל כֹּהֵן בְּבֵית כֹּהֵן, וְלֵוִי בְּבֵית לֵוִי, וְיִשְׂרָאֵל בְּבֵית יִשְׂרָאֵל, כְּלוֹמַר אֲפִלּוּ כֹּהֲנִים לְוִיִּם וְיִשְׂרְאֵלִים אֵינָם מִתְעָרְבִים זֶה בָּזֶה, שֶׁנֶּאֱמַר - וַאֲנִי[18] אֶהְיֶה לָּהּ נְאֻם הוי"ה חוֹמַת אֵשׁ סָבִיב וּלְכָבוֹד אֶהְיֶה בְתוֹכָהּ.

עי"ן, הוּא עֵשָׂו הָרָשָׁע שֶׁיָּצְאוּ מִמֶּנּוּ טוּרְסִיִּים וּפָרְסִיִּים וּמַלְכוּת אֱדוֹם. וּמִפְּנֵי מָה כְּרֹעַ וְרָבוּץ? מִפְּנֵי שֶׁהוּא עָתִיד לִפֹּל תַּחַת רַגְלֵיהֶן שֶׁל יִשְׂרָאֵל, שֶׁנֶּאֱמַר - וְהָיָה[19] בֵית יַעֲקֹב אֵשׁ וּבֵית יוֹסֵף לֶהָבָה וּבֵית עֵשָׂו לְקַשׁ וְדָלְקוּ בָהֶם וַאֲכָלוּם וְלֹא יִהְיֶה שָׂרִיד לְבֵית עֵשָׂו כִּי הוי"ה דִּבֵּר.

פ"ה, מִפְּנֵי מָה אֶחָד יוֹשֵׁב וְאֶחָד עוֹמֵד? מִפְּנֵי שֶׁהַפֶּה אוֹסֵר וְהַפֶּה חוֹתֵם, פֶּה פָּתוּחַ וּפֶה סָתוּם, וְלֹא הָיָה בְּשִׁבְעִים אֻמּוֹת לָשׁוֹן וְאֻמָּה שֶׁמָּצְאָה פִּתְחוֹן פֶּה בִּשְׁנֵי עוֹלָמוֹת - בָּעוֹלָם הַזֶּה וּבָעוֹלָם הַבָּא, בַּתּוֹרָה וּבַמִּצְוֹת, בַּמִּשְׁנָה וּבַמִּדְרָשׁ, בַּהֲלָכוֹת וּבְאַגָּדוֹת וּשְׁמוּעוֹת וְתוֹסָפוֹת, בִּתְפִלָּה וּבְתַחֲנוּנִים, אֶלָּא יִשְׂרָאֵל בִּלְבַד. שֶׁנֶּאֱמַר[20] - מַגִּיד דְּבָרָיו לְיַעֲקֹב חֻקָּיו וּמִשְׁפָּטָיו לְיִשְׂרָאֵל. מָה כְּתִיב אַחֲרָיו? לֹא[21] עָשָׂה כֵן לְכָל גּוֹי וּמִשְׁפָּטִים בַּל יְדָעוּם הַלְלוּ יָהּ.

צד"י, מִפְּנֵי מָה אֶחָד יוֹשֵׁב וְאֶחָד עוֹמֵד, מִפְּנֵי שֶׁיֵּשׁ צַדִּיק כָּפוּף וְצַדִּיק פָּשׁוּט, וּמִפְּנֵי מָה יֵשׁ לוֹ שְׁתֵּי רָאשִׁין? אֶחָד שֶׁל

---

16 תהלים קלה ד
17 דברים לב ט
18 זכריה ב ט
19 עובדיה א יח
20 תהלים קמז יט
21 תהלים קמז כ

יִשְׂרָאֵל וְאֶחָד שֶׁל אֱדוֹם, וְהָלַךְ וְהִטְעָה אֶת הַבְּרִיּוֹת, וְכֵיוָן שֶׁרְאוּתוֹ יִשְׂרָאֵל כָּךְ, עָמְדוּ עָלָיו וּתְפָשׂוּהוּ, וּצְלָבוּהוּ עַל הַצְּלָב, מָה דָּרְשׁוּ - כִּי[22] יְסִיתְךָ אָחִיךָ בֶן אִמֶּךָ, וְלֹא בֶּן אָבִיךָ. לְפִי שֶׁהוּא עַמּוּד[23], שֶׁנֶּאֱמַר[24] - וְצַדִּיק יְסוֹד עוֹלָם.

קו"ף - מִפְּנֵי מָה הוּא גָּבוֹהַּ בְּקוֹמָתוֹ וְיֵשׁ לוֹ קֶרֶן? מִפְּנֵי שֶׁכָּל קַרְנֵי רְשָׁעִים שֶׁהֵן מְהַלְּכִין בְּקוֹמָה זְקוּפָה מִפְּנֵי גַּאוּתָן בָּעוֹלָם הַזֶּה, עָתִיד הַקָּדוֹשׁ בָּרוּךְ הוּא לְגַדְּעָן מִפְּנֵי כְבוֹדָן שֶׁל יִשְׂרָאֵל שֶׁנִּקְרְאוּ רֹאשׁ, שֶׁנֶּאֱמַר - וּנְתָנְךָ[25] הוי"ה לְרֹאשׁ וְלֹא לְזָנָב וְהָיִיתָ רַק לְמַעְלָה וְלֹא תִהְיֶה לְמָטָּה כִּי תִשְׁמַע אֶל מִצְוֹת הוי"ה אֱלֹהֶיךָ אֲשֶׁר אָנֹכִי מְצַוְּךָ הַיּוֹם לִשְׁמֹר וְלַעֲשׂוֹת. וּמִנַּיִן שֶׁהוּא עָתִיד לְגַדְּעָן? שֶׁנֶּאֱמַר - וְכָל[26] קַרְנֵי רְשָׁעִים אֲגַדֵּעַ תְּרוֹמַמְנָה קַרְנוֹת צַדִּיק. וּמְגַדְּלִין לְיִשְׂרָאֵל, שֶׁנֶּאֱמַר - תְּרוֹמַמְנָה קַרְנוֹת צַדִּיק.

דָּבָר אַחֵר, **קו"ף**, זֶה הַקָּדוֹשׁ בָּרוּךְ הוּא, וְרֵי"שׁ - זֶהוּ רָשָׁע, וּמִפְּנֵי מָה קו"ף מַחֲזִיר פָּנָיו מֵרֵי"שׁ? אֶלָּא מְלַמֵּד שֶׁאָמַר לוֹ הַקָּדוֹשׁ בָּרוּךְ הוּא לְרָשָׁע, רָשָׁע, אֵינִי יָכוֹל לְהִסְתַּכֵּל בְּצֶלֶם דְּמוּתְךָ. שֶׁאָסוּר לְהִסְתַּכֵּל בִּפְנֵי אָדָם רָשָׁע, שֶׁנֶּאֱמַר - וַיֹּאמֶר[27] אֱלִישָׁע חַי הוי"ה צְבָאוֹת אֲשֶׁר עָמַדְתִּי לְפָנָיו כִּי לוּלֵי פְּנֵי יְהוֹשָׁפָט מֶלֶךְ יְהוּדָה אֲנִי נֹשֵׂא אִם אַבִּיט אֵלֶיךָ וְאִם אֶרְאֶךָּ. וּמִפְּנֵי מָה רַגְלוֹ פָּסוּק מִגַּגּוֹ? אָמַר לוֹ הַקָּדוֹשׁ בָּרוּךְ הוּא - רָשָׁע, אִם אַתָּה חוֹזֵר בְּךָ אֲנִי מְשִׁיבְךָ לִמְחִיצָתִי וְאֶקְשֹׁר לְךָ כֶּתֶר כָּבוֹד, שֶׁנֶּאֱמַר - וּבְשׁוּב[28] רָשָׁע מֵרִשְׁעָתוֹ אֲשֶׁר עָשָׂה וַיַּעַשׂ מִשְׁפָּט וּצְדָקָה הוּא אֶת נַפְשׁוֹ יְחַיֶּה.

---

22 דברים יג ז
23 ר"ל ץ סופית
24 משלי י כה
25 דברים כח יג
26 תהלים עה יא
27 מלכים-ב ג יד
28 יחזקאל יח כז

שי"ן, מִפְּנֵי מָה יֵשׁ שְׁלֹשָׁה עֲנָפִין מִלְּמַעְלָה, וְאֵין לוֹ שֹׁרֶשׁ מִלְּמַטָּה? מִפְּנֵי שֶׁאֵינוֹ דּוֹמֶה אֶלָּא לַשֶּׁקֶר שֶׁאֵין לוֹ רַגְלַיִם, וְיֵשׁ לוֹ דִּבּוּר וְלַסּוֹף אֵינוֹ מִתְקַיֵּם, וְלֹא עוֹד אֶלָּא שֶׁעָתִיד הַקָּדוֹשׁ בָּרוּךְ הוּא לִסְכֹּר פִּי דּוֹבְרֵי שֶׁקֶר. מָשָׁל לְמָה הַדָּבָר דּוֹמֶה, לְאִילָן שֶׁעֲנָפָיו מְרֻבִּין וְשָׁרָשָׁיו מֻעָטִין, בָּא הָרוּחַ וְעוֹקַרְתּוֹ וְהוֹפַכְתּוֹ עַל פָּנָיו.

תי"ו, מִפְּנֵי מָה רַגְלוֹ שֶׁמִּלְּפָנָיו שָׁבוּר? לְלַמֶּדְךָ שֶׁכָּל הַמְּבַקֵּשׁ לִלְמֹד תּוֹרָה צָרִיךְ לִכְפּוֹף רַגְלָיו וְלַעֲסֹק בַּתּוֹרָה, שֶׁנֶּאֱמַר - וְהֵם[29] תֻּכּוּ לְרַגְלֶךָ יִשָּׂא מִדַּבְּרֹתֶיךָ. וְצָרִיךְ שֶׁיִּהְיֶה נָמוּךְ מִכָּל הַבְּרִיּוֹת, שֶׁנֶּאֱמַר - וּשְׁפַל[30] רוּחַ יִתְמֹךְ כָּבוֹד. וְאוֹמֵר - עֵקֶב[31] עֲנָוָה יִרְאַת הוי"ה עֹשֶׁר וְכָבוֹד וְחַיִּים.

דָּבָר אַחֵר, וְהֵם[32] תֻּכּוּ לְרַגְלֶךָ יִשָּׂא מִדַּבְּרֹתֶיךָ. אֵלּוּ תַּלְמִידֵי חֲכָמִים שֶׁהֵם נוֹשְׂאִים וְנוֹתְנִים בְּדִבְרֵי תּוֹרָה, שֶׁנֶּאֱמַר - תָּאַבְתִּי[33] לִישׁוּעָתְךָ הוי"ה וְתוֹרָתְךָ שַׁעֲשֻׁעָי.

---

29 דברים לג ג
30 משלי כט כג
31 משלי כב ד
32 דברים לג ג
33 תהלים קיט קעד

חלק ג'[1]

מדרש אלפ"א ביתו"ת

אוֹתִיּוֹת שְׁנִיּוֹת - א"ב[2]

א	בּ	ג	ד	ה	ו	ז	ח	ט	י	כ
בּ	ג	ד	ה	ו	ז	ח	ט	י	כ	ל

ל	מ	נ	ס	ע	פּ	צ	ק	ר	שׁ	ת
מ	נ	ס	ע	פּ	צ	ק	ר	שׁ	ת	

דָּבָר אַחֵר, מַהוּ **אָלֶ"ף בֵּי"ת גִּימֶ"ל דָּלֶ"ת**? אֶלֶף בִּינָה, גְּמוּל דַּלִּים. וּמִפְּנֵי מָה רַגְלוֹ שֶׁל ג' פְּשׁוּטָה לְפָנָיו? מִפְּנֵי שֶׁגּוֹמְלֵי חֲסָדִים רָצִים אַחַר דַּלִּים. וּמִפְּנֵי מָה אָזְנָיו שֶׁל ד' מֵאֲחוֹרָיו? מִפְּנֵי שֶׁאָדָם דַּל רוֹאֶה מֵאֲחוֹרָיו, וְאוֹמֵר מִי הוּא שֶׁיָּבֹא אַחֲרַי, שֶׁמָּא יִתֵּן לִי מִצְוָה. וּמִפְּנֵי מָה כָּתוּב אַחַר הַדָּלֶ"ת **הֵ"א**? לְלַמֶּדְךָ שֶׁכָּל הָעוֹשֶׂה גְּמִילוּת חֲסָדִים נֶאֱמַר עָלָיו - הֲמוֹן[3] גּוֹיִם נְתַתִּיךָ. וּמִפְּנֵי מָה כָּתוּב אַחַר הַהֵ"א **וָי"ו**? שֶׁאִם אֵינוֹ עוֹשֶׂה גְּמִילוּת חֲסָדִים נֶאֱמַר עָלָיו **וַי**, עַל פְּלוֹנִי שֶׁיֵּשׁ לוֹ וְאֵינוֹ עוֹשֶׂה, שֶׁנֶּאֱמַר - וְחוֹשֵׂךְ[4] מִיֹּשֶׁר אַךְ לְמַחְסוֹר. וּמִפְּנֵי מָה כָּתוּב אַחַר הַוָּי"ו **זַיִ"ן**, וְאַחַר הַזַּיִ"ן **חֵי"ת**? שֶׁאִם הִכְרִיעַ יִצְרוֹ וְעָשָׂה גְּמִילוּת חֲסָדִים, מִיָּד מִתְקַיֵּם עָלָיו הַכָּתוּב - חָנוֹן[5] יָחְנְךָ לְקוֹל זַעֲקֶךָ כְּשָׁמְעָתוֹ עָנָךְ. וַיְהִי חָנוּן עָלָיו. **סְבָרָה אַחֶרֶת**, כִּמְבַטֵּחַ בְּמִדָּה טוֹבָה יְרֵשָׁה אַחֲרוֹנָה יְתֵרָה מֵרִאשׁוֹנָה לְעוֹלָם הַבָּא, לְמִי שֶׁהוּא עוֹשֶׂה גְּמִילוּת חֲסָדִים, שֶׁנֶּאֱמַר - מִי[6] הִקְדִּימַנִי וַאֲשַׁלֵּם תַּחַת כָּל הַשָּׁמַיִם לִי הוּא. **כָּ"ף** כָּפוּף כָּ"ף פְּשׁוּטָה לָמָּה? לְפִי שֶׁהוּא

---

1 חלק זה נקרא מדרש אלפ"א ביתו"ת, והוא סודות של צירופים תמורות וגימטריאות של אותיות.

2 בצירוף כל אות מתחלפת באות שאחריה או לפניה.

3 בראשית יז ה

4 משלי יא כד

5 ישעיהו ל יט

6 איוב מא ג

מַרְאֶה טַעַם בַּתּוֹרָה מִיָּד מַלְבִּישׁוֹ לְבוּשׁ זְכִיּוֹת מִמְּעוֹן קָדְשׁוֹ, שֶׁנֶּאֱמַר - כִּי[7] שִׂפְתֵי כֹהֵן יִשְׁמְרוּ דַעַת וְתוֹרָה יְבַקְשׁוּ מִפִּיהוּ כִּי מַלְאַךְ הוי"ה צְבָאוֹת הוּא. וּמִפְּנֵי מָה אוֹתִיּוֹת שֶׁל אֱמֶת מְפֻזָּרִים זוֹ מִזּוֹ, וְאוֹתִיּוֹת שֶׁל שֶׁקֶר מְקֻפִּין זוֹ עַל גַּב זוֹ? מִפְּנֵי שֶׁאֱמֶת קָשֶׁה לַעֲשׂוֹתוֹ, וְהַשֶּׁקֶר עוֹמֵד אַחַר הָאֹזֶן, כִּדְתַנְיָא דְּבֵי רַבִּי יִשְׁמָעֵאל[8] - בָּא לְהִטַּמֵּא פּוֹתְחִין לוֹ בָּא לְהִטָּהֵר מְסַיְּעִין לוֹ. וּמִפְּנֵי מָה אוֹתִיּוֹת שֶׁל אֱמֶת בִּשְׁתֵּי רַגְלַיִם וְאוֹתִיּוֹת שֶׁל שֶׁקֶר בְּרֶגֶל אַחַת עוֹמְדִין? שֶׁכָּל הָעוֹשֶׂה אֱמֶת, הֲרֵי קַיָּם לְעוֹלָם, וְנוֹחֵל הָעוֹלָם הַבָּא, וְאֵינוֹ מְמַעֵט בָּעוֹלָם הַזֶּה, שֶׁנֶּאֱמַר - כִּי[9] שֶׁבַע יִפּוֹל צַדִּיק וָקָם וּרְשָׁעִים יִכָּשְׁלוּ בְרָעָה. וְשֶׁקֶר אֵינוֹ מִתְקַיֵּם לְעוֹלָם, שֶׁנֶּאֱמַר - וּרְשָׁעִים יִכָּשְׁלוּ בְרָעָה.

---

[7] מלאכי ב ז

[8] עבודה זרה נה א

[9] משלי כד טז

אותיות דרבי עקיבה חלק ג'

אותיות - מנצפ"ך

מ	נ	צ	פ	כ	סתומה
ם	ן	ץ	ף	ך	פתוחה

לפי הרש"ש

וּמִפְּנֵי מָה חֲמִשָּׁה אוֹתִיּוֹת הַלָּלוּ - **מנצפ"ך**, כָּל אַחַת כְּתוּבָה שְׁתֵּי פְּעָמִים? אֶלָּא לְלַמֶּדְךָ בָּהֶן סִדְרֵי תּוֹרָה, וּמָה הִיא? **כָּ"ף** שֶׁל הַקָּדוֹשׁ בָּרוּךְ הוּא כְּפוּפָה, כָּ"ף שֶׁל מֹשֶׁה פְּשׁוּטָה, **מֵ"ם** פְּתוּחָה מֵ"ם סְתוּמָה - מַאֲמָר פָּתוּחַ וּמַאֲמָר סָתוּם, וּמִכָּאן לָמַד דֶּרֶךְ אֶרֶץ שֶׁהָרַב יוֹשֵׁב וּמְדַבֵּר וְהַתַּלְמִיד עוֹמֵד וְדוֹמֵם. **צד"י** כְּפוּפָה צד"י פְּשׁוּטָה - צַדִּיק כָּפוּף וְצַדִּיק פָּשׁוּט. **נוּ"ן** פְּשׁוּטָה נוּ"ן כְּפוּפָה - אִם תֹּאמַר נֶאֱמָן כָּפוּף נֶאֱמָן פָּשׁוּט, זֶהוּ צַדִּיק כָּפוּף צַדִּיק פָּשׁוּט, אֶלָּא מִכָּאן לְתַלְמִיד חָכָם שֶׁהוּא עוֹסֵק בַּתּוֹרָה שֶׁהוּא חַיָּב לִהְיוֹת בְּיִרְאָה וּפַחַד, וּלְפִיכָךְ נִתְּנָה הַתּוֹרָה בְּיִרְאָה וְרֶתֶת לְהִתְעַסֵּק בָּהּ בְּיִרְאָה וּבְזֵעָה, שֶׁנֶּאֱמַר - אַשְׁרֵי[10] נֹצְרֵי עֵדֹתָיו בְּכָל לֵב יִדְרְשׁוּהוּ.

[10] תהלים קיט ב

אוֹתִיּוֹת - אתב"ש[11]

א	ב	ג	ד	ה	ו	ז	ח	ט	י	כ
ת	ש	ר	ק	צ	פ	ע	ס	נ	מ	ל

א"ת ב"ש.

א"ת:

אָלֶ"ף - זֶה אָדָם הָרִאשׁוֹן, **תָּי"ו** - שֶׁהוּא תְּחִילַּת בְּרִיָּתוֹ שֶׁל עוֹלָם, שֶׁכָּל הָעוֹלָם נִבְרָא בְּמַאֲמָר שֶׁל הַקָּדוֹשׁ בָּרוּךְ הוּא, שֶׁנֶּאֱמַר[12] - כִּי הוּא אָמַר וַיֶּהִי הוּא צִוָּה וַיַּעֲמֹד. וְאוֹמֵר - בִּדְבַר[13] הוי"ה שָׁמַיִם נַעֲשׂוּ וּבְרוּחַ פִּיו כָּל צְבָאָם. וּמִנַּיִן שֶׁאָדָם הָרִאשׁוֹן נִבְרָא בְּכַפּוֹ שֶׁל מָקוֹם? שֶׁנֶּאֱמַר - וַיִּיצֶר[14] הוי"ה אֱלֹהִים אֶת הָאָדָם. וְנֶאֱמַר - וַתָּשֶׁת[15] עָלַי כַּפֶּכָה. וַיִּיצֶר - לָמָּה בִּשְׁתֵּי יוּדי"ן? אַחַת לְיֵצֶר טוֹב וְאַחַת לְיֵצֶר הָרַע.

דָּבָר אַחֵר, שְׁתֵּי יוּדי"ן - אַחַת לִיצִירַת אָדָם וְאַחַת לִיצִירַת חַוָּה.

דָּבָר אַחֵר, וַיִּיצֶר, לָמָּה שְׁתֵּי יוּדי"ן - אֶלָּא אַחַת כְּנֶגֶד פַּרְצוּף פָּנָיו וְאַחַת כְּנֶגֶד פַּרְצוּף שֶׁל אֲחָרָיו, וְכֵן הוּא אוֹמֵר - אָחוֹר[16] וָקֶדֶם צַרְתָּנִי. מַהוּ אָחוֹר וָקֶדֶם? שֶׁבִּתְחִילָּה לֹא נִבְרָא אֶלָּא פַּרְצוּף שֶׁל אָחוֹר, וְאַחַר כָּךְ פַּרְצוּף שֶׁל פָּנִים. וּמָה **וַתָּשֶׁת עָלַי כַּפֶּךָ**? מְלַמֵּד שֶׁבִּתְחִלָּה נִבְרָא הָאָדָם מִן הָאָרֶץ וְעַד הָרָקִיעַ, וְכֵיוָן שֶׁרָאוּ אוֹתוֹ מַלְאֲכֵי הַשָּׁרֵת נִזְדַּעְזְעוּ וְנִרְתְּעוּ מִלְּפָנָיו. בְּאוֹתָהּ שָׁעָה עָמְדוּ כֻּלָּם לִפְנֵי הַקָּדוֹשׁ בָּרוּךְ הוּא

---

[11] אותיות אתב"ש, הם חלופי תמורות של אות ראשונה עם האחרונה א-ת, אות שנייה עם השנייה מהסוף ב-ש. והם סוד חסד ודין, אור ישר הם אבג.... ואותיות תשר.... אור חוזר.

[12] תהלים לג ט

[13] תהלים לג ו

[14] בראשית ב ז

[15] תהלים קלט ה

[16] תהלים קלט ה

וְאָמְרוּ לְפָנָיו, רִיבּוֹנוֹ שֶׁל עוֹלָם, שְׁתֵּי רְשׁוּיוֹת יֵשׁ בָּעוֹלָם, אַחַת בַּשָּׁמַיִם וְאַחַת בָּאָרֶץ. מָה עָשָׂה הַקָּדוֹשׁ בָּרוּךְ הוּא בְּאוֹתָהּ שָׁעָה, הֵנִיחַ יָדוֹ עָלָיו וְהַמְעִיטוֹ וְהֶעֱמִידוֹ לְאֶלֶף אַמָּה.

ב"ש:

בֵּי"ת - אֵלּוּ בְּהֵמָה וְחַיָּה, **שִׁי"ן** - אֵלּוּ שְׁקָצִים וּרְמָשִׂים שֶׁנִּבְרְאוּ עִם אָדָם הָרִאשׁוֹן, וְלָמָּה נִבְרְאוּ עִמּוֹ? מִפְּנֵי שֶׁאָמַר הַקָּדוֹשׁ בָּרוּךְ הוּא - אִם תָּזוּחַ דַּעְתּוֹ שֶׁל אָדָם עָלָיו, אֱמֹר לוֹ אַל תָּזוּחַ דַּעְתְּךָ עָלֶיךָ, שֶׁהֲרֵי בְּהֵמָה וְחַיָּה שְׁקָצִים וּרְמָשִׂים הֲלֹא הֵן כְּמוֹתְךָ שֶׁנִּבְרְאוּ עִמְּךָ, שֶׁנֶּאֱמַר - אָדָם[17] בִּיקָר וְלֹא יָבִין נִמְשַׁל כַּבְּהֵמוֹת נִדְמוּ. וְאַחֲרָיו מַהוּ אוֹמֵר - הַחַיָּה[18] וְכָל בְּהֵמָה רֶמֶשׂ וְצִפּוֹר כָּנָף. וְאוֹמֵר - מַלְכֵי[19] אֶרֶץ וְכָל לְאֻמִּים שָׂרִים וְכָל שֹׁפְטֵי אָרֶץ.

ג"ר:

גִּימֶ"ל - זֶהוּ גַּן עֵדֶן שֶׁנָּטַע הַקָּדוֹשׁ בָּרוּךְ הוּא בְּעֵדֶן, לָשׂוּם בְּתוֹכוֹ י"ב חוּפּוֹת שֶׁל אֲבָנִים טוֹבוֹת וּמַרְגָּלִיּוֹת בִּשְׁבִיל אָדָם, שֶׁנֶּאֱמַר - בְּעֵדֶן[20] גַּן אֱלֹהִים הָיִיתָ כָּל אֶבֶן יְקָרָה מְסֻכָתֶךָ אֹדֶם פִּטְדָה וְיָהֲלֹם תַּרְשִׁישׁ שֹׁהַם וְיָשְׁפֵה סַפִּיר נֹפֶךְ וּבָרְקַת וְזָהָב מְלֶאכֶת תֻּפֶּיךָ וּנְקָבֶיךָ בָּךְ. וְהַפָּחוֹת שֶׁבְּכֻלָּם זָהָב הוּא. **רֵי"שׁ** - שֶׁהוּא נִכְנָס רֹאשׁ לְגַן עֵדֶן קֹדֶם לְכָל הַצַּדִּיקִים, שֶׁנֶּאֱמַר - וַיִּטַּע[21] הוי"ה אֱלֹהִים גַּן בְּעֵדֶן מִקֶּדֶם וַיָּשֶׂם שָׁם אֶת הָאָדָם אֲשֶׁר יָצָר.

ד"ק:

דָּלֶ"ת - זֶהוּ דַּלְתֵי גַּן עֵדֶן, שֶׁפָּתְחוּ לְפָנָיו מַלְאֲכֵי הַשָּׁרֵת שֶׁשִּׁגְּרָן הַקָּדוֹשׁ בָּרוּךְ הוּא אֵצֶל אָדָם לְשָׁרְתוֹ. **קוּ"ף** - מְלַמֵּד

---

17 תהלים מט כא
18 תהלים קמח י
19 תהלים קמח יא
20 יחזקאל כח יג
21 בראשית ב ח

שֶׁקָּרְאוּ לְפָנָיו קְדוֹשֵׁי עֶלְיוֹנִים וְגִיבּוֹרֵי עֲרָבוֹת, וְאָמְרוּ לוֹ - בֹּא בְּשָׁלוֹם.

ה"ץ:

הֵ"א - שֶׁהִפִּיל עָלָיו הַקָּדוֹשׁ בָּרוּךְ הוּא תַּרְדֵּמָה, שֶׁנֶּאֱמַר - וַיַּפֵּל[22] הוי"ה אֱלֹהִים תַּרְדֵּמָה עַל הָאָדָם. **צָד"י** - זוֹ צֶלַע אַחַת שֶׁלָּקַח הֵימֶנּוּ מִצַּלְעוֹתָיו וּבְנָאָה לְאִשָּׁה, וְהִרְחִיצָהּ, וְסָכָהּ, וּפִרְכְּסָהּ, וְקָלַע לָהּ שֵׂעָר, וְזִוְּגָהּ לְאָדָם, שֶׁנֶּאֱמַר - וַיִּבֶן[23] הוי"ה אֱלֹהִים אֶת הַצֵּלָע אֲשֶׁר לָקַח מִן הָאָדָם לְאִשָּׁה וַיְבִאֶהָ אֶל הָאָדָם.

ו"ף:

וָי"ו - שֶׁהֱבִיאָהּ בְּרִבְבוֹת אֲלָפִין שֶׁל מַלְאֲכֵי הַשָּׁרֵת אֶל אָדָם הָרִאשׁוֹן בְּקוֹל רִנָּה וְשִׁירָה, שֶׁנֶּאֱמַר - וַיְבִאֶהָ[24] אֶל הָאָדָם. וּמָה הוּא **פֵּ"ה**? מְלַמֵּד שֶׁכָּל פָּמַלְיָא שֶׁל מַעְלָה יָרְדוּ עִמָּהֶם לְגַן עֵדֶן, מִקְּצָתָן הָיוּ אוֹחֲזִין בְּיָדָם נְבָלִים וּמְצִלְתַּיִם וּכְנוֹרוֹת, וּמְשַׂחֲקִין לְפָנָיו כִּבְתוּלוֹת, וְחַמָּה וּלְבָנָה וְכוֹכָבִים וּמַזָּלוֹת הָיוּ מְרַקְּדִין לִפְנֵיהֶם כִּנְעָרוֹת.

ז"ע:

זַיִ"ן - מְלַמֵּד שֶׁזִּמֵּן הַקָּדוֹשׁ בָּרוּךְ הוּא שְׁנֵיהֶם לִסְעוּדָה עַל מַעֲדַנֵּי גַּן עֵדֶן. **עַיִ"ן** - שֶׁעָרַךְ הַקָּדוֹשׁ בָּרוּךְ הוּא לִפְנֵיהֶם שֻׁלְחָנוֹת שֶׁל מַרְגָּלִיּוֹת, וְכָל מַרְגָּלִית וּמַרְגָּלִית הָיָה מֵאָה אַמָּה אָרְכָּה וְשִׁשִּׁים אַמָּה רָחְבָּה, וְכָל מִינֵי מַעֲדַנִּים מֻנָּחִים לִפְנֵיהֶם, שֶׁנֶּאֱמַר - תַּעֲרֹךְ[25] לְפָנַי שֻׁלְחָן.

ח"ס:

חֵי"ת - שֶׁחָשׁוּ מַלְאֲכֵי הַשָּׁרֵת וְצָלוּ לוֹ בָּשָׂר, וְצִנְּנוּ לוֹ אֶת הַיַּיִן, וּבָא הַנָּחָשׁ וְרָאָה אֶת כְּבוֹדָן, וְהֵצִיץ בָּהֶן וְנִתְקַנֵּא בָּהֶן.

---

[22] בראשית ב כא

[23] בראשית ב כב

[24] בראשית ב כב

[25] תהלים כג ה

סָמֶ"ךְ - שֶׁסָּח לוֹ הַקָּדוֹשׁ בָּרוּךְ הוּא לְאָדָם וְאָמַר לוֹ - וַיְצַו[26] הוי"ה אֱלֹהִים עַל הָאָדָם לֵאמֹר מִכֹּל עֵץ הַגָּן אָכֹל תֹּאכֵל.

ט"ן:

טֵי"ת - שֶׁטָּעֲתָה חַוָּה בְּדִבְרָיו שֶׁל נָחָשׁ, וְאָכְלָה מִן הָעֵץ וְנָתְנָה הֵימֶנּוּ לְאָדָם וְאָכַל, שֶׁנֶּאֱמַר - וַתִּקַּח[27] מִפִּרְיוֹ וַתֹּאכַל וַתִּתֵּן גַּם לְאִישָׁהּ עִמָּהּ וַיֹּאכַל. **נוּ"ן** - שֶׁנִּפְתְּחוּ עֵינֵיהֶם וְהֵבִינוּ שֶׁהֵם עֲרוּמִים, וְנִתְעַטְּפוּ בְּעָלִין שֶׁל תְּאֵנָה, שֶׁנֶּאֱמַר - וַיִּתְפְּרוּ[28] עֲלֵה תְאֵנָה וַיַּעֲשׂוּ לָהֶם חֲגֹרֹת.

י"ם:

יוֹ"ד - שֶׁכְּבָר גָּלוּי וְיָדוּעַ לְפָנָיו מַעֲשֵׂיהֶן שֶׁעָשׂוּ, וְיָרַד הַקָּדוֹשׁ בָּרוּךְ הוּא מִשְּׁמֵי מָרוֹם וְעָמַד עַל פִּתְחֵי גַּן עֵדֶן, וְקָרָא לוֹ לְאָדָם, שֶׁנֶּאֱמַר - וַיִּקְרָא[29] הוי"ה אֱלֹהִים אֶל הָאָדָם וַיֹּאמֶר לוֹ אַיֶּכָּה. **מֵ"ם** - שֶׁאָמַר הַקָּדוֹשׁ בָּרוּךְ הוּא לְאָדָם - וַיֹּאמֶר[30] מִי הִגִּיד לְךָ כִּי עֵירֹם אָתָּה.

כ"ל:

כָּ"ף - שֶׁכֻּלָּם זִמְּנָם הַקָּדוֹשׁ בָּרוּךְ הוּא לְדִין. בַּתְּחִילָּה קָרָא לוֹ לְאָדָם, וְאָמַר לוֹ מִפְּנֵי מָה אָכַלְתָּ מִפְּרִי עֵץ הַדַּעַת, שֶׁאָמַרְתִּי לְךָ לֹא תֹאכַל מִמֶּנּוּ? הֵשִׁיב הָאָדָם וְאָמַר, רִיבּוֹן הָעוֹלָמִים - הָאִשָּׁה[31] אֲשֶׁר נָתַתָּה עִמָּדִי. נָתְנָה לִי וְאָכַלְתִּי. אָמַר לָאִשָּׁה מִפְּנֵי מָה אָכַלְתָּ? אָמְרָה הָאִשָּׁה - הַנָּחָשׁ[32] הִשִּׁיאַנִי וְאוֹכֵל. אַחַר כָּךְ קָרָא אֶת הַנָּחָשׁ, אָמַר לוֹ הַקָּדוֹשׁ בָּרוּךְ הוּא - כִּי[33] עָשִׂיתָ זֹּאת אָרוּר אַתָּה מִכָּל הַבְּהֵמָה וּמִכֹּל חַיַּת הַשָּׂדֶה עַל גְּחֹנְךָ תֵלֵךְ וְעָפָר תֹּאכַל כָּל יְמֵי חַיֶּיךָ. בְּשָׁעָה שֶׁאָמַר לוֹ - **עַל גְּחוֹנְךָ תֵלֵךְ**, הֵשִׁיב הַנָּחָשׁ וְאָמַר, רִיבּוֹן

---

[26] בראשית ב טז
[27] בראשית ג ו
[28] בראשית ג ז
[29] בראשית ג ט
[30] בראשית ג יא
[31] בראשית ג יב
[32] בראשית ג יג
[33] בראשית ג יד

הָעוֹלָמִים, אִם כֵּן הוּא רְצוֹנְךָ אֶהְיֶה כְּדָג שֶׁבְּתוֹךְ הַיָּם שֶׁאֵין לוֹ רַגְלַיִם, וּכְשֶׁאָמַר לוֹ - **עָפָר תֹּאכַל**. אָמַר הַנָּחָשׁ, רִיבּוֹן הָעוֹלָמִים, מָה אִם הַדָּג אוֹכֵל עָפָר אַף אֲנִי אוֹכֵל עָפָר. בְּאוֹתָהּ שָׁעָה תְּפָשׂוֹ הַקָּדוֹשׁ בָּרוּךְ הוּא לְנָחָשׁ, וְקָרַע לְשׁוֹנוֹ לִשְׁנֵי קְרָעִין. אָמַר לוֹ הַקָּדוֹשׁ בָּרוּךְ הוּא - רָשָׁע שֶׁבָּעוֹלָם, אַתָּה הִתְחַלְתָּ בְּלָשׁוֹן הָרַע, לְפִיכָךְ אֲנִי מוֹדִיעַ לְכָל בָּאֵי הָעוֹלָם שֶׁלְּשׁוֹנְךָ גָּרַם לְךָ כָּל זֹאת. מְלַמֵּד שֶׁחָטְאוּ שְׁלֹשָׁה וְלָקוּ אַרְבָּעָה - נָחָשׁ וְחַוָּה וְאָדָם, חָטְאוּ וְלָקוּ וְנִטְרְדוּ מִגַּן עֵדֶן, שֶׁנֶּאֱמַר - וַיְגָרֶשׁ[34] אֶת הָאָדָם וַיַּשְׁכֵּן מִקֶּדֶם לְגַן עֵדֶן. וּרְבִיעִית אֶרֶץ לָקְתָה בַּעֲבוּרָם, שֶׁנֶּאֱמַר - אֲרוּרָה[35] הָאֲדָמָה בַּעֲבוּרֶךָ.

דָּבָר אַחֵר, **א"ת ב"ש** - אֶת בּוֹשׁ עָלֶיךָ וַתֵּתָא.

ג"ר ד"ק ה"ץ ו"ף ז"ע - וְאִם יָצָא לַחוּץ אָז מִזִּיעוֹ וּמַרְתִּיעוֹ **ח"ס ט"ן**.

---

[34] בראשית ג כד
[35] בראשית ג יז

אוֹתִיּוֹת - אח"ס[36] בט"ע

א	ב	ג	ד	ה	ו	ז
ח	ט	י	כ	ל	מ	נ
ס	ע	פ	צ	ק	ר	ש-ת

אח"ס בט"ע:

אַל תִּקְרֵי **אח"ס** אֶלָּא אָחוּס, וְאֵין אָחוּס אֶלָּא לְשׁוֹן רַחֲמִים, לְשׁוֹן תַּחֲנוּנִים, שֶׁנֶּאֱמַר - חוּסָה[37] הוי"ה עַל עַמֶּךָ. וּמַהוּ **אח"ס**? מְלַמֵּד שֶׁאָמַר הַקָּדוֹשׁ בָּרוּךְ הוּא לְמַלְכֵי הַשָּׁרֵת, אֲנִי בְּעַצְמִי אָחוּס עַל יִשְׂרָאֵל יוֹתֵר מִכָּל אֻמּוֹת הָעוֹלָם, מִפְּנֵי שֶׁהֵן מַמְלִיכִין אוֹתִי בְּעוֹלָמִי שְׁתֵּי פְּעָמִים בְּכָל יוֹם וָיוֹם, וּמְיַחֲדִין אֶת שְׁמִי שַׁחֲרִית וְעַרְבִית, שֶׁנֶּאֱמַר - שְׁמַע[38] יִשְׂרָאֵל הוי"ה אֱלֹהֵינוּ הוי"ה אֶחָד. שֶׁאִלְמָלֵא יִשְׂרָאֵל בְּעוֹלָם לֹא הָיָה כָּבוֹד וּגְדֻלָּה בָּעוֹלָם, לְפִי שֶׁהֵן מְסַפְּרִין תְּהִלָּתִי בְּכָל יוֹם, שֶׁנֶּאֱמַר - עַם[39] זוּ יָצַרְתִּי לִי תְּהִלָּתִי יְסַפֵּרוּ. וְאֵין דַּעְתִּי נֶהֱנֵית אֶלָּא מֵהֶן, שֶׁנֶּאֱמַר - נֶהְפַּךְ[40] עָלַי לִבִּי יַחַד נִכְמְרוּ נִחוּמָי.

בט"ע - שֶׁבָּם טָעוּ הָעוֹלָם, לְפִי שֶׁבְּכָל יוֹם וָיוֹם כְּשֶׁאֻמּוֹת הָעוֹלָם רוֹאִין חַמָּה וּלְבָנָה, כּוֹכָבִים וּמַזָּלוֹת, מַעֲבִירִין כִּתְרֵיהֶן מֵעַל רָאשֵׁיהֶן, וְכָל מַלְכֵיהֶם וְרוֹזְנֵיהֶם נוֹפְלִין וּמִשְׁתַּחֲוִים לִצְבָא הַשָּׁמַיִם, מִיָּד כּוֹעֵס עֲלֵיהֶם הַקָּדוֹשׁ בָּרוּךְ הוּא, שֶׁנֶּאֱמַר - וְאֵל[41] זֹעֵם בְּכָל יוֹם. וְאָמַר לָהֶן לְמַלְאֲכֵי חַבָּלָה, אֲנִי נָתַתִּי לְהַלָּלוּ רוּחַ וּנְשָׁמָה, מְלוּכָה וְכָבוֹד, וּגְדוּלָּה וּמֶמְשָׁלָה, וְהֵן מִשְׁתַּחֲוִים לְחַמָּה וּלְבָנָה שֶׁבָּרָאתִי מִזֹּהַר פָּנַי. בְּאוֹתָהּ שָׁעָה רוֹעֲשִׁין גַּלְגַּל חַמָּה, וְאֹפֶן, וְהַלְּבָנָה, וְסִדְרֵי

[36] צירופי וחלופי אותיות אח"ס בט"ע, הם חילופי אותיות **א' בח' וח' בס'** וכן בכל שאר האותיות, כמו שמבואר בטבלה

[37] יואל ב יז

[38] דברים ו ד

[39] ישעיהו מג כא

[40] הושע יא ח

[41] תהלים ז יב

מַזָּלוֹת כּוֹכָבִים, וְכָל סִדְרֵי בְּרֵאשִׁית כֻּלָּן. מִיָּד אַף וְחֵמָה שְׁנֵי מַלְאֲכֵי חַבָּלָה מָה עוֹשִׂין? שׁוֹלְפִין אֶת חַרְבָּן וְתוֹפְסִין בְּיָדָם וְיוֹצְאִין מִלִּפְנֵי הַקָּדוֹשׁ בָּרוּךְ הוּא בְּחֵמָה לְהַחֲרִיב אֶת הָעוֹלָם, מִפְּנֵי מַעֲשֵׂיהֶן שֶׁל אֻמּוֹת הָעוֹלָם שֶׁמַּכְעִיסִין בְּמַעֲשֵׂיהֶן. וְאִלְמָלֵא שֶׁיּוֹצְאִין תַּלְמִידֵי חֲכָמִים שֶׁהֵן עוֹסְקִין בְּתוֹרָה, וְתִינוֹקוֹת שֶׁל בֵּית רַבָּן שֶׁהֵן הוֹגִין בְּמִקְרָא וּבְמִשְׁנָה, וְיִשְׂרָאֵל שֶׁהֵן קוֹרְאִין שְׁמַע יִשְׂרָאֵל, וּמְקַבְּלִים עֹל מַלְכוּת שָׁמַיִם שַׁחֲרִית וְעַרְבִית, כְּבָר הָיוּ נוֹטְשִׁין וּמַחֲרִיבִין אֶת הָעוֹלָם. לְפִיכָךְ הוּא אוֹמֵר - הוי"ה[42] מָלָךְ יִרְגְּזוּ עַמִּים יֹשֵׁב כְּרוּבִים תָּנוּט הָאָרֶץ.

גי"ף - אַל תִּקְרֵי גי"ף אֶלָּא גּוּף, זוֹ גּוּפָהּ שֶׁל תּוֹרָה, שֶׁרָאשֵׁי יְשִׁיבוֹת גְּאוֹן יַעֲקֹב, מִתְעַסְּקִים בָּהּ וּמוֹרִין פְּרָט וּכְלָל, נַהֲוָיוֹת, אִסּוּר וְהֶתֵּר לְיִשְׂרָאֵל, שֶׁנֶּאֱמַר - יוֹרוּ[43] מִשְׁפָּטֶיךָ לְיַעֲקֹב וְתוֹרָתְךָ לְיִשְׂרָאֵל. וְאוֹמֵר - לִמְדוּ[44] הֵיטֵב דִּרְשׁוּ מִשְׁפָּט.

דכ"ץ - אַל תִּקְרֵי דכ"ץ אֶלָּא דָּךְ כֻּלּוֹ חֵפֶץ, וְאֵין חֵפֶץ אֶלָּא יִשְׂרָאֵל שֶׁנִּקְרְאוּ **אֶרֶץ חֵפֶץ** לִפְנֵי הַקָּדוֹשׁ בָּרוּךְ הוּא, שֶׁנֶּאֱמַר - וְאִשְּׁרוּ[45] אֶתְכֶם כָּל הַגּוֹיִם כִּי תִהְיוּ אַתֶּם אֶרֶץ חֵפֶץ. וְלָמָּה נִקְרְאוּ **אֶרֶץ חֵפֶץ**? **אֶרֶץ** - מִפְּנֵי שֶׁהֵם דּוֹמִים לְאֶרֶץ שֶׁכָּל הָעוֹלָם כֻּלּוֹ מִתְקַיֵּם בָּהּ. **חֵפֶץ** - בִּשְׁבִיל שֶׁהֵם עוֹשִׂים בְּכָל יוֹם וָיוֹם חֶפְצוֹ שֶׁל הַקָּדוֹשׁ בָּרוּךְ הוּא, בְּדִבְרֵי תּוֹרָה, שֶׁנֶּאֱמַר - הוי"ה[46] חָפֵץ לְמַעַן צִדְקוֹ יַגְדִּיל תּוֹרָה וְיַאְדִּיר.

הל"ק - זֶה יַעֲקֹב שֶׁנִּקְרָא חָלָק, שֶׁנִּתְקַדֵּשׁ שְׁמוֹ שֶׁל הַקָּדוֹשׁ בָּרוּךְ הוּא בִּקְדֻשָּׁה עַל יָדוֹ, שֶׁנֶּאֱמַר - וְהִקְדִּישׁוּ[47] אֶת קְדוֹשׁ

---

42 תהלים צט א
43 דברים לג י
44 ישעיהו א יז
45 מלאכי ג יב
46 ישעיהו מב כא
47 ישעיהו כט כג

יַעֲקֹב וְאֶת אֱלֹהֵי יִשְׂרָאֵל יַעֲרִיצוּ. עַל יְדֵי צֶאֱצָאָיו, וְחָקַק לוֹ דְּמוּתוֹ עַל כִּסֵּא כְּבוֹדוֹ. וּבְשָׁעָה שֶׁצֶּאֱצָאָיו קוֹרִין קְדֻשָּׁה מְשֻׁלֶּשֶׁת, מוֹרִיד הַקָּדוֹשׁ בָּרוּךְ הוּא פִּיו מִלְּמַעְלָה וְנוֹשְׁקוֹ עַל רֹאשׁוֹ שֶׁחָקוּק עַל כִּסֵּא הַכָּבוֹד, שֶׁנֶּאֱמַר - כִּי[48] יַעֲקֹב בָּחַר לוֹ יָהּ יִשְׂרָאֵל לִסְגֻלָּתוֹ. וּמִנַּיִן שֶׁיַּעֲקֹב נִקְרָא חָלָק? שֶׁנֶּאֱמַר - וְאָנֹכִי[49] אִישׁ חָלָק. כִּי[50] חֵלֶק הוי"ה עַמּוֹ יַעֲקֹב חֶבֶל נַחֲלָתוֹ.

ומ"ר - אַל תִּקְרֵי ומ"ר אֶלָּא וְאָמַר, וּמַהוּ וְאָמַר? אֵלּוּ שָׂרְפֵי לֶהָבָה וּמַלְאֲכֵי צְבָאוֹת וְחַיָּלֵי מְעוֹנָה, שֶׁאֵינָם יְכוֹלִין לוֹמַר קָדוֹשׁ מִלְּמַעְלָה עַד שֶׁפּוֹתְחִין יִשְׂרָאֵל תְּחִלָּה פִּיהֶם בִּקְדֻשָּׁה מִלְּמַטָּה וְאוֹמְרִים קְדֻשָּׁה מְשֻׁלֶּשֶׁת, וְאַחַר כָּךְ מַקְדִּישִׁין מַלְאֲכֵי הַשָּׁרֵת, שֶׁנֶּאֱמַר - בְּרָן[51] יַחַד כּוֹכְבֵי בֹקֶר וַיָּרִיעוּ כָּל בְּנֵי אֱלֹהִים. **כּוֹכְבֵי בֹקֶר** - אֵלּוּ יִשְׂרָאֵל שֶׁנִּמְשְׁלוּ לְכוֹכָבִים, שֶׁנֶּאֱמַר - וּמַצְדִּיקֵי[52] הָרַבִּים כַּכּוֹכָבִים לְעוֹלָם וָעֶד. וְאוֹמֵר - וְהִנְּכֶם[53] הַיּוֹם כְּכוֹכְבֵי הַשָּׁמַיִם לָרֹב. הַכּוֹכָבִים מְאִירִין אֶת הָעוֹלָם - אַף יִשְׂרָאֵל מְאִירִין נֵרוֹ שֶׁל עוֹלָם בְּדִבְרֵי תּוֹרָה, שֶׁהֵם כַּיּוֹצֵא בָּהֶם, שֶׁנֶּאֱמַר - כִּי[54] נֵר מִצְוָה וְתוֹרָה אוֹר. וּמִנַּיִן שֶׁאֵין **וְאָמַר** אֶלָּא לְמַלְאֲכֵי הַשָּׁרֵת? שֶׁנֶּאֱמַר - וְקָרָא[55] זֶה אֶל זֶה וְאָמַר קָדוֹשׁ קָדוֹשׁ קָדוֹשׁ הוי"ה צְבָאוֹת מְלֹא כָל הָאָרֶץ כְּבוֹדוֹ.

ז"ן ש"ת - אַל תִּקְרֵי ז"ן ש"ת, אֶלָּא זֶה **נָשָׂא שַׁבָּת**, וּמַהוּ זֶה נָשָׂא שַׁבָּת? אֵלּוּ יִשְׂרָאֵל שֶׁנָּשְׂאוּ תּוֹרָה וּמִצְוַת שַׁבָּת בָּעוֹלָם הַזֶּה מִפִּי הַקָּדוֹשׁ בָּרוּךְ הוּא, שֶׁבָּהּ זוֹכִין יִשְׂרָאֵל וְנוֹחֲלִין חַיֵּי עוֹלָם הַבָּא שֶׁכֻּלּוֹ שַׁבָּת, שֶׁנֶּאֱמַר - מִזְמוֹר[56] שִׁיר

---

48 תהלים קלה ד
49 בראשית כז יא
50 דברים לב ט
51 איוב לח ז
52 דניאל יב ג
53 דברים א י
54 משלי ו כג
55 ישעיהו ו ג
56 תהלים צב א

לְיוֹם הַשַּׁבָּת. מַהוּ לְיוֹם הַשַּׁבָּת? אָמְרָה רוּחַ הַקֹּדֶשׁ עַל יְדֵי דָּוִד בְּכִינּוֹר, זַמְּרוּ אַתֶּם בְּנֵי יִשְׂרָאֵל, שִׁירוּ לְעוֹלָם הַבָּא שֶׁכֻּלּוֹ שַׁבָּת, לְפִי שֶׁבְּשָׁעָה שֶׁאָמַר לָהֶם הַקָּדוֹשׁ בָּרוּךְ הוּא לְיִשְׂרָאֵל אֲנִי נוֹתֵן לָכֶם אֶת הַתּוֹרָה, אָמַר הַאִם מְקַיְּמִים אוֹתָם, אֶת הַמִּצְוָה שֶׁבָּהּ, אֲנִי מַנְחִיל לָכֶם אֶת הָעוֹלָם הַבָּא? וְיִשְׂרָאֵל הָיוּ מְשִׁיבִין וְאוֹמְרִים לְפָנָיו, רִיבּוֹנוֹ שֶׁל עוֹלָם, הַרְאֵנוּ דֻּגְמָה שֶׁל עוֹלָם הַבָּא בָּעוֹלָם הַזֶּה. אָמַר לָהֶם - זוֹ שַׁבָּת שֶׁהִיא אַחַת מִשִּׁשִּׁים מִשֶּׁל עוֹלָם הַבָּא, שֶׁבָּהּ אַתֶּם מִתְעַנְּגִים תַּעֲנוּגֵי מְנוּחָה, שֶׁנֶּאֱמַר - אָז[57] תִּתְעַנַּג עַל הוי"ה וְהִרְכַּבְתִּיךָ עַל בָּמֳתֵי אָרֶץ וְהַאֲכַלְתִּיךָ נַחֲלַת יַעֲקֹב אָבִיךָ כִּי פִּי יְהוָה דִּבֵּר.

[57] ישעיהו נח יד

אוֹתִיּוֹת - אלב"ם[58]

כתר	חכמה	בינה	דעת	חסד	גבורה	תפארת	נצח	הוד	יסוד	מלכות
א	ב	ג	ד	ה	ו	ז	ח	ט	י	כ
ל	מ	נ	ס	ע	פ	צ	ק	ר	ש	ת

אלב"ם[59] - אַל תִּקְרֵי אלב"ם אֶלָּא - **לִבָּם**, וּמַהוּ לִבָּם? מְלַמֵּד שֶׁעָמַד נגרסנא"ל שָׂרָה שֶׁל גֵּיהִנָּם לִפְנֵי הַקָּדוֹשׁ בָּרוּךְ הוּא וְאָמַר לְפָנָיו, רִבּוֹנוֹ שֶׁל עוֹלָם, כָּל אֻמָּה וְאֻמָּה נָתַתָּ לִי שֶׁתְּאַכְּלֵם אִשִּׁי שֶׁל גֵּיהִנֹּם, שֶׁנֶּאֱמַר - לָכֵן[60] כֶּאֱכֹל קַשׁ לְשׁוֹן אֵשׁ וַחֲשַׁשׁ לֶהָבָה יִרְפֶּה שָׁרְשָׁם כַּמָּק יִהְיֶה וּפִרְחָם כָּאָבָק יַעֲלֶה כִּי מָאֲסוּ אֵת תּוֹרַת הוי"ה צְבָאוֹת וְאֵת אִמְרַת קְדוֹשׁ יִשְׂרָאֵל נִאֵצוּ. וְאֻמָּה זוֹ שֶׁל יִשְׂרָאֵל מִפְּנֵי מָה אֵינְךָ נוֹתֵן לִי שֶׁתְּאַכְּלֵם אִשִּׁי כְּדֶרֶךְ כָּל אֻמּוֹת הָעוֹלָם? הֵשִׁיב הַקָּדוֹשׁ בָּרוּךְ הוּא וְאָמַר לוֹ, כָּל אֻמּוֹת הָעוֹלָם הֲרֵי הֵן בְּפִתְקֵי שֶׁלְּךָ לַעֲשׂוֹת לָהֶם כְּרֹעַ מַעַלְלֵיהֶם וּלְדוּנָן בְּתוֹךְ גֵּיהִנֹּם, אֻמָּה זוֹ שֶׁל יִשְׂרָאֵל אֵינָהּ בַּפִּתְקִיּוֹת שֶׁלְּךָ וְאֵין לְךָ עֵסֶק בָּהֶן. אָמַר לְפָנָיו, לָמָּה? אָמַר לוֹ מִפְּנֵי שֶׁהֵן עוֹסְקִין בְּתוֹרָה, וּבַמִּצְוֹת, וּמְקַיְּמִים אוֹתָם, וַאֲהַבָתָן בְּלִיבִּי עַד לְעוֹלָם, שֶׁנֶּאֱמַר - וְאַהֲבַת[61] עוֹלָם אֲהַבְתִּיךְ עַל כֵּן מְשַׁכְתִּיךְ חָסֶד. וְאֵינָן עוֹבְרִין בְּתוֹךְ גֵּיהִנֹּם, לְפִי שֶׁאֲנִי עִמָּהֶם.

דָּבָר אַחֵר, **אלב"ם** - אַל תִּקְרֵי אלב"ם אֶלָּא **אֵל בָּם**, שֶׁנֶּאֱמַר - כִּי[62] תַעֲבֹר בַּמַּיִם אִתְּךָ אָנִי וּבַנְּהָרוֹת לֹא יִשְׁטְפוּךָ כִּי תֵלֵךְ

---

[58] אותיות אלב"ם הם סוד עולם המלבוש, כנודע ליודעי הח"ן, והוא חצי האותיות מאות **א'** עד **כ'** הם י"א אותיות. מתחברות עם האותיות מאות **ל'** עד **ת'**, הצורה זאת - **א"ל, ב"מ, ג"ן, ד"ס**..... עד **י"ש כ"ת**, והם סוד הספירות כמו שמצויר בטבלה.

[59] **הגהה** - האות הראשון והשלישי הם כסדר א"ב עד מחציתו, וגומר באותיות טי"כ, והאות השני והרביעי הם מאמצע הא"ב באותיות ל"מ וגומר באותיות רש"ת, וכשהם מרובעים ביחד נקרא סדר א"ב כזה בשם אלב"ם.

[60] ישעיהו ה כד

[61] ירמיהו לא ב

[62] ישעיהו מג ב

בְּמוֹ אֵשׁ לֹא תִכָּוֶה וְלֶהָבָה לֹא תִבְעַר בָּךְ. וְלֹא עוֹד אֶלָּא שֶׁשְּׁכִינָתִי שְׁרוּיָה בְּתוֹכָם, שֶׁנֶּאֱמַר - וְהָיִיתִי[63] לָכֶם לֵאלֹהִים וְאַתֶּם תִּהְיוּ לִי לְעָם. לְכָךְ נֶאֱמַר **אלב"ם**.

ג"ן ד"ס - מַהוּ ג"ן ד"ס? אָמַר נגרסנא"ל לִפְנֵי הַקָּדוֹשׁ בָּרוּךְ הוּא, רִיבּוֹנוֹ שֶׁל עוֹלָם, אִם כֵּן הֵיכָן דָּרִים כְּשֶׁזּוֹכִין לְחַיֵּי עוֹלָם הַבָּא? אָמַר לוֹ, בְּגַן עֵדֶן שֶׁל הֲדַס שֶׁרֵיחוֹ הוֹלֵךְ מִסּוֹף הָעוֹלָם עַד סוֹפוֹ, שֶׁנֶּאֱמַר - כִּי[64] כִימֵי הָעֵץ יְמֵי עַמִּי וּמַעֲשֵׂה יְדֵיהֶם יְבַלּוּ בְחִירָי.

ה"ע ו"ף - מְלַמֵּד שֶׁאָמַר לְפָנָיו שָׂרָהּ שֶׁל גֵּיהִנֹּם, רִיבּוֹנוֹ שֶׁל עוֹלָם, רְצוֹנְךָ שֶׁתּוֹדִיעַ לִי כְּבוֹדָן וּגְדֻלָּתָן שֶׁל צַדִּיקִים שֶׁאַתָּה מַנְחִיל לָהֶן בְּגַן עֵדֶן לְעוֹלָם הַבָּא? אָמַר לוֹ הַקָּדוֹשׁ בָּרוּךְ הוּא, לָאו, שֶׁנֶּאֱמַר - לָכֵן[65] כֹּה אָמַר אֲדֹנָי יֱהֹוִ"ה הִנֵּה עֲבָדַי יֹאכֵלוּ וְאַתֶּם תִּרְעָבוּ הִנֵּה עֲבָדַי יִשְׁתּוּ וְאַתֶּם תִּצְמָאוּ הִנֵּה עֲבָדַי יִשְׂמָחוּ וְאַתֶּם תֵּבֹשׁוּ.

העו"ף - כְּשֵׁם שֶׁהָעוֹף פּוֹרֵחַ בָּאֲוִיר שֶׁל עוֹלָם, וְאֵין לוֹ רְשׁוּת לְהִכָּנֵס בְּחוּפּוֹת מְלָכִים וְרוֹזְנִים, לֵישֵׁב בְּמִשְׁכְּנוֹת עִמָּהֶם עַל כִּסֵּא הַכָּבוֹד, כָּךְ אֵין לְךָ רְשׁוּת וְלֹא עֵסֶק בָּהֶן לִרְאוֹת בְּטוֹבָתָן שֶׁל יִשְׂרָאֵל, שֶׁנֶּאֱמַר - לֹא[66] יְגֻרְךָ רָע. וּמַהוּ לֹא יְגֻרְךָ רָע, מְלַמֵּד שֶׁכָּךְ אָמַר דָּוִד לִפְנֵי הַקָּדוֹשׁ בָּרוּךְ הוּא, רִיבּוֹנוֹ שֶׁל עוֹלָם, אַל יְהִי בִּמְגוּרְךָ רַע, וְאֵין רַע אֶלָּא שָׂטָן וְיֵצֶר הָרַע, שֶׁנֶּאֱמַר - כִּי[67] יֵצֶר לֵב הָאָדָם רַע מִנְּעֻרָיו. וּכְשֵׁם שֶׁאֵין יֵצֶר הָרַע בִּמְגוּרוֹתָיו שֶׁל הַקָּדוֹשׁ בָּרוּךְ הוּא, כָּךְ עֲתִידִין יִשְׂרָאֵל שֶׁלֹּא יִהְיֶה בִּמְגוּרָתָם שָׂטָן וְלֹא מַלְאַךְ הַמָּוֶת וְלֹא יֵצֶר הָרַע. אֵימָתַי? לְעוֹלָם הַבָּא, שֶׁנֶּאֱמַר[68] - וְיָשַׁב עַמִּי

---

63 ויקרא כו יב
64 ישעיהו סה כב
65 ישעיהו סה יג
66 תהלים ה ה
67 בראשית ח כא
68 ישעיהו לב יח

בִּנְוֵה שָׁלוֹם וּבְמִשְׁכְּנוֹת מִבְטַחִים וּבִמְנוּחוֹת שַׁאֲנַנּוֹת. בְּלֹא שָׂטָן, וּבִמְנוּחוֹת שַׁאֲנַנּוֹת בְּלֹא מַלְאַךְ הַמָּוֶת, וּבְלֹא יֵצֶר הָרָע, שֶׁנֶּאֱמַר[69] - בִּלַּע הַמָּוֶת לָנֶצַח וּמָחָה אֲדֹנָי יֱהֹוִ"ה דִּמְעָה מֵעַל כָּל פָּנִים וְחֶרְפַּת עַמּוֹ יָסִיר מֵעַל כָּל הָאָרֶץ כִּי הוי"ה דִּבֵּר.

זצח"ק - אָמַר לְפָנָיו, רִיבּוֹנוֹ שֶׁל עוֹלָם, מִפְּנֵי מָה אֵינְךָ נוֹתֵן לִי רְשׁוּת לִרְאוֹתָן בְּעֵינַי כְּלָל וּכְלָל, וְלִטְעֹם טַעַם מְעַט מֵאֲכִילָתָן וּלְהִסְתַּכֵּל בְּטוֹבָתָן וּבִגְדֻלָּתָן? אָמַר לוֹ, מִפְּנֵי שֶׁזַּרְעוֹ שֶׁל יִצְחָק הֵן, שֶׁהִגִּישׁ בְּשָׂרוֹ וּרְבִיעִית דָּם שֶׁלּוֹ עַל גַּבֵּי הַמִּזְבֵּחַ, שֶׁנִּקְרָא יִצְחָק. **זצח"ק** - אַל תִּקְרֵי זצח"ק אֶלָּא זַרְעוֹ שֶׁל יִצְחָק. אָמַר לְפָנָיו, רִיבּוֹנוֹ שֶׁל עוֹלָם, כָּל בְּרִיָּה אַתָּה נוֹתֵן לוֹ בְּכָל יוֹם וָיוֹם מָזוֹן מַאֲכָל לְפִי אָכְלוֹ, שֶׁכָּךְ כְּתִיב - פּוֹתֵחַ[70] אֶת יָדֶךָ וּמַשְׂבִּיעַ לְכָל חַי רָצוֹן. מִפְּנֵי מָה אֵין אַתָּה נוֹתֵן לִי מָזוֹן כְּדֵי סִפּוּקִי, שֶׁהֲרֵי אֲנִי רָעֵב מִכָּל מַאֲכָל. וְהֵשִׁיב הַקָּדוֹשׁ בָּרוּךְ הוּא וְאָמַר לוֹ, הֲרֵי מָסַרְתִּי לְךָ כָּל רִשְׁעֵי הָאָרֶץ וְכָל חַטָּאֶיהָ.

ט"ר י"ש כ"ת - יֵשׁ לִי כִּתּוֹת כִּתּוֹת, כִּתּוֹת שֶׁל מְשַׁקְּרִין כִּתּוֹת שֶׁל לַסְטִין כִּתּוֹת שֶׁל מְסַפֵּר לָשׁוֹן הָרָע, וַאֲנִי מוּסָרָם לְךָ שֶׁתְּאַכְּלֵם אִשְּׁךָ, שֶׁנִּקְרָא טרישכ"ת, אַל תִּקְרֵי טרישכ"ת אֶלָּא **יֵשׁ לִי כַּת**. וּמִנַּיִן שֶׁשָּׂרָה שֶׁל גֵּיהִנֹּם אוֹמֵר בְּכָל יוֹם וָיוֹם תֵּן לִי מַאֲכָל כְּדֵי סִפּוּקִי? שֶׁנֶּאֱמַר - לָכֵן[71] הִרְחִיבָה שְּׁאוֹל נַפְשָׁהּ וּפָעֲרָה פִיהָ לִבְלִי חֹק וְיָרַד הֲדָרָהּ וַהֲמוֹנָהּ וּשְׁאוֹנָהּ וְעָלֵז בָּהּ. מַהוּ לִבְלִי חֹק? אֵלּוּ אֻמּוֹת הָעוֹלָם שֶׁפָּעֲרָה גֵּיהִנֹּם פִּיהָ עֲלֵיהֶם, עַל שֶׁלֹּא קִבְּלוּ אֶת הַתּוֹרָה וְלֹא קִיְּמוּ אֶת הַמִּצְוֹת בָּעוֹלָם הַזֶּה, כָּל הַגּוֹיִם כְּאַיִן נֶגְדּוֹ, לְפִיכָךְ נִמְסָרִים לְאִשָּׁהּ שֶׁל גֵּיהִנֹּם שֶׁתְּאַכְּלֵם בְּבַת אַחַת, שֶׁנֶּאֱמַר - יָשׁוּבוּ[72] רְשָׁעִים לִשְׁאוֹלָה כָּל גּוֹיִם שְׁכֵחֵי אֱלֹהִים. וְאוֹמֵר - וּבְאַחַת[73] יִבְעֲרוּ

[69] ישעיהו כה ח
[70] תהלים קמה טז
[71] ישעיהו ה יד
[72] תהלים ט יח
[73] ירמיהו י ח

וְיִכְסְלוּ מוּסַר הֲבָלִים עֵץ הוּא. וְיִשְׂרָאֵל הֵם שָׂשִׂים וּשְׂמֵחִים בְּדִבְרֵי תּוֹרָה כְּשֶׁרוֹאִים אוֹתָהּ שֶׁעוֹמֶדֶת לִפְנֵי הַקָּדוֹשׁ בָּרוּךְ הוּא וּמִתְחַנֶּנֶת בִּשְׁבִיל יִשְׂרָאֵל שֶׁיּוּצְלוּ מִדִּינָהּ שֶׁל גֵּיהִנֹּם, הֵשִׁיב הַקָּדוֹשׁ בָּרוּךְ הוּא וְאָמַר לָהּ - בִּתִּי הֲרֵי אֲהוּבַיִךְ מְשׁוּלָחִין מִתּוֹךְ גֵּיהִנֹּם וְאֵין גֵּיהִנֹּם שׁוֹלֶטֶת בָּהֶן מִפְּנֵי שֶׁהֵן עוֹסְקִין בְּתוֹרָה לַיְלָה וְיוֹם, שֶׁנֶּאֱמַר - גַּם[74] אַתְּ בְּדַם בְּרִיתֵךְ שִׁלַּחְתִּי אֲסִירַיִךְ מִבּוֹר אֵין מַיִם בּוֹ. וְאֵין בּוֹר אֶלָּא גֵּיהִנֹּם שֶׁנֶּאֱמַר - וַיַּעֲלֵנִי[75] מִבּוֹר שָׁאוֹן מִטִּיט הַיָּוֵן וַיָּקֶם עַל סֶלַע רַגְלַי כּוֹנֵן אֲשֻׁרָי.

תם מדרש

אלפא ביתא דרבי עקיבה

---

74 זכריה ט יא

75 תהלים מ ג

כתרי אותיות על התגין

מִדְרָשׁ רַבִּי עֲקִיבָה בֶּן יוֹסֵף

אֶת זֶה הַמִּדְרָשׁ דָּרַשׁ רַבִּי עֲקִיבָה בֶּן יוֹסֵף ע"ה דּוֹרֵשׁ כִּתְרֵי
אוֹתִיּוֹת, עַל הַתָּגִין וְעַל הַזַּיְנִין וְעַל אוֹתִיּוֹת גְּלוּלוֹת ר"ל -
כְּפוּפִים רָאשֵׁיהֶם. גְּדוֹלוֹת וּקְטַנּוֹת.

אָלֶ"ף - יֵשׁ לָהּ שָׁלוֹשׁ זַיְנִין לְעֵיל כְּנֶגֶד מַלְאֲכֵי הַשָּׁרֵת שֶׁהֵם
מַזְכִּירִין אֶת הַשֵּׁם לְאַחַר שְׁלוֹשָׁה תֵּיבוֹת שֶׁנֶּאֱמַר - קָדוֹשׁ[1]
קָדוֹשׁ קָדוֹשׁ הוי"ה צְבָאוֹת. וּשְׁנֵי זַיְנִין לְמַעְלָה כְּנֶגֶד יִשְׂרָאֵל
שֶׁמַּזְכִּירִין אֶת הַשֵּׁם לְאַחַר שְׁנֵי תֵּיבוֹת, שֶׁנֶּאֱמַר - שְׁמַע[2]
יִשְׂרָאֵל הוי"ה אֱלֹהֵינוּ הוי"ה אֶחָד.

בֵּי"ת - יֵשׁ לָהּ שְׁתֵּי זַיְנִין לְעֵיל, כְּנֶגֶד בֵּית דִּין שֶׁלְּמַעְלָה,
וּבֵית דִּין שֶׁלְּמַטָּה, וּשְׁנֵיהֶן שָׁוִין כְּיוֹם אֶחָד לַדִּין[3]. וְעוֹד **בֵּי"ת**
יֵשׁ לָהּ שְׁתֵּי זַיְנִין כְּנֶגֶד שְׁנֵי עוֹלָמוֹת - הָעוֹלָם הַזֶּה וְהָעוֹלָם
הַבָּא.

גִּימֶ"ל - מְזֻיֶּנֶת בִּשְׁלֹשָׁה זַיְנִין מִלְעֵיל כְּנֶגֶד שָׁלוֹשׁ יָמִים
שֶׁנִּשְׁתַּמֵּשׁ הָעוֹלָם לְאוֹרוֹ שֶׁל הַקָּדוֹשׁ בָּרוּךְ הוּא, וְעוֹד
הַשָּׁלוֹשׁ מְזֻיֶּנֶת בִּשְׁלוֹשׁ זַיְנִין, לְפִי שֶׁבְּיוֹם שְׁלִישִׁי הָיוּ שְׁלוֹשָׁה
דְּבָרִים - נִבְרֵאת הַיַּבָּשָׁה וְנִקְרְאָה אֶרֶץ, וְנִתְלַבְּשָׁה לְבוּשֵׁי
עֲשָׂבִים, וְכָל מֵימוֹת שֶׁבָּעוֹלָם חָזְרוּ לִמְקוֹמָם, וְנִבְרְאוּ יָמִים
וּנְהָרוֹת.

דָּלֶ"ת - יֵשׁ לָהּ שְׁנֵי זַיְנִין, לְפִי שֶׁבְּיוֹם רְבִיעִי נִבְרְאוּ שְׁנֵי
מְאוֹרוֹת, וְלִפְעָמִים **דָּלֶ"ת** מְזֻיֶּנֶת בִּשְׁלֹשָׁה זַיְנִין כְּנֶגֶד שְׁנֵי

---

[1] ישעיהו ו ג
[2] דברים ו ד
[3] שבת קכט ב

מְאוֹרוֹת הַגְּדוֹלִים, וְהַכּוֹכָבִים.

ה"א - יֵשׁ לָהּ שָׁלוֹשׁ זַיְנִין מִלְּעֵיל, לְפִי שֶׁבְּיוֹם חֲמִישִׁי נִבְרְאוּ מִן הַמַּיִם חַיּוֹת וְעוֹפוֹת וְדָגִים, וְעוֹד **ה'** מְזֻיֶּנֶת בְּשָׁלוֹשׁ זַיְנִין, כְּנֶגֶד - מַלְאָכִים וּשְׂרָפִים וְאֲפָנִים.

וי"ו - מְזֻיֶּנֶת זַיִן אֶחָד מִלְּעֵיל, לְפִי שֶׁבְּיוֹם שִׁשִּׁי נִבְרָא אָדָם, וְנִשְׁמָתוֹ נְתוּנָה לוֹ מִן הַשָּׁמַיִם, וּמֵטֶּה מִלְּרַע לְפִי שֶׁגּוּפוֹ מֵעָפָר אֲדָמָה מִלְּמַטָּה.

זי"ן - מְזֻיֶּנֶת בִּשְׁלֹשָׁה זַיְנִין מִלְּעֵיל, לְפִי - וּבַיּוֹם[4] הַשְּׁבִיעִי שָׁבַת וַיִּנָּפַשׁ. וּבוֹ חַיָּב אָדָם לְהִתְעַנֵּג בִּשְׁלֹשָׁה עִנּוּגִין - בְּמַאֲכָל וּבְמִשְׁתֶּה וּבִכְסוּת נְקִיָּה. וְעוֹד הִיא מְגֻלְגֶּלֶת לְפִי שֶׁכָּל הַמְּחַלֵּל שַׁבָּת בְּזָדוֹן, אֵין לוֹ הֲרָמַת רֹאשׁ עַד שֶׁיַּעֲשֶׂה תְּשׁוּבָה. וְלָמָּה כְּפִיפַת ה- **ז'** כְּנֶגֶד הַיָּמִין? שֶׁאִם חָזַר בִּתְשׁוּבָה, הַקָּדוֹשׁ בָּרוּךְ הוּא פּוֹשֵׁט יְמִינוֹ וּמְקַבְּלוֹ, וּמוֹחֵל לוֹ עַל כָּל עֲוֹנוֹתָיו.

חי"ת - יֵשׁ לָהּ שְׁתֵּי זַיְנִין, לְפִי שֶׁבְּיוֹם שְׁמִינִי יָמוּל אָדָם בְּשַׂר עָרְלָתוֹ, וּבַבְּרִית יֵשׁ שְׁנֵי מִצְוֹת - מִילָה וּפְרִיעָה, וְאִם מָל וְלֹא פָּרַע כְּאִלּוּ לֹא מָל, וְעוֹד **חי"ת** חֲמוּקָה שְׁנֵי יְרֵכַיִם, שֶׁכָּל הַפּוֹרֵק מִמֶּנּוּ עֹל מִלָּה - שַׁעֲרֵי גֵיהִנֹּם פְּתוּחִין לוֹ.

טי"ת - יֵשׁ לָהּ שָׁלוֹשׁ זַיְנִין, כְּנֶגֶד שָׁלוֹשׁ מִשְׁפָּחוֹת טוֹבוֹת - כֹּהֲנִים לְוִיִּם וְיִשְׂרְאֵלִים, וְעוֹד **ט'** יֵשׁ לָהּ אַרְבַּע זַיְנִין לְעֵיל כְּנֶגֶד אַרְבָּעָה מִשְׁפָּחוֹת - כֹּהֲנִים לְוִיִּם וְיִשְׂרְאֵלִים וְגֵרֵי צֶדֶק. וְעוֹד **טי"ת** יֵשׁ לָהּ חָמֵשׁ זַיְנִין לְפִי שֶׁכֻּלָּם שׁוֹמְרִים חֲמִשָּׁה חֻמְשֵׁי תּוֹרָה.

יו"ד - כְּפוּפָה קוֹמָתָהּ לְמַעְלָה וּלְמַטָּה, כְּנֶגֶד עֲשָׂרָה שֶׁמִּתְפַּלְּלִין בְּבֵית הַכְּנֶסֶת וְכוֹפְפִין אֶת קוֹמָתָן וּמְכַוְּנִין אֶת לִבָּם לַאֲבִיהֶם שֶׁבַּשָּׁמַיִם.

---

[4] שמות לא יז

כ"ף - יֵשׁ לָהּ שְׁנֵי זַיְנִין כְּנֶגֶד שְׁנֵי מִשְׁפְּחוֹת כְּהֻנָּה בְּנֵי אַהֲרֹן - אֶלְעָזָר וְאִיתָמָר.

כ"ף זָקוּף **ך'** - יֵשׁ לָהּ שָׁלוֹשׁ זַיְנִין כְּדֵי לְקוֹמָם עִמָּם שְׁלוֹשָׁה מִשְׁפְּחוֹת לְוִיָּה - גֵּרְשׁוֹן קְהָת וּמְרָרִי שׁוֹמְרֵי הַמִּקְדָּשׁ.

למ"ד - מְעֻטָּר מִלְּעֵלָּא, וּזְקוּפָה כְּנֶגֶד מַלְכּוֹ שֶׁל עוֹלָם, שֶׁהוּא זָקוּף מֵעַל כָּל הָעוֹלָם כֻּלּוֹ, וְכֶתֶר תְּהִילָּה בְּרֹאשׁוֹ, וְלָמָּה עֲטָרְתוֹ מִלְּמַטָּה? לְפִי שֶׁהַקָּדוֹשׁ בָּרוּךְ הוּא יוֹשֵׁב מִלְּמַעְלָה, וְצוֹפֶה וּמִסְתַּכֵּל לְמַטָּה.

מ"ם פְּתוּחָה **מ'** וּסְתוּמָה **ם'** - יֵשׁ לְכָל אֶחָד שְׁתֵּי זַיְנִין, כְּנֶגֶד שְׁנֵי כִּסְאוֹת שֶׁיֵּשׁ לוֹ לְהַקָּדוֹשׁ בָּרוּךְ הוּא יִתְבָּרֵךְ שְׁמוֹ - כִּסֵּא דִּין לָדוּן בּוֹ אֻמּוֹת הָעוֹלָם, וְכִסֵּא רַחֲמִים לָדוּן בּוֹ יִשְׂרָאֵל.

נו"ן פְּשׁוּטָה **נ'** ונו"ן זְקוּפָה **ן'** - יֵשׁ לָהֶן שָׁלוֹשׁ זַיְנִין לִשְׁנֵיהֶן כְּנֶגֶד שָׁלוֹשׁ כְּתָרִים שֶׁנָּתְנוּ לְיִשְׂרָאֵל - כֶּתֶר תּוֹרָה וְכֶתֶר כְּהֻנָּה וְכֶתֶר מַלְכוּת. וְעוֹד **נו"ן** נְטוּיָה רַגְלָהּ מִלְּמַטָּה, לְפִי שֶׁאִם סָרַח מֶלֶךְ, אוֹ חָכָם, אוֹ כֹּהֵן, מַטֶּה רַגְלוֹ, וְלָמָּה נְטִיָּתָהּ כְּנֶגֶד הַיָּמִין? שֶׁאִם חוֹזְרִין בִּתְשׁוּבָה, חוֹזְרִין לִגְדֻלָּתָן כְּבָרִאשׁוֹנָה. וְעוֹד הִיא מְגַלְגֶּלֶת שֶׁכָּל מִי שֶׁיֵּשׁ לוֹ עֲנָוָה וְשִׁפְלוּת, הַקָּדוֹשׁ בָּרוּךְ הוּא מְגַדְּלוֹ וּמַנְחִילוֹ חַיֵּי הָעוֹלָם הַבָּא, שֶׁאֵין לְךָ מִדָּה טוֹבָה בָּעוֹלָם כַּעֲנָוָה וְיִרְאַת הַשֵּׁם.

סמ"ך - יֵשׁ לָהּ שְׁנֵי זַיְנִין לְעֵלָּא, לְפִי שֶׁכָּל הָעוֹסֵק בַּתּוֹרָה וּבַמִּצְוֹת - סוֹד עֶלְיוֹנִים וְתַחְתּוֹנִים גְּלוּיִים לוֹ, שֶׁנֶּאֱמַר - סוֹד[5] הוי"ה לִירֵאָיו וּבְרִיתוֹ לְהוֹדִיעָם.

עי"ן - יֵשׁ לָהּ שָׁלוֹשׁ זַיְנִין לְעֵיל כְּנֶגֶד עִנּוּי אֶרֶץ יִשְׂרָאֵל שֶׁהֵם אֲהוּבִים לְבוֹרְאָם וּלְמַלְאֲכֵי הַשָּׁרֵת וְלִבְנֵי אָדָם. וְעוֹד **עי"ן** מְזֻיֶּנֶת בַּחֲמִשָּׁה זַיְנִין לְהוֹסִיף עֲלֵיהֶן צַדִּיקֵי אֶרֶץ

[5] תהלים כה יד

יִשְׂרָאֵל וְיִרְאֵי חֵטְא. וְעוֹד עַיִ"ן זְקוּפָה לְעֵלָּא שֶׁכָּל מִי שֶׁיֵּשׁ בּוֹ עֲנָוָה וְשִׁפְלוּת הַקָּדוֹשׁ בָּרוּךְ הוּא מַגְבִּיהוֹ. וְעוֹד **עַי"ן** זְקוּפָה וּמֻטָּה שֶׁכָּל הַמַּגְבִּיהַּ עַצְמוֹ הַקָּדוֹשׁ בָּרוּךְ הוּא מַשְׁפִּילוֹ, וְלָמָּה מֻטָּה כְּנֶגֶד יָמִין? שֶׁאִם חָזַר בּוֹ הַקָּדוֹשׁ בָּרוּךְ הוּא מַחֲזִירוֹ לִגְדֻלָּתוֹ. וְעוֹד **עַי"ן** זְקוּפָה וּמֻטָּה מִצַּד שְׂמֹאל, שֶׁאִם אָדָם לֹא קָרַע לִבּוֹ וְגַס, רוּחוֹ לֹא תִּהְיֶה תְּקוּמָה לְמַפַּלְתּוֹ.

פ"א פְּשׁוּטָה **פ'** וּזְקוּפָה **ף'** - יֵשׁ לָהֶן שְׁתֵּי זַיְנִין לְכָל אֶחָד, שֶׁכָּל הַפּוֹתֵחַ פִּיו בְּתוֹרָה וּבִתְפִלָּה נַעֲשִׂין לוֹ כָּל חֲפָצָיו. וְעוֹד **פ"א** מְגֻלְגֶּלֶת וּמְזֻיֶּנֶת בְּשָׁלוֹשׁ זַיְנִין לְעֵלָּא, שֶׁכָּל תּוֹרָה וּבִתְפִלָּה שֶׁאֵין בָּהּ מַעֲשִׂים טוֹבִים וּתְשׁוּבָה, הַתּוֹרָה בְּטֵלָה וּבַתְּפִלָּה אֵינָהּ רְצוּיָה. וְעוֹד **פ' ף'** מְגֻלְגָּלִין שֶׁכָּל תְּפִלָּה שֶׁאֵין בָּהּ לֵב נִשְׁבָּר וְרֹאשׁ כָּפוּף, אֵינָהּ רְצוּיָה, וְכָל הַטְּעָמִים שֶׁאָמְרוּ ב- **פ'** נוֹהֲגִין ב- **ף'**.

צד"י פְּשׁוּטָה **צ'** וּזְקוּפָה **ץ'** - יֵשׁ לְכָל אֶחָד שָׁלוֹשׁ זַיְנִין כְּנֶגֶד שְׁלֹשָׁה אָבוֹת - אַבְרָהָם יִצְחָק וְיַעֲקֹב, וְעוֹד **צ'** יֵשׁ לָהּ אַרְבָּעָה זַיְנִין כְּנֶגֶד אַרְבַּע אִימָּהוֹת - שָׂרָה רִבְקָה רָחֵל וְלֵאָה. וְעוֹד **צ'** יֵשׁ לָהּ חֲמִשָּׁה זַיְנִין, כְּנֶגֶד חֲמִשָּׁה קוֹלוֹת שֶׁל יוֹם מַתַּן תּוֹרָה.

קו"ף - יֵשׁ לָהּ שְׁתֵּי זַיְנִין, כְּנֶגֶד שְׁתֵּי קְשָׁרִים שֶׁל תְּפִלִּין שֶׁל רֹאשׁ וְשֶׁל זְרוֹעַ, וְלִפְעָמִים יֵשׁ לָהּ **זי"ן** אֶחָד כְּנֶגֶד הַצִּיץ.

רי"ש - יֵשׁ לָהּ זַי"ן אֶחָד כְּנֶגֶד הַטַּלִּית, וּמִצְוַת הַצִּיצִית.

שי"ן - יֵשׁ לָהּ שָׁלוֹשׁ זַיְנִין, כְּנֶגֶד שְׁנֵי תְּפִלִּין וּמְזוּזָה, וְעוֹד **שי"ן** יֵשׁ לָהּ אַרְבָּעָה זַיְנִין, כְּנֶגֶד אַרְבָּעָה צִיצִיּוֹת, וּפְעָמִים יֵשׁ לָהּ שֶׁבַע זַיְנִין כְּנֶגֶד רְקִיעִים.

תי"ו - יֵשׁ לָהּ שְׁתֵּי זַיְנִין, כְּנֶגֶד עִבְרִי וְתַרְגּוּם בְּעֶשְׂרִים

וְאַרְבָּעָה סְפָרִים, וּפְעָמִים יֵשׁ **ת'** שֶׁיֵּשׁ לָהּ זי"ן אֶחָד כְּנֶגֶד תַּלְמוּד, וְדִבְרֵי חֲכָמִים.

אותיות קטנות וטעמיהן

א. אל"ף, דְּוַיִּקְרָא[1] קְטַנָּה, לִדְרֹשׁ שֶׁאֵין הַקָּדוֹשׁ בָּרוּךְ הוּא נִגְלֶה עַל אֻמּוֹת הָעוֹלָם אֶלָּא בַּחֲצִי דִּבּוּר. וַיִּקָּר[2] אֱלֹהִים אֶל בִּלְעָם. בְּלֹא **א'**, אֲבָל נְבִיאֵי יִשְׂרָאֵל דִּבּוּר שָׁלֵם, וּלְפִיכָךְ אָמַר וַיִּקְרָא.

ב. בי"ת בְּמִשְׁלֵי[3] - שְׁתֵּי בָנוֹת הַב הַב, **ב'** שֶׁל הַב הָרִאשׁוֹן קְטַנָּה, לְפִי שֶׁבֵּית ה' הֶחֱרִיב וְהִקְטִין כְּבוֹד בֵּית הַמִּקְדָּשׁ שְׁתֵּי פְּעָמִים.

ג. גימ"ל, וְגוּשׁ עָפָר בְּאִיּוֹב[4] - **ג'** קְטַנָּה, הַקְּרִי וְגוּשׁ בְּוָי"ו אֲבָל הַכְּתִיב וְגִישׁ בְּיוֹ"ד. **ג'** גּוּשׁ עָפָר כְּאִיּוֹב כְּנֶגֶד שלוש יְלוּד אִישָּׁה בְּמִשְׁלֵי - מַה[5] בְּרִי וּמַה בַּר בִּטְנִי וּמֶה בַּר נְדָרָי. שָׁלוֹשׁ יָמִים לְאַחַר מִיתָה, וְשָׁלוֹשׁ יָמִים בַּחֲבּוּט הַקֶּבֶר, לְכָךְ קְטַנָּה.

ד. דל"ת, בְּמִשְׁלֵי - אָדָם[6] עָשֻׁק בְּדַם נָפֶשׁ, **ד'** קְטַנָּה בְּדָם, כִּי הַשּׁוֹפֵךְ דָּם הוֹרֵג אַרְבָּעָה - הַנִּרְצָח, וְכָאִלּוּ הוֹרֵג אֶת אִשְׁתּוֹ, וְאֶת בָּנָיו, וְאֶת בְּנוֹתָיו.

ה. ה"א, בְּהִבָּרְאָם[7]. **ה'** קְטַנָּה, לְפִי שֶׁהִקְטִן וְנִתְמַעֵט עַל יָדוֹ כְּמוֹ - וַתָּשֶׁת[8] עָלַי כַּפֶּכָה.

---

[1] **ויקרא א א** - וַיִּקְרָא אֶל־מֹשֶׁה וַיְדַבֵּר יְהוָה אֵלָיו מֵאֹהֶל מוֹעֵד לֵאמֹר.

[2] במדבר כג ד

[3] **משלי ל טו** - לַעֲלוּקָה ׀ שְׁתֵּי בָנוֹת הַב ׀ הַב שָׁלוֹשׁ הֵנָּה לֹא תִשְׂבַּעְנָה אַרְבַּע לֹא־אָמְרוּ הוֹן:

[4] **איוב ז ה** - לָבַשׁ בְּשָׂרִי רִמָּה [וגיש] וְגוּשׁ עָפָר עוֹרִי רָגַע וַיִּמָּאֵס:

[5] משלי לא ב

[6] **משלי כח יז** - אָדָם עָשֻׁק בְּדַם־נָפֶשׁ עַד־בּוֹר יָנוּס אַל־יִתְמְכוּ־בוֹ:

[7] **בראשית ב ד** - אֵלֶּה תוֹלְדוֹת הַשָּׁמַיִם וְהָאָרֶץ בְּהִבָּרְאָם בְּיוֹם עֲשׂוֹת יְהוָה אֱלֹהִים אֶרֶץ וְשָׁמָיִם.

[8] תהלים קלט ה

ו. וי"ו, לָכֵן[9] אֱמֹר הִנְנִי נֹתֵן לוֹ אֶת בְּרִיתִי שָׁלוֹם. **ו'** קְטַנָּה בִּשְׁבִילוֹ הִנְנִי נוֹתֵן לוֹ, וְלֹא לְאַחֵר, אֶת בְּרִיתִי שָׁלוֹם מַתָּנָה שְׁלֵמָה.

ז. זי"ן, וַיְזָתָא[10] **ז'** קְטַנָּה, לְפִי שֶׁהָמָן הִלְשִׁין בְּשִׁבְעָה דְּבָרִים - יֶשְׁנוֹ עַם אֶחָד, מְפֻזָּר וּמְפֹרָד, בְּכָל מְדִינוֹת מַלְכוּתְךָ, וְדָתֵיהֶם שֹׁנוֹת מִכָּל עָם, וְאֶת דָּתֵי הַמֶּלֶךְ, וְלַמֶּלֶךְ אֵין שֹׁוֶה לְהַנִּיחָם.

ח. חי"ת, חַף[11] אָנֹכִי. **ח'** קְטַנָּה. שִׁבְעָה מִצְוֹת נָתְנוּ קֹדֶם מַתַּן תּוֹרָה, וְכֻלָּן נִכְלָלוֹת בַּפָּסוּק - וַיְצַו[12] הוי"ה אֱלֹהִים עַל הָאָדָם לֵאמֹר מִכֹּל עֵץ הַגָּן אָכֹל תֹּאכֵל.

א. **וַיְצַו** - אֵין צַו אֶלָּא לְשׁוֹן עֲבוֹדָה זָרָה, שֶׁנֶּאֱמַר - עָשׁוּק[13] אֶפְרַיִם רְצוּץ מִשְׁפָּט כִּי הוֹאִיל הָלַךְ אַחֲרֵי צָו.

ב. **הוי"ה** - זוֹ בִּרְכַּת הוי"ה, שֶׁנֶּאֱמַר - וְנֹקֵב[14] שֵׁם הוי"ה מוֹת יוּמָת רָגוֹם יִרְגְּמוּ בוֹ כָּל הָעֵדָה.

ג. **אֱלֹהִים** - אֵלּוּ הַדַּיָּנִים, שֶׁנֶּאֱמַר - אֱלֹהִים[15] לֹא תְקַלֵּל וְנָשִׂיא בְעַמְּךָ לֹא תָאֹר.

ד. **עַל הָאָדָם** - זֶה שְׁפִיכוּת דָּמִים, שֶׁנֶּאֱמַר - שֹׁפֵךְ[16] דַּם הָאָדָם בָּאָדָם דָּמוֹ יִשָּׁפֵךְ.

---

[9] **במדבר כה יב** - לָכֵן אֱמֹר הִנְנִי נֹתֵן לוֹ אֶת־בְּרִיתִי שָׁלוֹם.
[10] **אסתר ט ט** - וְאֵת | פַּרְמַשְׁתָּא וְאֵת | אֲרִיסַי וְאֵת | אֲרִדַי וְאֵת | וַיְזָתָא.
[11] **איוב לג ט** - זַךְ אֲנִי בְּלִי־פָשַׁע חַף אָנֹכִי וְלֹא עָוֹן לִי
[12] בראשית ב טז
[13] הושע ה יא
[14] ויקרא כד טז
[15] שמות כב כז
[16] בראשית ט ו

ה. **לֵאמֹר** - גִּלּוּי עֲרָיוֹת, שֶׁנֶּאֱמַר - לֵאמֹר[17] הֵן יְשַׁלַּח אִישׁ אֶת אִשְׁתּוֹ וְהָלְכָה מֵאִתּוֹ וְהָיְתָה לְאִישׁ אַחֵר.

ו. **מִכֹּל עֵץ הַגָּן** - עַל הַגָּזֵל שֶׁלֹּא יִגְזֹל.

ז. **אָכֹל תֹּאכֵל** - וְלֹא אֵבֶר מִן הַחַי.

ט. טי"ת, יָסֵר[18] מֵעָלַי שִׁבְטוֹ[19] וְאֵמָתוֹ אַל תְּבַעֲתַנִּי. **ט'** קְטַנָּה, כִּי לֹא יִסּוּרִין כְּיִסּוּרִין שֶׁל אִיּוֹב.

י. יו"ד, צוּר[20] יְלָדְךָ תֶּשִׁי וַתִּשְׁכַּח אֵל מְחֹלְלֶךָ. **י'** קְטַנָּה, הִתַּשְׁתֵּם כֹּחוֹ שֶׁל יוֹצֵר.

כ. כ"ף, וַיָּבֹא[21] אַבְרָהָם לִסְפֹּד לְשָׂרָה וְלִבְכֹּתָהּ, **כ'** קְטַנָּה, כָּל מִי שֶׁאֵינוֹ בּוֹכֶה עַל אָדָם כָּשֵׁר - כַּף וְכַף וְכַף פּוֹרְעִין לוֹ.

ל. למ"ד, לוֹא[22] אֲלֵיכֶם כָּל עֹבְרֵי דֶרֶךְ הַבִּיטוּ, **ל'** קְטַנָּה כִּי בַּתְּחִילָּה הָיוּ יִשְׂרָאֵל לְרֹאשׁ וְעַתָּה לְזָנָב.

נ. נו"ן, שְׁנֵי נוני"ן - פְּשׁוּטָה וּכְפוּפָה. קְטַנּוֹת וְאֵלּוּ הֵן -
נָטַע[23] **אֹרֶן**
וּנְבוּשַׁזְבָּן[24]

---

[17] ירמיהו ג א

[18] **איוב ט לד** - יָסֵר מֵעָלַי שִׁבְטוֹ וְאֵמָתוֹ אַל־תְּבַעֲתַנִּי

[19] בתנ"ך שלנו אות **ט'** היא **גדולה** ולא קטנה, וצ"ע.

[20] **דברים לב יח** - צוּר יְלָדְךָ תֶּשִׁי וַתִּשְׁכַּח אֵל מְחֹלְלֶךָ

[21] **בראשית כג ב** - וַתָּמָת שָׂרָה בְּקִרְיַת אַרְבַּע הִוא חֶבְרוֹן בְּאֶרֶץ כְּנָעַן וַיָּבֹא אַבְרָהָם לִסְפֹּד לְשָׂרָה וְלִבְכֹּתָהּ

[22] **איכה א יב** - לוֹא אֲלֵיכֶם כָּל־עֹבְרֵי דֶרֶךְ הַבִּיטוּ וּרְאוּ אִם־יֵשׁ מַכְאוֹב כְּמַכְאֹבִי אֲשֶׁר עוֹלַל לִי אֲשֶׁר הוֹגָה יְהוָה בְּיוֹם חֲרוֹן אַפּוֹ.

[23] **ישעיהו מד יד** - לִכְרָת־לוֹ אֲרָזִים וַיִּקַּח תִּרְזָה וְאַלּוֹן וַיְאַמֶּץ־לוֹ בַּעֲצֵי־יָעַר נָטַע אֹרֶן וְגֶשֶׁם יְגַדֵּל.

[24] ירמיהו לט יג - וַיִּשְׁלַח נְבוּזַרְאֲדָן רַב־טַבָּחִים וּנְבוּשַׁזְבָּן רַב־סָרִיס וְנֵרְגַל שַׂרְאֶצֶר רַב־מָג וְכֹל רַבֵּי מֶלֶךְ־בָּבֶל.

דִּבְרֵי[25] נִרְגָּן כְּמִתְלַהֲמִים[26]
נַפְתָּלִי[27] אַיָּלָה שְׁלֻחָה[28]
נָפְלָה[29] לֹא תוֹסִיף קוּם בְּתוּלַת יִשְׂרָאֵל[30]

ס. סמ"ך, כִּי[31] יִצְפְּנֵנִי בְּסֻכֹּה[32], **ס'** קְטַנָּה, שִׁשִּׁים גִּבֹּרִים סָבִיב לָהּ, גָּלְתָה - סוֹד[33] הוי"ה לִירֵאָיו וּבְרִיתוֹ לְהוֹדִיעָם. בְּסֻכֹּה כְּתִיב - בְּהֵ"א, הַשְּׁבִיעָה בַּחֲמִשָּׁה חֲמָשִׁין. ובי"א פְּסוּקִים שֶׁמַּתְחִילִין בּ- **י'** וּמְסַיְּמִין בּ- **ב'** נֶעֱלָם מֵהֶם **ס'**, שֶׁאֲמַרְתֶּם בְּכַוָּנָה כִּי דוֹדִי הָיָה לִי שְׁמַרְתַּנִי מֵאוֹתָם אֲשֶׁר סָבִיב שָׁתוּ עָלַי, כְּמִנְיַן **ס'** מְרֻבַּעַת. בְּסוּפָה[34] וּבִשְׂעָרָה דַּרְכּוֹ וְעָנָן אֲבַק רַגְלָיו. **ס'** קְטַנָּה.

ע. עַיִ"ן, לְעַוֵּת[35] אָדָם בְּרִיבוֹ, **ע'** קְטַנָּה, אֶל מִי אֲשֶׁר בּוֹ וְנָתַתִּי תַּפּוּחֵי זָהָב בְּרֹאשׁוֹ. **ס' ע'** זוֹ **ס**'מִיכַת **ע'** - סְמִיכַת **ע'** חַכְמֵי סַנְהֶדְרִין.

פ. פ"א, זְעֵירָא בְּהַאֲזִינוּ וְכִפֶּר[36] אַדְמָתוֹ עַמּוֹ. **פ'**[37] דִּשְׁפַרְפָּרָא. **פ'** קַדְמָאָה קְטַנָּה, תִּנְיָנָא גְּדוֹלָה, פִּיהָ פְּתוּחָה. וּלְאַחַר **פ'** אוֹתִיּוֹת כְּתִיב - וַיֹּאמֶר[38] אֱלֹהִים יְהִי אוֹר וַיְהִי אוֹר.

---

[25] **משלי יח ח** - דִּבְרֵי נִרְגָּן כְּמִתְלַהֲמִים וְהֵם יָרְדוּ חַדְרֵי־בָטֶן

[26] בתנ"ך שלנו אות **ן'** היא אות רגילה, וצ"ע.

[27] **בראשית מט כא** - נַפְתָּלִי אַיָּלָה שְׁלֻחָה הַנֹּתֵן אִמְרֵי־שָׁפֶר.

[28] בתנ"ך שלנו אות **נ'** היא אות רגילה, וצ"ע.

[29] **עמוס ה ב** - נָפְלָה לֹא־תוֹסִיף קוּם בְּתוּלַת יִשְׂרָאֵל נִטְּשָׁה עַל־אַדְמָתָהּ אֵין מְקִימָהּ.

[30] בתנ"ך שלנו אות **ב'** היא אות רגילה, וצ"ע.

[31] **תהלים כז ה** - כִּי יִצְפְּנֵנִי | בְּסֻכֹּה בְּיוֹם רָעָה יַסְתִּרֵנִי בְּסֵתֶר אָהֳלוֹ בְּצוּר יְרוֹמְמֵנִי.

[32] בתנ"ך שלנו אות **ס'** היא אות רגילה, וצ"ע.

[33] תהלים כה יד

[34] **נחום א ג** - יְהוָה אֶרֶךְ אַפַּיִם [וגדול] וּגְדָל־כֹּחַ וְנַקֵּה לֹא יְנַקֶּה יְהוָה בְּסוּפָה וּבִשְׂעָרָה דַּרְכּוֹ וְעָנָן אֲבַק רַגְלָיו.

[35] **איכה ג לו** - לְעַוֵּת אָדָם בְּרִיבוֹ אֲדֹנָי לֹא רָאָה.

[36] **דברים לב מג** - הַרְנִינוּ גוֹיִם עַמּוֹ כִּי דַם־עֲבָדָיו יִקּוֹם וְנָקָם יָשִׁיב לְצָרָיו וְכִפֶּר אַדְמָתוֹ עַמּוֹ.

[37] **דניאל ו כ** - בֵּאדַיִן מַלְכָּא בִּשְׁפַרְפָּרָא יְקוּם בְּנָגְהָא וּבְהִתְבְּהָלָה לְגֻבָּא דִּי־אַרְיָוָתָא אֲזַל.

[38] בראשית א ג

כִּי לֹא מָצִינוּ אֲמִירָה קֹדֶם לְזֹאת.

צ. צד"י, וְ**צ**וְחַת[39] יְרוּשָׁלַםִ עָלָתָה, **צ'** קְטַנָּה, כִּי הַקְטִינוּ הַצַּדִּיקִים וְצוֹוַחַת זוֹ צְוָחָה עַל הַיַּיִן בַּחוּצוֹת, וְכֵן - צַדִּיק[40] לְעוֹלָם בַּל יִמּוֹט. רֶשַׁע[41] וּצְדָקָה תַּצִּיל מִמָּוֶת. שְׁתֵּי פְּעָמִים **צ'** קְטַנָּה כִּי הָרוֹאֶה שֶׁיַּקְטִין יַעֲשֶׂה צְדָקָה.

ץ. צד"י זְקוּפָה, יִפְרְצֵנִי[42] פֶּרֶ**ץ** עַל פְּנֵי פָרֶץ יָרֻץ, **ץ'** קְטַנָּה.

ק. קו"ף, קַצְתִּי[43] בְּחַיַּי, **ק'** קְטַנָּה, מְלַמֵּד שֶׁרָאֲתָה בְּרוּחַ הַקֹּדֶשׁ שֶׁטִּיטוּס יַחֲרִיב הַבַּיִת שֶׁגָּבְהוּ **ק'** אַמּוֹת, וִימַעֵט כְּבוֹדָן שֶׁל יִשְׂרָאֵל. **ק'** שֶׁל קַבְּרוּם (יְחֶזְקֵאל ל"ט י"ב) קְטַנָּה, ק' שֶׁל יִצְחָק בְּפָסוּק וְאַבְרָהָם בֶּן מְאַת שָׁנָה בְּהִוָּלֶד לוֹ יִצְחָק, וַיִּמְצָא יִצְחָק מֵאָה שְׁעָרִים, כְּשֶׁנּוֹלְדוּ הַשְּׁבָטִים.

ר. רי"ש שֶׁל פַּרְשַׁנְדָּתָא[44], **ר'** קְטַנָּה, שֶׁנִּתְמַעֵט וְנִתְלָה[45].

ש-ת. שי"ן תי"ו. שֶׁל פַּרְ**שַׁ**נְדָּ**תָ**א[46] קְטַנּוֹת[47], הָסֵר פ' ור' וְיִשָּׁאֵר שֶׁמִּתָּא. וַ**תִּ**כְתֹּב[48] אֶסְתֵּר[49], **ת'** תְּנִינָא קְטַנָּה.

---

39 **ירמיהו יד ב** - אָבְלָה יְהוּדָה וּשְׁעָרֶיהָ אֻמְלְלוּ קָדְרוּ לָאָרֶץ וְ**צִ**וְחַת יְרוּשָׁלַםִ עָלָתָה.

40 משלי י ל

41 משלי י ב

42 **איוב טז יד** - יִפְרְצֵנִי פֶרֶץ עַל־פְּנֵי־פָרֶץ יָרֻץ עָלַי כְּגִבּוֹר.

43 **בראשית כז מו** - וַתֹּאמֶר רִבְקָה אֶל־יִצְחָק קַצְתִּי בְחַיַּי מִפְּנֵי בְּנוֹת חֵת אִם־לֹקֵחַ יַעֲקֹב אִשָּׁה מִבְּנוֹת־חֵת כָּאֵלֶּה מִבְּנוֹת הָאָרֶץ לָמָּה לִּי חַיִּים.

44 **אסתר ט ז** - וְאֵת ׀ פַּרְשַׁנְדָּתָא וְאֵת ׀ דַּלְפוֹן וְאֵת ׀ אַסְפָּתָא.

45 בתנ"ך שלנו אות **ר'** היא אות רגילה ואות **ת'** קטנה, וצ"ע.

46 **אסתר ט ז** - וְאֵת ׀ פַּרְשַׁנְדָּתָא וְאֵת ׀ דַּלְפוֹן וְאֵת ׀ אַסְפָּתָא.

47 בתנ"ך שלנו אות **ש'** היא אות רגילה ואות **ת'** קטנה, וצ"ע.

48 **אסתר ט כט** - וַ**תִּ**כְתֹּב אֶסְתֵּר הַמַּלְכָּה בַת־אֲבִיחַיִל וּמָרְדֳּכַי הַיְּהוּדִי אֶת־כָּל־תֹּקֶף לְקַיֵּם אֵת אִגֶּרֶת הַפּוּרִים הַזֹּאת הַשֵּׁנִית.

49 בתנ"ך שלנו אות **ת'** היא אות גדולה, וצ"ע.

אותיות דרבי עקיבה

יֵשׁ[50] אוֹמְרִים ו' - אָכְלוּ[51] וַיִּשְׁתַּחֲווּ כָּל דִּשְׁנֵי אֶרֶץ לְפָנָיו יִכְרְעוּ כָּל יוֹרְדֵי עָפָר וְנַפְשׁוֹ לֹא חִיָּה. קְטַנָּה, ור' - חֲנִיתוֹ[52] כִּמְנוֹר אֹרְגִים, ו' שֶׁל - יִגְּעוּ[53] בִּלְבֻשֵׁיהֶם, קְטַנּוֹת.

תמו אותיות קטנות

---

[50] כל אלו לא בתנ"ך שלנו
[51] תהלים כב ל
[52] שמואל-א יז ז
[53] איכה ד יד

אותיות גדולות

א. אָדָם[1] שֵׁת אֱנוֹשׁ. **א'** גְּדוֹלָה מִפְּנֵי שֶׁהוּא רֹאשׁ לִיצוּרִים.

ב. ב' שֶׁל **בְּ**רֵאשִׁית[2] גְּדוֹלָה שֶׁהוּא קֹדֶם לְכָל הַמִּקְרָא.

ג. וְהִתְ**גַּ**לָּח[3] **ג'** גְּדֵלָה, לְפִי שֶׁאוֹתוֹ גִּלּוּחַ הָיָה בְּטָהֳרָה.

ד. ד' שֶׁל אֶחָ**ד**[4] גְּדוֹלָה, מִכָּאן אָמְרוּ חֲכָמִים שֶׁצָּרִיךְ לְהַאֲרִיךְ ב-**ד'** שֶׁל אֶחָד.

ה. הֲ[5] לַהוי"ה תִּגְמְלוּ זֹאת. בְּהַאֲזִינוּ ה' גְּדוֹלָה, לְפִי שֶׁהִיא כִּשְׁתֵּי תֵּבוֹת וְאִי אֶפְשָׁר לִהְיוֹת תֵּבָה בְּלֹא חֲבֶרְתָּהּ - וְלָכֵן הַהֵ"א גְּדוֹלָה שֶׁתְּהֵא נִרְאֶה כְּתִיבָה מְיֻחֶדֶת וּבֶאֱמֶת הִיא תֵּבָה אַחַת עִם לָהּ'.

ו. ו' ד-גָּח**וֹ**ן[6] גְּדוֹלָה, שֶׁכָּל נָחָשׁ וְנָחָשׁ נְאָרֵר בּוֹ' קְלָלוֹת.

---

[1] **דברי הימים-א א א** - **אָ**דָם שֵׁת אֱנוֹשׁ

[2] **בראשית א א** - **בְּ**רֵאשִׁית בָּרָא אֱלֹהִים אֵת הַשָּׁמַיִם וְאֵת הָאָרֶץ

[3] **ויקרא יג לג** - וְהִתְגַּלָּח וְאֶת־הַנֶּתֶק לֹא יְגַלֵּחַ וְהִסְגִּיר הַכֹּהֵן אֶת־הַנֶּתֶק שִׁבְעַת יָמִים שֵׁנִית.

[4] **דברים ו ד** - **שְׁ**מַע יִשְׂרָאֵל יְהוָה אֱלֹהֵינוּ יְהוָה ׀ אֶחָ**ד**

[5] **דברים לב ו** - **הֲ** לַיהוָה תִּגְמְלוּ־זֹאת עַם נָבָל וְלֹא חָכָם הֲלוֹא־הוּא אָבִיךָ קָּנֶךָ הוּא עָשְׂךָ וַיְכֹנְנֶךָ.

[6] **ויקרא יא מב** - כֹּל הוֹלֵךְ עַל־גָּחוֹן וְכֹל ׀ הוֹלֵךְ עַל־אַרְבַּע עַד כָּל־מַרְבֵּה רַגְלַיִם לְכָל־הַשֶּׁרֶץ הַשֹּׁרֵץ עַל־הָאָרֶץ לֹא תֹאכְלוּם כִּי־שֶׁקֶץ הֵם

ז. ז' ד-וַיְזָתָא[7] גְּדוֹלָה[8], לְפִי[9] שֶׁכֻּלָּם מֵתוּ בִּנְשִׁימָה אַחַת. יֵשׁ אוֹמְרִים שֶׁהוּא **ז'** הַכְזוֹנָה[10]. וְיֵשׁ אוֹמְרִים - **ז**ִכְרוּ[11] תּוֹרַת מֹשֶׁה עַבְדִּי.

ח. חוּר[12] כַּרְפַּס וּתְכֵלֶת. **ח'** גְּדוֹלָה, חֹר הָיָה בַּמִּקְדָּשׁ וְלֹא יִמְצָא כָּמוֹהוּ בָּעוֹלָם, וְיֵשׁ אוֹמְרִים **ח'** שֶׁל - **ח**ַכְלִילִי[13] עֵינַיִם. וְיֵשׁ אוֹמְרִים **ח'** - וַיְחִי[14] יַעֲקֹב.

ט. טוֹב[15] שֵׁם מִשֶּׁמֶן טוֹב. **ט'** גְּדוֹלָה. וְכֵן - יָסֵר[16] מֵעָלַי שִׁבְ**ט**וֹ. שֶׁלֹּא הָיְתָה כְּמַכַּת אִיּוֹב.

י. וְעַתָּה[17] **יִ**גְדַּל נָא כֹּחַ. **י'** גְּדוֹלָה. לְפִי שֶׁמְּגַדֵּל כֹּחוֹ עַל כָּל בָּאֵי הָעוֹלָם.

כ. וְ**כ**ַנָּה[18] אֲשֶׁר נָטְעָה יְמִינֶךָ. **כ'** גְּדוֹלָה, לְפִי שֶׁשִּׁבְעִים שֵׁמוֹת נִקְרְאוּ יִשְׂרָאֵל כהוי"ה, וְנִקְרְאוּ כַּנָּה לְהוֹסִיף עֲלֵיהֶם כִּנּוּי.

---

[7] **אסתר ט ט** - וְאֵת ׀ פַּרְמַשְׁתָּא וְאֵת ׀ אֲרִיסַי וְאֵת ׀ אֲרִדַי וְאֵת ׀ וַיְזָתָא

[8] בתנ"ך שלנו האות **ו'** של ויזתא היא גדולה, ואות ז' היא קטנה, וצ"ע.

[9] מגילה טז ב

[10] **בראשית לד לא** - וַיֹּאמְרוּ הַכְזוֹנָה יַעֲשֶׂה אֶת־אֲחוֹתֵנוּ. [לא כך בתנ"ך שלנו]

[11] **מלאכי ג כב** - **ז**ִכְרוּ תּוֹרַת מֹשֶׁה עַבְדִּי אֲשֶׁר צִוִּיתִי אוֹתוֹ בְחֹרֵב עַל־כָּל־יִשְׂרָאֵל חֻקִּים וּמִשְׁפָּטִים

[12] **אסתר א ו** - **ח**וּר ׀ כַּרְפַּס וּתְכֵלֶת אָחוּז בְּחַבְלֵי־בוּץ וְאַרְגָּמָן עַל־גְּלִילֵי כֶסֶף וְעַמּוּדֵי שֵׁשׁ מִטּוֹת ׀ זָהָב וָכֶסֶף עַל רִצְפַת בַּהַט־וָשֵׁשׁ וְדַר וְסֹחָרֶת.

[13] **בראשית מט יב** - **ח**ַכְלִילִי עֵינַיִם מִיָּיִן וּלְבֶן־שִׁנַּיִם מֵחָלָב. [לא כך בתנ"ך שלנו]

[14] **בראשית מז כח** - וַיְחִי יַעֲקֹב בְּאֶרֶץ מִצְרַיִם שְׁבַע עֶשְׂרֵה שָׁנָה וַיְהִי יְמֵי־יַעֲקֹב שְׁנֵי חַיָּיו שֶׁבַע שָׁנִים וְאַרְבָּעִים וּמְאַת שָׁנָה. [לא כך בתנ"ך שלנו]

[15] **קהלת ז א** - **ט**וֹב שֵׁם מִשֶּׁמֶן טוֹב וְיוֹם הַמָּוֶת מִיּוֹם הִוָּלְדוֹ.

[16] **איוב ט לד** - יָסֵר מֵעָלַי שִׁבְ**ט**וֹ וְאֵמָתוֹ אַל־תְּבַעֲתַנִּי.

[17] **במדבר יד יז** - וְעַתָּה **יִ**גְדַּל־נָא כֹּחַ אֲדֹנָי כַּאֲשֶׁר דִּבַּרְתָּ לֵאמֹר.

[18] **תהלים פ טז** - וְ**כ**ַנָּה אֲשֶׁר־נָטְעָה יְמִינֶךָ וְעַל־בֵּן אִמַּצְתָּה לָּךְ

ל. וַיַּשְׁלִכֵם[19] אֶל אֶרֶץ. **ל'** גְּדוֹלָה, שֶׁלֹּא הִשְׁלַכְתָּ אוֹתָם אֶלָּא לְפִי שָׁעָה.

מ. **מ'** ד-מִשְׁלֵי[20] שְׁלֹמֹה.

נ. נֹצֵר[21] חֶסֶד לָאֲלָפִים. **נ'** גְּדוֹלָה.

ן. וַיַּקְרֵב מֹשֶׁה אֶת מִשְׁפָּטָן. **ן'** גְּדוֹלָה, לְפִי שֶׁאָמַר מֹשֶׁה - וְהַדָּבָר[22] אֲשֶׁר יִקְשֶׁה מִכֶּם תַּקְרִבוּן אֵלַי וּשְׁמַעְתִּיו. אָמַר הַקָּדוֹשׁ בָּרוּךְ הוּא, אֵלֶיךָ וְלֹא אֵלַי, בִּתְמִיהָה, חַיֶּיךָ אֲנִי מַעֲלִים מִמְּךָ דָּבָר שֶׁהַנָּשִׁים יוֹדְעוֹת כֵּן, שֶׁנֶּאֱמַר - כֵּן[23] בְּנוֹת צְלָפְחָד דֹּבְרֹת.

ס. סוֹף[24] דָּבָר הַכֹּל נִשְׁמָע. **ס'** גְּדוֹלָה, שֶׁהִשְׁבִּיעַ הַקָּדוֹשׁ בָּרוּךְ הוּא הַשָּׁמַיִם וְהָאָרֶץ לְגַלּוֹת כָּל הֶעָשׂוּי בָּהֶם.

ע. **ע'** שֶׁל - שְׁמַע[25]. גְּדֵלָה, מִכָּאן אָמְרוּ חֲזַ"ל - הַקּוֹרֵא[26] שְׁמַע וְלֹא הִשְׁמִיעַ לְאָזְנוֹ יָצָא.

---

[19] **דברים כט כז** - וַיִּתְּשֵׁם יְהוָה מֵעַל אַדְמָתָם בְּאַף וּבְחֵמָה וּבְקֶצֶף גָּדוֹל וַיַּשְׁלִכֵם אֶל־אֶרֶץ אַחֶרֶת כַּיּוֹם הַזֶּה.

[20] **משלי א א** - מִשְׁלֵי שְׁלֹמֹה בֶן־דָּוִד מֶלֶךְ יִשְׂרָאֵל.

[21] **שמות לד ז** - נֹצֵר חֶסֶד לָאֲלָפִים נֹשֵׂא עָוֺן וָפֶשַׁע וְחַטָּאָה וְנַקֵּה לֹא יְנַקֶּה פֹּקֵד ׀ עֲוֺן אָבוֹת עַל־בָּנִים וְעַל־בְּנֵי בָנִים עַל־שִׁלֵּשִׁים וְעַל־רִבֵּעִים.

[22] דברים א יז

[23] במדבר כז ז

[24] **קהלת יב יג** - סוֹף דָּבָר הַכֹּל נִשְׁמָע אֶת־הָאֱלֹהִים יְרָא וְאֶת־מִצְוֺתָיו שְׁמוֹר כִּי־זֶה כָּל־הָאָדָם.

[25] **דברים ו ד** - שְׁמַע יִשְׂרָאֵל יְהוָה אֱלֹהֵינוּ יְהוָה ׀ אֶחָד

[26] משנה ברכות ב ג

פ. פ' ד-בִּשְׁפַּרְפָּרָא[27]. תְּנִינָא גְּדוֹלָה, שֶׁלֹּא נָהַג כְּמִנְהַג הַמְּלָכִים שֶׁדַּרְכָּם לַעֲמֹד בְּשָׁלוֹשׁ שָׁעוֹת.

ף. וּבְהַעֲטִיף[28] הַצֹּאן. **ף'** גְּדוֹלָה[29].

צ. צִפָּיו[30] עִוְרִים כֻּלָּם. **צ'** גְּדוֹלָה, לְפִי שֶׁאֵינָם עִוְרִיים מַמָּשׁ אֶלָּא טָעוּת וְהוּא עוֹמֵד בְּשַׁחַר וְעֵינַיִם לָהֶם וְלֹא יִרְאוּ, וְכֵן - לֹא[31] יָדְעוּ וְלֹא יָבִינוּ כִּי טַח מֵרְאוֹת עֵינֵיהֶם מֵהַשְׂכִּיל לִבֹּתָם. יֵשׁ אוֹמְרִים - וְעָשִׂיתָ[32] **צִ**יץ זָהָב טָהוֹר. **צ'** גְּדוֹלָה[33].

ק. וּדְרוֹר[34] **קֵ**ן לָהּ. ק' גְּדוֹלָה, לְפִי שֶׁאֵין תְּקוּמָה לְמַפַּלְתָּן, וְיֵשׁ אוֹמְרִים - **ק**וֹלָהּ[35] כַּנָּחָשׁ יֵלֵךְ. ק' גְּדוֹלָה[36].

ר. לֹא[37] תִשְׁתַּחֲוֶה לְאֵל אַחֵ**ר**. **ר'** גְּדוֹלָה, לְפִי שֶׁאֵין תְּקוּמָה לְעוֹבְדֵי עֲבוֹדָה זָרָה.

ש. שִׁיר[38] הַשִּׁירִים. **ש'** קַדְמָאָה גְּדוֹלָה, לְפִי שֶׁעֲשָׂרָה שִׁירוֹת שֶׁנֶּאֶמְרוּ בְּעוֹלָם, זֶה נִבְחַר.

---

27 **דניאל ו כ** - בֵּאדַיִן מַלְכָּא בִּשְׁפַּרְפָּרָא יְקוּם בְּנָגְהָא וּבְהִתְבְּהָלָה לְגֻבָּא דִּי־אַרְיָוָתָא אֲזַל.

28 **בראשית ל מב** - וּבְהַעֲטִיף הַצֹּאן לֹא יָשִׂים וְהָיָה הָעֲטֻפִים לְלָבָן וְהַקְּשֻׁרִים לְיַעֲקֹב.

29 בתנ"ך שלנו לא כך, וצ"ע.

30 **ישעיהו נו י** - **צֹ**פָו עִוְרִים כֻּלָּם לֹא יָדָעוּ כֻּלָּם כְּלָבִים אִלְּמִים לֹא יוּכְלוּ לִנְבֹּחַ הֹזִים שֹׁכְבִים אֹהֲבֵי לָנוּם.

31 ישעיהו מד יח

32 **שמות כח לו** - וְעָשִׂיתָ **צִּ**יץ זָהָב טָהוֹר וּפִתַּחְתָּ עָלָיו פִּתּוּחֵי חֹתָם קֹדֶשׁ לַיהוָה.

33 בתנ"ך שלנו לא כך, וצ"ע.

34 **תהלים פד ד** - גַּם־צִפּוֹר מָצְאָה בַיִת וּדְרוֹר ׀ קֵן לָהּ אֲשֶׁר־שָׁתָה אֶפְרֹחֶיהָ אֶת־מִזְבְּחוֹתֶיךָ יְהוָה צְבָאוֹת מַלְכִּי וֵאלֹהָי

35 ירמיהו מו כב

36 בתנ"ך שלנו לא כך, וצ"ע.

37 **שמות לד יד** - כִּי לֹא תִשְׁתַּחֲוֶה לְאֵל אַחֵ**ר** כִּי יְהוָה קַנָּא שְׁמוֹ אֵל קַנָּא הוּא.

38 **שיר השירים א א** - **שִׁ**יר הַשִּׁירִים אֲשֶׁר לִשְׁלֹמֹה.

ת. וַתִּכְתֹּב[39] אֶסְתֵּר הַמַּלְכָּה. **ת'** קַדְמָאָה גְּדוֹלָה, לְפִי שֶׁאָמְרָה - כִּתְבוּנִי[40] לְדוֹרוֹת.

תמו אותיות גדולות

[39] **אסתר ט כט** - וַתִּכְתֹּב אֶסְתֵּר הַמַּלְכָּה בַת־אֲבִיחַיִל וּמָרְדֳּכַי הַיְּהוּדִי אֶת־כָּל־תֹּקֶף לְקַיֵּם אֵת אִגֶּרֶת הַפֻּרִים הַזֹּאת הַשֵּׁנִית
[40] מגילה ז א

סוֹד הָאוֹתִיּוֹת
מֵהַזֹּהַר הַקָּדוֹשׁ

בְּרֵאשִׁית, רַב הַמְנוּנָא סָבָא אָמַר, אַשְׁכְּחָן אַתְוָון בְּהִפּוּכָא. בֵּי"ת בְּקַדְמִיתָא וּלְבָתַר. ב' בְּקַדְמִיתָא הַיְינוּ בְּרֵאשִׁית. בָּרָא לְבָתַר. אל"ף בְּקַדְמִיתָא וּלְבָתַר. אל"ף בְּקַדְמִיתָא הַיְינוּ אֱלֹהִים. אֶת לְבָתָר. אֶלָּא כַּד בָּעָא קוּדְשָׁא בְּרִיךְ הוּא לְמֶעְבַּד עָלְמָא, כָּל אַתְוָון הֲווּ סְתִימִין, וּתְרֵין אַלְפִין שְׁנִין עַד דְּלָא בְּרָא עָלְמָא הֲוָה מִסְתַּכֵּל קוּדְשָׁא בְּרִיךְ הוּא וְאִשְׁתַּעְשַׁע בְּהוּ.

בְּרֵאשִׁית, רַב הַמְנוּנָא הַזָּקֵן אָמַר, מָצָאנוּ אוֹתִיּוֹת בְּהִפּוּךְ. בֵּי"ת בַּהַתְחָלָה וְאַחַר כָּךְ. ב' בַּהַתְחָלָה - הַיְנוּ בְּרֵאשִׁית. בָּרָא לְאַחַר מִכֵּן. אָלֶ"ף בַּהַתְחָלָה וְאַחַר כָּךְ. אָלֶ"ף בַּהַתְחָלָה - הַיְנוּ אֱלֹהִים, אֶת לְאַחַר מִכֵּן. אֶלָּא כְּשֶׁרָצָה הַקָּדוֹשׁ-בָּרוּךְ-הוּא לַעֲשׂוֹת אֶת הָעוֹלָם, כָּל הָאוֹתִיּוֹת הָיוּ נִסְתָּרוֹת. וְאַלְפַּיִם שָׁנָה טֶרֶם שֶׁבָּרָא אֶת הָעוֹלָם הָיָה מִסְתַּכֵּל הַקָּדוֹשׁ-בָּרוּךְ-הוּא וּמִשְׁתַּעֲשֵׁעַ בָּהֶם.

כַּד בְּעָא לְמִבְרֵי עָלְמָא, אָתוּ כָּל אַתְוָון קַמֵּיהּ מִסּוֹפָא אֲרֵישַׁיְיהוּ. שָׁרִיאַת אָת **ת'** לְמֵיעַל בְּרֵישָׁא, אָמְרָה, רִיבּוֹן עָלְמִין נִיחָא קַמָּךְ לְמִבְרֵי בִּי עָלְמָא, דְּאֲנָא חוֹתָמָא דְגוּשְׁפַּנְקָא דִילָךְ אֱמֶ"ת, וְאַתְּ אִתְקְרִיאַת **אֱמֶ"ת**, יָאוֹת לְמַלְכָּא לְמִשְׁרֵי בְּאוֹת **אֱמֶ"ת** וּלְמִבְרֵי בִּי עָלְמָא. אָמַר לָהּ קוּדְשָׁא בְּרִיךְ הוּא, יָאוֹת אַנְתְּ וְזַכָּאָה אַנְתְּ, אֶלָּא לֵית אַנְתְּ כְּדַאי לְמִבְרֵי בָּךְ עָלְמָא, הוֹאִיל וְאַנְתְּ זְמִינָא לְמֶהֱוֵי רָשִׁים עַל מִצְחִין דְּגוּבְרִין מְהֵימְנִין דְּקַיְּימוּ אוֹרַיְתָא מֵאל"ף וְעַד תי"ו, וּבִרְשִׁימוּ דִילָךְ יְמוּתוּן. וְעוֹד דְּאַנְתְּ חוֹתָמָא דְמָוֶת. הוֹאִיל וְאַנְתְּ כָּךְ, לֵית אַנְתְּ כְּדַאי לְמִבְרֵי בָּךְ עָלְמָא. מִיָּד נָפְקַת.

כְּשֶׁרָצָה לִבְרֹא אֶת הָעוֹלָם, בָּאוּ לְפָנָיו כָּל הָאוֹתִיּוֹת מִסּוֹפָם לְרֹאשָׁם. הִתְחִילָה הָאוֹת **ת'** לְהִכָּנֵס בָּרֹאשׁ. אָמְרָה - רִיבּוֹן הָעוֹלָמִים, נוֹחַ לְפָנֶיךָ לִבְרֹא בִּי אֶת

הָעוֹלָם, שֶׁאֲנִי תַּשְׁלוּם חוֹתָם שֶׁלְּךָ **אֱמֶ"ת**, וְאַתָּה נִקְרֵאתָ **אֱמֶ"ת**, רָאוּי לַמֶּלֶךְ לְהַתְחִיל בְּאוֹת אֱמֶ"ת וְלִבְרֹא בִּי אֶת הָעוֹלָם. אָמַר לָהּ הַקָּדוֹשׁ בָּרוּךְ הוּא - רְאוּיָה אַתְּ וְזַכָּאִית אַתְּ, אֶלָּא שֶׁאֵינֵךְ כְּדָאִית לִבְרֹא בָּךְ אֶת הָעוֹלָם, הוֹאִיל וְאַתְּ עֲתִידָה לִהְיוֹת רְשׁוּמָה עַל מִצְחֵי הָאֲנָשִׁים הַנֶּאֱמָנִים שֶׁקִּיְּמוּ אֶת הַתּוֹרָה מֵאָלֶ"ף וְעַד תָּי"ו, וּבָרֹשֶׁם שֶׁלָּךְ יָמוּתוּ. וְעוֹד, שֶׁאַתְּ חוֹתַם הַמָּוֶת. וְהוֹאִיל וְאַתְּ כָּךְ, אֵינֵךְ כְּדָאִית לִבְרֹא בָּךְ אֶת הָעוֹלָם. מִיָּד יָצְאָה.

עָאלַת אָת **שׁ'** קַמֵּיהּ, אָמְרָה קַמֵּיהּ, רִיבּוֹן עָלְמִין, נִיחָא קַמָּךְ לְמִבְרֵי בִּי עָלְמָא, דְּבִי אִתְקְרֵי שְׁמָךְ **שַׁדַּ"י**, וְיָאוּת לְמִבְרֵי עָלְמָא בִּשְׁמָא קַדִּישָׁא. אָמַר לָהּ, יָאוּת אַנְתְּ, וְטַב אַנְתְּ וּקְשׁוֹט אַנְתְּ, אֲבָל הוֹאִיל וְאַתְוָון דְּזִיוּפָא נָטְלִין לָךְ לְמֶהֱוֵי עִמְּהוֹן, לָא בָעֵינָא לְמִבְרֵי בָּךְ עָלְמָא, דִּבְגִין דְּלָא יִתְקַיֵּים שִׁקְרָא, אֶלָּא אִי יִטְלוּן לָךְ **ק"ר** מִכָּאן מָאן דְּבָעֵי לְמֵימַר שִׁקְרָא - יִטּוֹל יְסוֹדָא דִקְשׁוֹט בְּקַדְמִיתָא וּלְבָתַר יוֹקִים לֵיהּ שִׁקְרָא, דְּהָא אָת אָת קְשׁוֹט אִיהוּ, אָת קְשׁוֹט דַּאֲבָהָתָן דְּאִתְיַיחֲדוּ בַהּ. **ק"ר** - אַתְוָון דְּאִתְחֲזִיאוּ עַל סִטְרָא בִישָׁא אִנּוּן וּבְגִין לְאִתְקַיְּימָא נָטְלֵי אָת ש בְּגַוַּויְיהוּ וַהֲוֵי קֶשֶׁר. כֵּיוָן דְּחָמַאת הָכִי נָפְקַת מִקַּמֵּיהּ.

נִכְנְסָה הָאוֹת **שׁ'** לְפָנָיו. אָמְרָה לְפָנָיו - רִיבּוֹן הָעוֹלָמִים, נוֹחַ לְפָנֶיךָ לִבְרֹא בִּי אֶת הָעוֹלָם, שֶׁבִּי נִקְרֵאתָ שִׁמְךָ שַׁדַּי, וְרָאוּי לִבְרֹא אֶת הָעוֹלָם בְּשֵׁם קָדוֹשׁ. אָמַר לָהּ - רְאוּיָה אַתְּ וְטוֹבָה אַתְּ וֶאֱמֶת אַתְּ, אֲבָל הוֹאִיל וְהָאוֹתִיּוֹת שֶׁל הַזִּיּוּף נוֹטְלִים אוֹתָךְ לִהְיוֹת עִמָּהֶם, אֵינִי רוֹצֶה לִבְרֹא בָּךְ אֶת הָעוֹלָם, שֶׁכְּדֵי שֶׁלֹּא יִתְקַיֵּם הַשֶּׁקֶר אֶלָּא אִם יִטְלוּ אוֹתָךְ **ק ר**. מִכָּאן, שֶׁמִּי שֶׁרוֹצֶה לוֹמַר שֶׁקֶר, יִטֹּל יְסוֹד שֶׁל אֱמֶת בַּהַתְחָלָה וְאַחַר כָּךְ יְקַיֵּם אֶת הַשֶּׁקֶר. שֶׁהֲרֵי הָאוֹת **שׁ'** הִיא אוֹת אֱמֶת, אוֹת הָאֱמֶת שֶׁהִתְיַחֲדוּ בָהּ הָאָבוֹת. **ק' ר'** הָאוֹתִיּוֹת שֶׁנִּרְאוּ עַל הַצַּד הָרָע הֵם,

וּכְדֵי לְהִתְקַיֵּם נָטְלוּ אֶת הָאוֹת **ש'** בְּתוֹכָן וְנִהְיָה קֶשֶׁר. כֵּיוָן שֶׁרָאֲתָה כָּךְ, יָצְאָה מִלְּפָנָיו.

עָאלַת אָת **צ'** אָמְרָה קַמֵּיהּ, רִיבּוֹן עָלְמָא נִיחָא קַמָּךְ לְמִבְרֵי בִּי עָלְמָא דְּאֲנָא בִּי חֲתִימִין צַדִּיקִים, וְאַנְתְּ דְּאִתְקְרִיאַת צַדִּיק, בִּי רְשִׁים דִּכְתִיב - כִּי[1] צַדִּיק יְיָ צְדָקוֹת אָהֵב, וּבִי יָאוּת לְמִבְרֵי עָלְמָא. אָמַר לָהּ צַדִּי, צַדִּיק אַנְתְּ, וְצַדִּיק אַנְתְּ אִתְקְרִיאַת, אֲבָל אַנְתְּ צָרִיךְ לְמֶהֱוֵי טְמִירָא, לֵית אַנְתְּ צָרִיךְ לְאִתְגַּלְיָא כָּל כָּךְ בְּגִין דְּלָא לְמֵיהַב פִּתְחוֹן פֶּה לְעָלְמָא. מַאי טַעְמָא **נ'** אִיהִי, אַתְיָא **י'** דִּשְׁמָא דִבְרִית קַדִּישָׁא וְרָכִיב עָלָהּ בַּהֲדָהּ. וְרָזָא דָא כַּד בְּרָא קוּדְשָׁא בְּרִיךְ הוּא לְאָדָם הָרִאשׁוֹן דּוּ פַּרְצוּפִין בְּרָאוֹ. וּבְגִין כָּךְ אַנְפּוֹי דְּיוּ"ד מְהַדַּר לַאֲחוֹרָא כְּגַוְונָא דָא וְלָא אִתְהַדְּרוּ אַנְפִּין בְּאַנְפִּין כְּגַוְונָא דָא, אִסְתַּכַּל לְעֵילָא כְּגַוְונָא דָא, אִסְתַּכְּלַת לְתַתָּא כְּגַוְונָא דָא, אָמַר לָהּ קוּדְשָׁא בְּרִיךְ הוּא - דַּאֲנָא זַמִּין לְנַסְרָא לָךְ וּלְמֶעְבַּד לָךְ אַפִּין בְּאַפִּין אֲבָל בְּאַתְרָא אָחֳרָא תִּסְתַּלַּק. נָפְקַת מִקַּמֵּיהּ וְאָזְלַת.

נִכְנְסָה הָאוֹת **צ'**. אָמְרָה לְפָנָיו: רִיבּוֹן הָעוֹלָם, נוֹחַ לְפָנֶיךָ לִבְרֹא בִּי אֶת הָעוֹלָם, שֶׁאֲנִי חֲתוּמִים הַצַּדִּיקִים, וְאַתָּה שֶׁנִּקְרֵאתָ צַדִּיק רָשׁוּם בִּי, שֶׁכָּתוּב - כִּי צַדִּיק ה' צְדָקוֹת אָהֵב, וּבִי רָאוּי לִבְרֹא אֶת הָעוֹלָם. אָמַר לָהּ: צָדִי, צָדִי אַתְּ וְצַדִּיק אַתְּ, אֲבָל אַתְּ צְרִיכָה לִהְיוֹת טְמוּנָה, אֵינֵךְ צְרִיכָה לְהִתְגַּלּוֹת כָּל כָּךְ כְּדֵי שֶׁלֹּא לָתֵת פִּתְחוֹן פֶּה לָעוֹלָם. מַהוּ הַטַּעַם **נ'** הִיא. בָּאָה הַ**י'** שֶׁל הַשֵּׁם שֶׁל הַבְּרִית הַקָּדוֹשׁ וְרוֹכֵב עָלֶיהָ וְאוֹחֵז עִמָּהּ. וְזֶה הַסּוֹד, כְּשֶׁבָּרָא הַקָּדוֹשׁ בָּרוּךְ הוּא אֶת אָדָם הָרִאשׁוֹן, בָּרָא אוֹתוֹ דּוּ פַּרְצוּפִים, וּמִשּׁוּם כָּךְ הַפָּנִים שֶׁל יוּ"ד חוֹזֵר לְאָחוֹר כְּמוֹ זֶה - וְלֹא חוֹזְרִים פָּנִים בְּפָנִים כְּמוֹ זֶה - מִסְתַּכֵּל לְמַעְלָה כְּמוֹ זֶה - מִסְתַּכֵּל לְמַטָּה כְּמוֹ זֶה - אָמַר לָהּ הַקָּדוֹשׁ בָּרוּךְ הוּא עוֹד, שֶׁאֲנִי עָתִיד לְנַסֵּר אוֹתָךְ וְלַעֲשׂוֹת

[1] תהלים יא ז

אוֹתָךְ פָּנִים בְּפָנִים, אֲבָל בְּמָקוֹם אַחֵר תִּתְעַלִּי. יָצְאָה מִלְּפָנָיו וְהָלְכָה.

עָאלַת אָת **פ'** אָמְרָה קַמֵּיהּ, רִיבּוֹן עָלְמִין נִיחָא קַמָּךְ לְמִבְרֵי בִּי עָלְמָא דְּהָא פּוּרְקָנָא דְּאַנְתְּ זַמִּין לְמֶעְבַּד בְּעָלְמָא בִּי רְשִׁים, וְדָא הוּא פְּדוּת. וּבִי יָאוֹת לְמִבְרֵי עָלְמָא. אָמַר לָהּ יָאוֹת אַנְתְּ, אֲבָל בָּךְ אִתְרְשִׁים פֶּשַׁע בִּטְמִירוּ, כְּגַוְונָא דְּחִיוְיָא דְּמָחֵי וְאָעִיל רֵישֵׁיהּ בֵּין גּוּפֵיהּ, הָכִי מַאן דְּחָב כָּפִיף רֵישֵׁיהּ וְאַפִּיק יְדוֹי. וְכֵן **ע'** עָוֹן, אַף עַל גַּב דְּאָמְרָה דְּאִית בֵּיהּ עֲנָוָה, אָמַר לָהּ קוּדְשָׁא בְּרִיךְ הוּא, לָא אִיבְרֵי בָּךְ עָלְמָא. נָפְקַת מִקַּמֵּיהּ.

נִכְנְסָה הָאוֹת **פ'**. אָמְרָה לְפָנָיו - רִיבּוֹן הָעוֹלָמִים, נוֹחַ לְפָנֶיךָ לִבְרֹא בִּי אֶת הָעוֹלָם, שֶׁהֲרֵי הַפְּדוּת שֶׁאַתָּה עָתִיד לַעֲשׂוֹת בָּעוֹלָם רְשׁוּמָה בִי, וְזוֹ הִיא פְּדוּת, וּבִי רָאוּי לִבְרֹא אֶת הָעוֹלָם. אָמַר לָהּ - רְאוּיָה אַתְּ, אֲבָל בָּךְ רָשׁוּם פֶּשַׁע בַּסֵּתֶר. כְּמוֹ שֶׁהַנָּחָשׁ שֶׁמַּכֶּה וּמַכְנִיס רֹאשׁוֹ בֵּין גּוּפוֹ, כָּךְ מִי שֶׁחוֹטֵא, כּוֹפֵף רֹאשׁוֹ וּמוֹצִיא יָדָיו. וְכֵן **ע'** עָוֹן, אַף עַל גַּב שֶׁאָמְרָה שֶׁיֵּשׁ בָּהּ עֲנָוָה, אָמַר לָהּ הַקָּדוֹשׁ בָּרוּךְ הוּא - לֹא אֶבְרָא בָּךְ אֶת הָעוֹלָם. יָצְאָה מִלְּפָנָיו.

עָאלַת אָת **ס'** אָמְרָה קַמֵּיהּ, רִיבּוֹן [דף ג' ע"א] עָלְמִין, נִיחָא קַמָּךְ לְמִבְרֵי בִּי עָלְמָא, דְּאִית בִּי סְמִיכָא לְנָפְלִין דִּכְתִיב - סוֹמֵךְ[2] יְיָ לְכָל הַנּוֹפְלִים. אָמַר לָהּ, עַל דָּא אַנְתְּ צָרִיךְ לְאַתְרָךְ וְלָא תָזוּז מִנֵּיהּ, אִי אַתְּ נָפִיק מֵאַתְרָךְ מַה תְּהֵא עֲלַיְיהוּ דְּאִנּוּן נְפִילִין הוֹאִיל וְאִנּוּן סְמִיכִין עֲלָךְ. מִיַּד נָפְקַת מִקַּמֵּיהּ.

נִכְנְסָה הָאוֹת **ס'**. אָמְרָה לְפָנָיו - רִיבּוֹן הָעוֹלָמִים, נוֹחַ לְךָ לִבְרֹא בִּי אֶת הָעוֹלָם, שֶׁיֵּשׁ בִּי סְמִיכָה לַנּוֹפְלִים, שֶׁכָּתוּב - סוֹמֵךְ ה' לְכָל הַנּוֹפְלִים. אָמַר לָהּ - עַל כֵּן אַתְּ צְרִיכָה אֶת מְקוֹמֵךְ וְאַל תָּזוּזִי מִמֶּנּוּ. אִם אַתְּ יוֹצֵאת מִמְּקוֹמֵךְ, מַה יִּהְיֶה עַל אוֹתָם הַנּוֹפְלִים, הוֹאִיל וְהֵם סוֹמְכִים עָלַיִךְ מִיַּד יָצְאָה מִלְּפָנָיו.

---

[2] תהלים קמה יד

עָאלַת אָת **ב'** אָמְרָה קָמֵיהּ, רִיבּוֹן עָלְמָא, נִיחָא קַמָּךְ לְמִבְרֵי בִּי עָלְמָא, דְּבִי כְּתִיב - נוֹרָא[3] תְהִלּוֹת. וּתְהִלָּה דְּצַדִּיקִים נָאוָה תְהִלָּה. אָמַר לָהּ, **נו"ן** תּוּב לְאַתְרָךְ, דְּהָא בְגִינָךְ תָּיבַת **סמ"ך** לְאַתְרָהּ וְהֲוֵי סָמִיךְ עֲלָהּ. מִיָּד תָּיבַת לְאַתְרָהּ וְנָפְקַת מִקָּמֵיהּ.

נִכְנְסָה הָאוֹת **נ'**. אָמְרָה לְפָנָיו - רִיבּוֹן הָעוֹלָם, נוֹחַ לְפָנֶיךָ לִבְרֹא בִּי אֶת הָעוֹלָם, שֶׁבִּי כָּתוּב - נוֹרָא תְהִלֹּת. וּתְהִלָּה לַצַּדִּיקִים נָאוָה תְהִלָּה. אָמַר לָהּ - **נו"ן** שׁוּבִי לִמְקוֹמֵךְ, שֶׁהֲרֵי בִּשְׁבִילֵךְ שָׁבָה **סמ"ך** לִמְקוֹמָהּ וְתִהְיֶה סְמוּכָה עָלֶיהָ. מִיָּד שָׁבָה לִמְקוֹמָהּ וְיָצְאָה מִלְּפָנָיו.

עָאלַת אָת **מ'** אָמְרָה קָמֵיהּ רִיבּוֹן עָלְמָא, נִיחָא קַמָּךְ לְמִבְרֵי בִּי עָלְמָא, דְּבִי אִתְקְרִיאַת מֶלֶךְ. אָמַר לָהּ הָכִי הוּא וַדַּאי, אֲבָל לָא אִבְרֵי בָּךְ עָלְמָא בְּגִין דְּעָלְמָא אִצְטְרִיךְ לְמֶלֶךְ תּוּב לְאַתְרָךְ, אַנְתְּ וְ-**ל'** וְ-**ד'** דְּהָא לָא יָאוּת לְעָלְמָא לְמֵיקַם בְּלָא מֶלֶךְ.

נִכְנְסָה הָאוֹת **מ'**. אָמְרָה לְפָנָיו - רִיבּוֹן הָעוֹלָם, נוֹחַ לְפָנֶיךָ לִבְרֹא בִּי אֶת הָעוֹלָם, שֶׁבִּי נִקְרֵאתָ מֶלֶךְ. אָמַר לָהּ: כָּךְ הוּא וַדַּאי, אֲבָל לֹא אֶבְרָא בָּךְ אֶת הָעוֹלָם, מִשּׁוּם שֶׁהָעוֹלָם צָרִיךְ מֶלֶךְ. שׁוּבִי לִמְקוֹמֵךְ אַתְּ וְ-**ל'** וְ-**ד'**, שֶׁהֲרֵי לֹא רָאוּי לָעוֹלָם לַעֲמֹד בְּלִי מֶלֶךְ.

בְּהַהִיא שַׁעֲתָא נָחֲתָא **כ'** מִן קֳדָמוֹהִי אָת מֵעַל כּוּרְסֵי יְקָרֵיהּ אִזְדַּעְזְעַת וְאָמְרָה קָמֵיהּ, רִיבּוֹן עָלְמָא, נִיחָא קַמָּךְ לְמִבְרֵי בִּי עָלְמָא דְּאֲנָא כְּבוֹדָךְ. וְכַד נָחֲתַת **כ'** מֵעַל כּוּרְסֵי יְקָרֵיהּ אִזְדַּעְזְעוּ מָאתָן אֶלֶף עָלְמִין וְאִזְדַּעְזַע כֻּרְסְיָיא וְכֻלְּהוּ עָלְמִין אִזְדַּעְזָעוּ לְמִנְפַּל. אָמַר לָהּ קוּדְשָׁא בְּרִיךְ הוּא - **כָ"ף כָ"ף**, מָה אַתְּ עָבִיד הָכָא, דְּלָא אִבְרֵי בָּךְ עָלְמָא. תּוּב לְאַתְרָךְ דְּהָא בָּךְ כְּלָיָה - כָּלָה[4] וְנֶחֱרָצָה וְנֶחֱרָצָה. תּוּב לְכָרְסְיָיךְ וְהֲוֵי תַּמָּן. בְּהַהִיא שַׁעֲתָא נָפְקַת מִקָּמֵיהּ וְתָבַת לְדוּכְתָּהּ.

---

[3] שמות טו יא
[4] ישעיהו י כג

בְּאוֹתָהּ שָׁעָה יָרְדָה מִלְּפָנָיו הָאוֹת **כ'** מֵעַל כִּסֵּא כְּבוֹדוֹ, הִזְדַּעְזְעָה וְאָמְרָה לְפָנָיו - רִיבּוֹן הָעוֹלָם, נוֹחַ לְפָנֶיךָ לִבְרֹא בִּי אֶת הָעוֹלָם, שֶׁאֲנִי כְּבוֹדְךָ. וּכְשֶׁיָּרְדָה **כ'** מֵעַל כִּסֵּא כְבוֹדוֹ, הִזְדַּעְזְעוּ מָאתַיִם אֶלֶף עוֹלָמוֹת, וְהִזְדַּעְזַע הַכִּסֵּא, וְכָל הָעוֹלָמוֹת הִזְדַּעְזְעוּ לִפֹּל. אָמַר לָהּ הַקָּדוֹשׁ בָּרוּךְ הוּא - **כָּ''ף כָּ''ף**, מָה אַתְּ עוֹשָׂה כָּאן שֶׁלֹּא אֶבְרָא בָּךְ אֶת הָעוֹלָם. שׁוּבִי לִמְקוֹמֵךְ, שֶׁהֲרֵי בָּךְ כְּלָיָה - כָּלָה וְנֶחֱרָצָה נִשְׁמָע. שׁוּבִי לְכִסְאֵךְ וְתִהְיִי שָׁם. בְּאוֹתָהּ שָׁעָה יָצְאָה מִלְּפָנָיו וְשָׁבָה לִמְקוֹמָהּ.

עָאלַת אָת **י'** אָמְרָה קַמֵּיהּ, רִיבּוֹן עָלְמָא, נִיחָא קַמָּךְ לְמִבְרֵי בִּי עָלְמָא דַּאֲנָא שֵׁירוּתָא דִשְׁמָא קַדִּישָׁא וְיָאוֹת לָךְ לְמִבְרֵי בִּי עָלְמָא. אָמַר לָהּ, דַּי לָךְ דְּאַנְתְּ חֲקִיק בִּי, וְאַנְתְּ רָשִׁים בִּי, וְכָל רְעוּתָא דִילִי בָּךְ סָלִיק, לֵית אַנְתְּ יָאוֹת לְאִתְעַקְּרָא מִן שְׁמִי.

נִכְנְסָה הָאוֹת **י'**. אָמְרָה לְפָנָיו - רִיבּוֹן הָעוֹלָם, נוֹחַ לְפָנֶיךָ לִבְרֹא בִּי אֶת הָעוֹלָם, שֶׁאֲנִי רֵאשִׁית הַשֵּׁם הַקָּדוֹשׁ, וְרָאוּי לְךָ לִבְרֹא בִּי אֶת הָעוֹלָם. אָמַר לָהּ - דַּי לָךְ שֶׁאַתְּ חֲקוּקָה בִּי וְאַתְּ רְשׁוּמָה בִּי, וְכָל רְצוֹנִי עוֹלֶה בָּךְ. אֵינֵךְ רְאוּיָה לְהֵעָקֵר מִשְּׁמִי.

עָאלַת אָת **ט'**. אָמְרָה קַמֵּיהּ רִיבּוֹן עָלְמָא נִיחָא קַמָּךְ לְמִבְרֵי בִּי עָלְמָא דְּאַנְתְּ בִּי אִתְקְרִיאַת טוֹב וְיָשָׁר. אָמַר לָהּ לָא אִבְרֵי בָּךְ עָלְמָא דְּהָא טוּבָךְ סָתִים בְּגַוָּוךְ, וְצָפוּן בְּגַוָּוךְ, הֲדָא הוּא דִכְתִיב - מָהּ[5] רַב טוּבְךָ אֲשֶׁר צָפַנְתָּ לִירֵאֶיךָ. הוֹאִיל וְגָנִיז בְּגַוָּוךְ לֵית בֵּיהּ חוּלָקָא לְעָלְמָא דָא דַּאֲנָא בָּעֵי לְמִבְרֵי, אֶלָּא בְּעָלְמָא דְּאָתֵי. וְתוּ דְּעַל דְּטוּבָךְ גָּנִיז בְּגַוָּוךְ יִטְבְּעוּן תַּרְעֵי דְהֵיכָלָא. הֲדָא הוּא דִכְתִיב - טָבְעוּ[6] בָאָרֶץ שְׁעָרֶיהָ. וְתוּ דְ-**ח'** לְקִבְלָךְ וְכַד תִּתְחַבְּרוּן כַּחֲדָא הָא **ח''ט**, וְעַל דָּא אַתְוָון אִלֵּין לָא רְשִׁימִין בְּשִׁבְטִין קַדִּישִׁין. מִיָּד נָפְקַת מִקַּמֵּיהּ.

---

[5] תהלים לא כ
[6] איכה ב ט

נִכְנְסָה הָאוֹת **ט'**. אָמְרָה לְפָנָיו - רִיבּוֹן הָעוֹלָם, נוֹחַ לְפָנֶיךָ לִבְרֹא בִּי אֶת הָעוֹלָם, שֶׁאַתָּה נִקְרָאתָ בִּי טוֹב וְיָשָׁר. אָמַר לָהּ - לֹא אֶבְרָא בָּךְ אֶת הָעוֹלָם, שֶׁהֲרֵי טוּבֵךְ נִסְתָּר בְּתוֹכֵךְ וְצָפוּן בְּתוֹכֵךְ, זֶהוּ שֶׁכָּתוּב - מָה רַב טוּבְךָ אֲשֶׁר צָפַנְתָּ לִּירֵאֶיךָ. הוֹאִיל וְגָנוּז בְּתוֹכֵךְ, אֵין בּוֹ חֵלֶק לָעוֹלָם הַזֶּה שֶׁאֲנִי רוֹצֶה לִבְרֹא, אֶלָּא בָּעוֹלָם הַבָּא. וְעוֹד, שֶׁעַל שֶׁטּוּבֵךְ גָּנוּז בְּתוֹכֵךְ, יִטְבְּעוּ שַׁעֲרֵי הַהֵיכָל, זֶהוּ שֶׁכָּתוּב - טָבְעוּ בָאָרֶץ שְׁעָרֶיהָ. וְעוֹד, שֶׁ-**ח'** כְּנֶגְדֵּךְ, וּכְשֶׁתִּתְחַבְּרוּ יַחַד הִנֵּה **ח"ט**, וְעַל כֵּן הָאוֹתִיּוֹת הַלָּלוּ לֹא רְשׁוּמוֹת בַּשְּׁבָטִים הַקְּדוֹשִׁים. מִיָּד יָצְאָה מִלְּפָנָיו.

עָאלַת **ז'**. אָת אָמְרָה קַמֵּיהּ רִיבּוֹן עָלְמָא, נִיחָא קַמָּךְ לְמִבְרֵי בִּי עָלְמָא, דְּבִי נָטְרִין בְּנָיךְ שַׁבָּת דִּכְתִיב - זָכוֹר[7] אֶת יוֹם הַשַּׁבָּת לְקַדְּשׁוֹ. אָמַר לָהּ לָא אִבְרֵי בָּךְ עָלְמָא דְּאַנְתְּ אִית בָּךְ קְרָבָא וְחַרְבָּא דְּשִׁנְנָא וְרוֹמְחָא דִקְרָבָא כְּגַוְונָא דְנוּן. מִיָּד נָפְקַת מִקַּמֵּיהּ.

נִכְנְסָה הָאוֹת **ז'**. אָמְרָה לוֹ - רִיבּוֹן הָעוֹלָם, נוֹחַ לְפָנֶיךָ לִבְרֹא בִּי אֶת הָעוֹלָם, שֶׁבִּי שׁוֹמְרִים בָּנֶיךָ אֶת הַשַּׁבָּת, שֶׁכָּתוּב - זָכוֹר אֶת יוֹם הַשַּׁבָּת לְקַדְּשׁוֹ. אָמַר לָהּ - לֹא אֶבְרָא בָּךְ אֶת הָעוֹלָם, שֶׁבָּךְ יֵשׁ קְרָב, וְחֶרֶב שְׁנוּנָה, וְרֹמַח שֶׁל קְרָב כְּמוֹ שֶׁלַּנּוּן. מִיָּד יָצְאָה מִלְּפָנָיו.

עָאלַת אָת **ו'**. אָמְרָה קַמֵּיהּ רִיבּוֹן עָלְמָא, נִיחָא קַמָּךְ לְמִבְרֵי בִּי עָלְמָא, דַּאֲנָא אָת מִשְּׁמָךְ. אָמַר לָהּ וא"ו אַנְתְּ **וְ'** דַּי לְכוֹן דְּאַתּוּן אַתְוָון דִּשְׁמִי דְּאַתּוּן בְּרָזָא דִשְׁמִי וַחֲקִיקִין וּגְלִיפִין בִּשְׁמִי וְלָא אִבְרֵי בָּכוּ עָלְמָא.

נִכְנְסָה הָאוֹת **ו'**. אָמְרָה לְפָנָיו - רִיבּוֹן הָעוֹלָם, נוֹחַ לְפָנֶיךָ לִבְרֹא בִּי אֶת הָעוֹלָם, שֶׁאֲנִי אוֹת מִשִּׁמְךָ. אָמַר לָהּ - וא"ו, אַתְּ **וְ'** דַּי לָכֶם שֶׁאַתֶּן אוֹתִיּוֹת שֶׁל שְׁמִי,

[7] שמות כ ז

שֶׁאַתֶּן בְּסוֹד שֶׁל שְׁמִי וַחֲקוּקוֹת וּגְלוּפוֹת בִּשְׁמִי, וְלֹא אֶבְרָא בָּכֶן אֶת הָעוֹלָם.

עָאלַת אָת **ד'** וְאָת **ג'**. אָמְרוּ אוּף הָכִי, אָמַר אוּף לוֹן דַּי לְכוֹן לְמֶהֱוֵי דָּא עִם דָּא דְּהָא מִסְכְּנִין לָא יִתְבַּטְּלוּן מִן עָלְמָא וּצְרִיכִין לְגְמוֹל עִמְּהוֹן טִיבוּ. **דָּלֶ"ת** אִיהוּ מִסְכְּנָא, **גִּימְ"ל** גְּמוֹל לָהּ טִיבוּ, לָא תִתְפָּרְשׁוּן דָּא מִן דָּא וְדַי לְכוֹן לְמֵיזַן דָּא לְדֵין.

נִכְנְסָה הָאוֹת **ד'** וְהָאוֹת **ג'**. אָמְרוּ אַף כָּךְ. אָמַר אַף לָהֶן - דַּי לָכֶן לִהְיוֹת זוֹ עִם זוֹ, שֶׁהֲרֵי הָעֲנִיִּים לֹא יִתְבַּטְּלוּ מִן הָעוֹלָם, וּצְרִיכִים לִגְמֹל עִמָּהֶם חֶסֶד. **דָּלֶ"ת** הוּא הֶעָנִי [דַּל], **גִּימֶ"ל** גּוֹמֶלֶת לָהּ חֶסֶד. אַל תִּפָּרְדוּ זוֹ מִזּוֹ, וְדַי לָכֶן לָזוּן זוֹ אֶת זוֹ.

עָאלַת אָת **ב'**. אָמְרָה לֵיהּ, רִיבּוֹן עָלְמָא, נִיחָא קַמָּךְ לְמִבְרֵי בִּי עָלְמָא, דְּבִי מְבָרְכָאן לָךְ לְעֵילָא וְתַתָּא. אָמַר לָהּ קוּדְשָׁא בְּרִיךְ הוּא, הָא וַדַּאי בָּךְ אִבְרֵי עָלְמָא וְאַתְּ תְּהֵא שֵׁירוּתָא לְמִבְרֵי עָלְמָא.

נִכְנְסָה הָאוֹת **ב'**. אָמְרָה לוֹ - רִיבּוֹן הָעוֹלָם, נוֹחַ לְפָנֶיךָ לִבְרֹא בִּי אֶת הָעוֹלָם, שֶׁבִּי מְבָרְכִים אוֹתְךָ לְמַעְלָה וּלְמַטָּה. אָמַר לָהּ הַקָּדוֹשׁ בָּרוּךְ הוּא - הֲרֵי וַדַּאי שֶׁבָּךְ אֶבְרָא אֶת הָעוֹלָם, וְאַתְּ תִּהְיִי הָרֵאשִׁית לִבְרֹא אֶת הָעוֹלָם.

קָיְימָא אָת **א'**. לָא עָאלַת. אָמַר לָהּ קוּדְשָׁא בְּרִיךְ הוּא **אָלֶ"ף אָלֶ"ף** לָמָּה לֵית אַנְתְּ עָאלַת קַמָּאי כִּשְׁאָר כָּל אָתְוָון. אָמְרָה קַמֵּיהּ רִיבּוֹן עָלְמָא בְּגִין דַּחֲמֵינָא דְּכָל אָתְוָון נָפְקוּ מִן קַמָּךְ בְּלָא תוֹעַלְתָּא מָה אֲנָא אַעֲבִיד תַּמָּן. [דף ג ע"ב] וְתוּ דְּהָא יְהִיבְתָּא לְאָת **בֵּי"ת** נְבַזְבְּזָא רַבְרְבָא דָּא, וְלָא יָאוּת לְמַלְכָּא עִלָּאָה לְאַעֲבָרָא נְבַזְבְּזָא דְּיָהַב לְעַבְדּוֹ וּלְמֵיהַב לְאָחֳרָא. אָמַר לָהּ קוּדְשָׁא בְּרִיךְ הוּא **אָלֶ"ף אָלֶ"ף** אַף עַל גַּב דְּאָת **בֵּי"ת** בַּהּ אִבְרֵי עָלְמָא, אַתְּ תְּהֵא רֵישׁ לְכָל אָתְוָון, לֵית בִּי יִחוּדָא

אֶלָּא בָּךְ. בָּךְ יִשְׁרוּן כָּל חוּשְׁבָּנִין וְכָל עוֹבָדֵי דְעָלְמָא, וְכָל יִחוּדָא לָא הֲוֵי אֶלָּא בְּאָת **אָלֶ''ף**.

עָמְדָה הָאוֹת **א'**. וְלֹא נִכְנְסָה. אָמַר לָהּ הַקָּדוֹשׁ בָּרוּךְ הוּא - **אָלֶ''ף אָלֶ''ף**, לָמָּה אֵינֵךְ נִכְנֶסֶת לְפָנַי כִּשְׁאָר כָּל הָאוֹתִיּוֹת אָמְרָה לְפָנָיו - רִיבּוֹן הָעוֹלָם, מִשּׁוּם שֶׁרָאִיתִי שֶׁכָּל הָאוֹתִיּוֹת יָצְאוּ מִלְּפָנֶיךָ בְּלִי תוֹעֶלֶת, מָה אֲנִי אֶעֱשֶׂה שָׁם וְעוֹד, שֶׁהֲרֵי נָתַתָּ לָאוֹת **ב'** אוֹצָר גָּדוֹל זֶה, וְלֹא רָאוּי לְמֶלֶךְ עֶלְיוֹן לְהַעֲבִיר אוֹצָר שֶׁנָּתַן לְעַבְדּוֹ וְלָתֵת לְאַחֵר. אָמַר לָהּ הַקָּדוֹשׁ בָּרוּךְ הוּא - **אָלֶ''ף אָלֶ''ף**, אַף עַל גַּב שֶׁאֶבְרָא אֶת הָעוֹלָם בָּאוֹת **בֵּי''ת**, אַתְּ תִּהְיִי הָרֹאשׁ לְכָל הָאוֹתִיּוֹת. אֵין בִּי יִחוּד אֶלָּא בָּךְ. בָּךְ יַתְחִילוּ כָּל הַחֶשְׁבּוֹנוֹת וְכָל מַעֲשֵׂי הָעוֹלָם, וְכָל יִחוּד לֹא יִהְיֶה אֶלָּא בָּאוֹת **אָלֶ''ף**.

וַעֲבַד קוּדְשָׁא בְּרִיךְ הוּא אָתְוָון עִלָּאִין רַבְרְבָן, וְאָתְוָון תַּתָּאִין זְעִירִין. וּבְגִין כָּךְ **בֵּי''ת בֵּי''ת** בְּרֵאשִׁית בָּרָא. **אָלֶ''ף אָלֶ''ף** אֱלֹהִים אֵת. אָתְוָון מִלְּעֵילָא וְאָתְוָון מִתַּתָּא, וְכֻלְּהוּ כַּחֲדָא הֲווּ מֵעָלְמָא עִלָּאָה וּמֵעָלְמָא תַּתָּאָה.

וְעָשָׂה הַקָּדוֹשׁ בָּרוּךְ הוּא אוֹתִיּוֹת עֶלְיוֹנוֹת גְּדוֹלוֹת, וְאוֹתִיּוֹת תַּחְתּוֹנוֹת קְטַנּוֹת. וּמִשּׁוּם כָּךְ **בֵּי''ת בֵּי''ת** - בְּרֵאשִׁית בָּרָא. **אָלֶ''ף אָלֶ''ף** - אֱלֹהִים אֵת. אוֹתִיּוֹת מִלְמַעְלָה וְאוֹתִיּוֹת מִלְּמַטָּה, וְכֻלָּן יַחַד הֵם מֵהָעוֹלָם הָעֶלְיוֹן וּמֵהָעוֹלָם הַתַּחְתּוֹן.